Word ∞ master

고등 BASIC

Writers

전광훈 육상태

Staff

발행인 정선욱

퍼블리싱 총괄 남형주

개발 김태원 김한길 박하영 송경미

기획 · 디자인 · 마케팅 조비호 김정인 강윤정

유통 · 제작 서준성 신성철

워드마스터 고등 BASIC 202304 제3판 1쇄 202411 제3판 9쇄

펴낸곳 이투스에듀㈜ 서울시 서초구 남부순환로 2547

고객센터 1599-3225

등록번호 제2007-000035호

ISBN 979-11-389-1210-5 [53740]

Preface

Word Master 고등 BASIC은 고등학교 입학을 앞둔 학생들과 고등학교 1학년들을 위해 고교 내신과 수능의 기본 어휘를 중심으로 쓰인 책입니다.

고등학교 1학년 주요 채택 교과서 9종과 고1 모의고사, 고1 내신 EBS 전 교재 (고1 중간·기말 고사 출제 범위)의 어휘를 분석하여 고1이라면 반드시 알아야 할 단어를 선정하였습니다.

단계적 학습 전략으로 파트 구성

총 30일의 학습 스케줄로 3가지의 학습법(Step1 고등 핵심 어휘, Step2 주제별 어휘, Step3 다의어·혼동어)을 난이도에 따라 단계적으로 학습할 수 있도록 구성하였습니다.

2회독 학습 가이드라인

1회독 학습으로 충분하다고 느끼지 못하는 학생들을 위한 추천 학습법과 2회분의 REVIEW TEST를 수록하였습니다.

단어 암기 효과를 높이는 구성 요소

유의어와 반의어의 묶음 배열과 Voca+를 통해 학생들이 더 효과적으로 단어를 암기할 수 있도록 하였습니다. 또한 누적 테스트를 통해 암기한 단어를 얼마나 기억하고 있는지 점검하면서 반복적인 어휘 학습을 자연스럽게 유도하였습니다.

이 책에 제시된 단어들과 학습법에 따라 성실히 학습해 간다면 고교 내신과 수능 영어의 기본을 확실히 다질 수 있을 것입니다.

How To Study

DAY 01-25

가장 중요한 학습 포인트인 **표제어와 뜻을 먼저 학습**하고, **예문, 유의어, 반의어, 파생어 등의 부차적인 것들로 확장 학습**합니다. 이 때, 자연스럽게 표제어와 뜻을 반복 학습하게 되어 어휘를 효과적으로 암기할 수 있습니다.

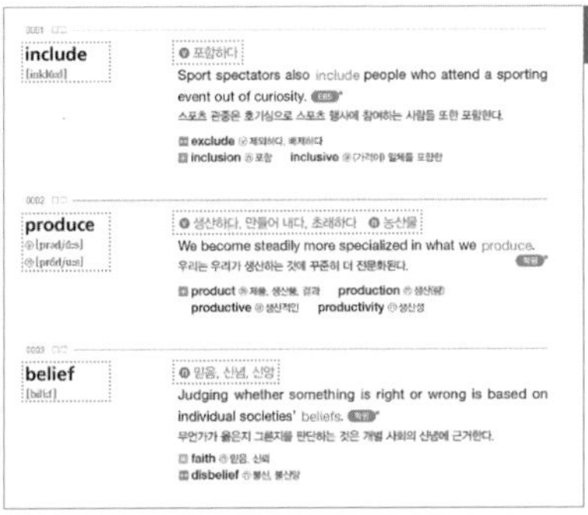

0001
include

ⓥ 포함하다
Sport spectators also include people who attend a sporting event out of curiosity.
스포츠 관중은 호기심으로 스포츠 행사에 참여하는 사람들 또한 포함한다.
exclude ⓥ 제외하다, 배제하다
inclusion ⓝ 포함 inclusive ⓐ (가격이) 일체를 포함한

0002
produce

ⓥ 생산하다, 만들어 내다, 초래하다 ⓝ 농산물
We become steadily more specialized in what we produce.
우리는 우리가 생산하는 것에 꾸준히 더 전문화된다.
product ⓝ 제품, 생산품, 결과 production ⓝ 생산(량)
productive ⓐ 생산적인 productivity ⓝ 생산성

0003
belief

ⓝ 믿음, 신념, 신앙
Judging whether something is right or wrong is based on individual societies' beliefs.
무언가가 옳은지 그른지를 판단하는 것은 개별 사회의 신념에 근거한다.
faith ⓝ 믿음, 신뢰
disbelief ⓝ 불신, 불신앙

1회독

표제어와 뜻을 중심으로 학습

1회독에서는 가장 중요한 학습 포인트인 표제어와 뜻을 먼저 암기합니다. 어원 풀이가 적힌 Voca+ 또한 표제어와 뜻 암기에 도움이 됩니다.

ⓥ 포함하다
Sport spectators also include people who attend a sporting event out of curiosity.
스포츠 관중은 호기심으로 스포츠 행사에 참여하는 사람들 또한 포함한다.
exclude ⓥ 제외하다, 배제하다
inclusion ⓝ 포함 inclusive ⓐ (가격이) 일체를 포함한

ⓥ 생산하다, 만들어 내다, 초래하다 ⓝ 농산물
We become steadily more specialized in what we produce.
우리는 우리가 생산하는 것에 꾸준히 더 전문화된다.
product ⓝ 제품, 생산품, 결과 production ⓝ 생산(량)
productive ⓐ 생산적인 productivity ⓝ 생산성

ⓝ 믿음, 신념, 신앙
Judging whether something is right or wrong is based on individual societies' beliefs.
무언가가 옳은지 그른지를 판단하는 것은 개별 사회의 신념에 근거한다.
faith ⓝ 믿음, 신뢰
disbelief ⓝ 불신, 불신앙

2회독

1회독 학습분 복습 + 예문, 유의어, 반의어, 파생어까지 확장 학습

2회독에서는 1회독에서 암기했던 표제어와 뜻을 기억하고 있는지 다시 한 번 확인합니다. 아무런 문맥 없이 단어만 외우면 금방 잊어버리기 쉬우므로, 표제어가 문장에서 어떻게 활용되고 있는지 예문으로 학습합니다. 또한 유의어와 반의어 및 어근 중심으로 변형된 파생어까지 확장하여 학습합니다.

MP3 활용 Tip

1회독 학습 후에는 표제어 암기 MP3 파일로, 2회독 학습 후에는 표제어와 뜻, 예문까지 읽어 주는 리스닝 훈련 MP3 파일로 학습한 단어를 속도감 있게 복습해 볼 수 있습니다.

DAY 26-30

표제어와 뜻만 암기하게 되면 쉽게 잊어버리게 될 뿐만 아니라, 실제 독해에서 그 단어를 접했을 때 그 문맥에 맞는 의미로 해석하지 못하게 됩니다. 문장을 통으로 암기하는 것이 가장 좋겠지만 쉽지 않기 때문에 **작은 의미 덩어리인 어구부터 암기**한 후, **문장으로 확장해 나가는 학습**을 추천합니다.

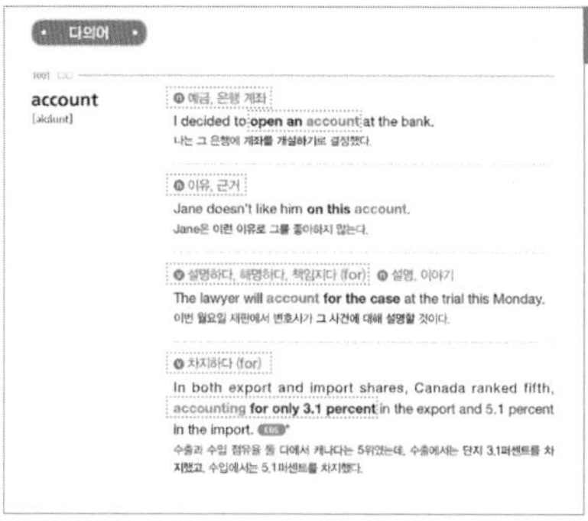
다의어

1001

account [əkáunt]

ⓝ 예금, 은행 계좌

I decided to **open an** account at the bank.

나는 그 은행에 계좌를 개설하기로 결정했다.

ⓝ 이유, 근거

Jane doesn't like him **on this** account.

Jane은 이런 이유로 그를 좋아하지 않는다.

ⓥ 설명하다, 해명하다, 책임지다 (for) ⓝ 설명, 이야기

The lawyer will account **for the case** at the trial this Monday.

이번 월요일 재판에서 변호사가 그 사건에 대해 설명할 것이다.

ⓥ 차지하다 (for)

In both export and import shares, Canada ranked fifth, accounting **for only 3.1 percent** in the export and 5.1 percent in the import.

수출과 수입 점유율 둘 다에서 캐나다는 5위였는데, 수출에서는 단지 3.1퍼센트를 차지했고, 수입에서는 5.1퍼센트를 차지했다.

1회독

표제어와 뜻을 중심으로 학습 + 어구로 익히기

앞의 Day와 같이 1회독에서 가장 중요한 학습 포인트는 표제어와 뜻을 먼저 암기하는 것입니다. 하지만 Day 26~30의 다의어와 혼동어는 실제 문장에서 어떤 의미로 해석되는지 파악하는 것이 중요하므로 어구(볼드 처리)를 통해 의미 덩어리를 통째로 암기해야 의미가 헷갈리지 않습니다.

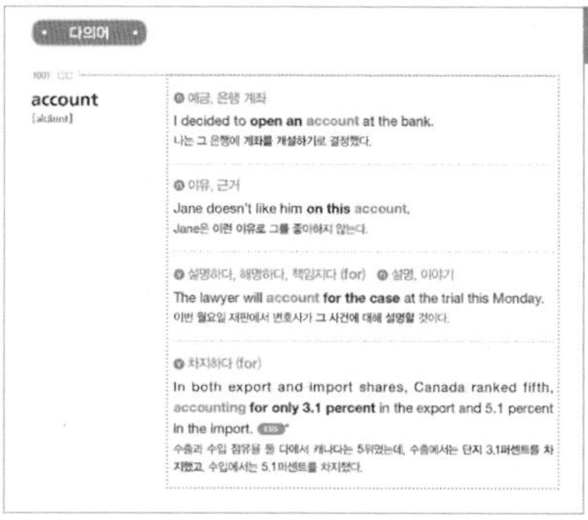
다의어

1001

account [əkáunt]

ⓝ 예금, 은행 계좌

I decided to **open an** account at the bank.

나는 그 은행에 계좌를 개설하기로 결정했다.

ⓝ 이유, 근거

Jane doesn't like him **on this** account.

Jane은 이런 이유로 그를 좋아하지 않는다.

ⓥ 설명하다, 해명하다, 책임지다 (for) ⓝ 설명, 이야기

The lawyer will account **for the case** at the trial this Monday.

이번 월요일 재판에서 변호사가 그 사건에 대해 설명할 것이다.

ⓥ 차지하다 (for)

In both export and import shares, Canada ranked fifth, accounting **for only 3.1 percent** in the export and 5.1 percent in the import.

수출과 수입 점유율 둘 다에서 캐나다는 5위였는데, 수출에서는 단지 3.1퍼센트를 차지했고, 수입에서는 5.1퍼센트를 차지했다.

2회독

1회독 학습분 복습 + 예문으로 익히기

2회독에서는 1회독에서 암기했던 표제어와 뜻, 그리고 작은 의미 덩어리인 어구를 기억하고 있는지 다시 한 번 확인합니다. 1회독에서 암기한 어구가 포함된 예문을 학습하기 때문에 예문이 더 수월하게 읽힐 것이며, 이 예문들을 읽고 암기하다 보면 자연스럽게 독해력 향상으로 이어질 것입니다.

누적 테스트 활용법

1회독 학습 후 REVIEW TEST로 해당 날짜의 단어를 점검한 후, '누적 테스트'로 지금까지 외운 단어를 얼마나 기억하고 있는지 체크하고 확실하게 마무리합니다.

Features

STEP 1
고등 핵심 어휘로 기초 세우기

| Previous Check |

❶ 각 Day 별 단어들을 예습·복습할 때 활용할 수 있고, QR코드를 통해 MP3도 쉽게 들을 수 있습니다.

❷ Day 01부터 Day 12까지 12일의 학습 일정으로 구성하였습니다.

❸ 고교 기본 어휘 중 빈출순으로 선별한 핵심 어휘와 필수 숙어를 정리하였습니다.

❹ 해당 표제어와 관련된 유의어, 반의어, 파생어까지 제시함으로써 확장된 학습이 가능합니다.

❺ 표제어의 어원 풀이 등 관련 학습 팁을 Voca+로 제공하여 단어 암기를 돕도록 하였습니다.

❻ 유의어와 반의어 관계의 어휘는 묶어 배열함으로써 단어 암기 효과를 높일 수 있도록 하였습니다.

❼ 교과서, 학평, EBS의 기출 예문을 통해 출제 경향 및 실전 유형을 파악할 수 있습니다.

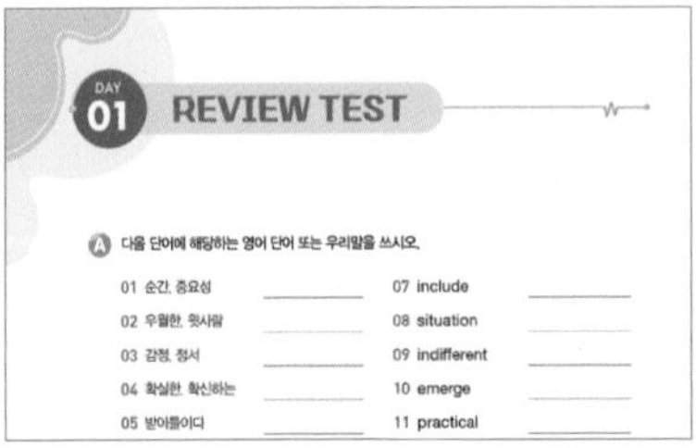

| REVIEW TEST |

❽ 학습한 어휘를 확인하고 응용해 볼 수 있는 연습 문제로 어휘를 점검하도록 하였습니다.

STEP 2
주제별 어휘로 실력 다지기

❾ Day 13부터 Day 25까지 13일의 학습 일정으로 구성하였습니다.

❿ 교과서, 학평, EBS의 지문에서 자주 다루는 주제를 분석하여 분류하였습니다.

⓫ 주제별 어휘 학습의 효과를 최대화할 수 있도록 38개의 소주제로 주제를 세분화하여 어휘와 숙어를 정리하였습니다.

STEP 3
다의어·혼동어로 실력 높이기

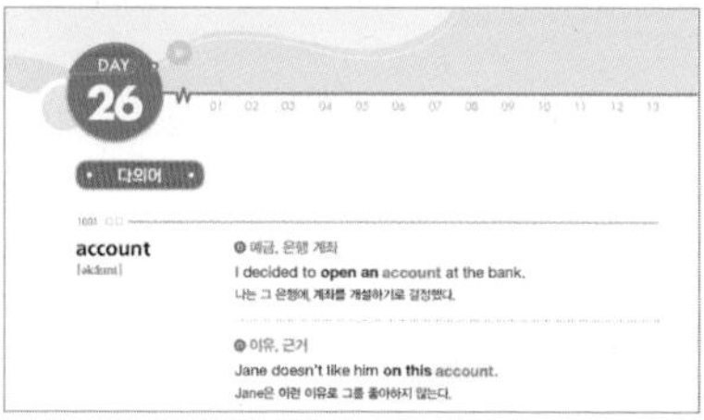

⓬ Day 26부터 Day 30까지 5일의 학습 일정으로 구성하였습니다.

| 다의어 |

⓭ 문맥에 따라 다양하게 해석되는 다의어를 정리하였습니다.

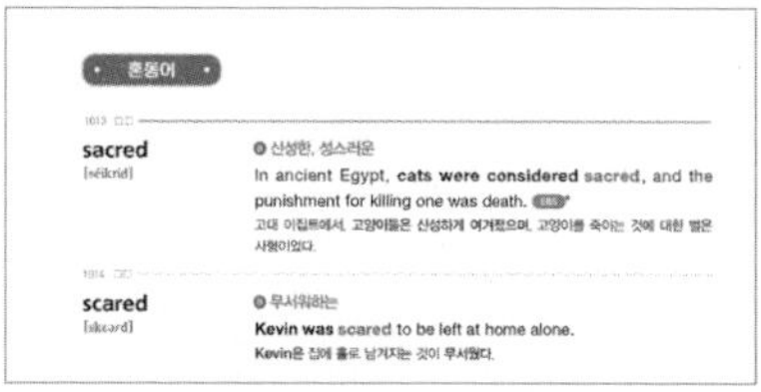

| 혼동어 |

⓮ 다른 뜻을 가졌지만 사소한 철자 차이 때문에 헷갈리는 혼동어를 정리하였습니다.

일러두기

ⓝ 명사 ⓥ 동사 ⓐ 형용사 ad 부사 ⓟ 전치사 = 유의어 ↔ 반의어 + 파생어

FINAL STEP

완벽한 암기를 위한 FINAL STEP

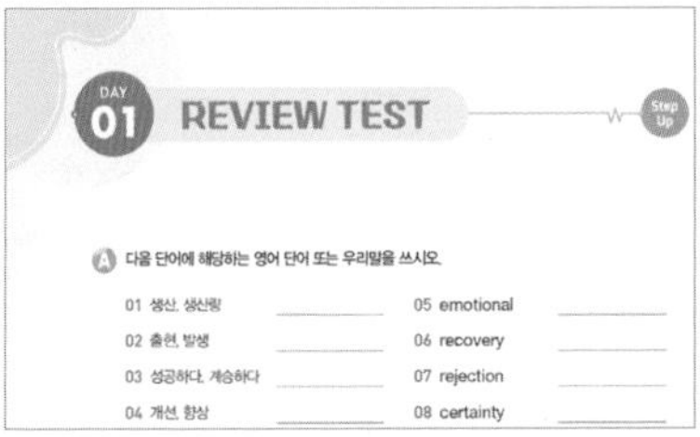
DAY 01 REVIEW TEST Step Up

A 다음 단어에 해당하는 영어 단어 또는 우리말을 쓰시오.

01 생산, 생산량 ______	05 emotional ______
02 출현, 발생 ______	06 recovery ______
03 성공하다, 계승하다 ______	07 rejection ______
04 개선, 향상 ______	08 certainty ______

| REVIEW TEST Step Up |

⑮ 각 Day 2회독 학습 후 난이도를 높인 응용 문제와 파생어까지 점검하는 확장된 연습 문제로 어휘를 점검하도록 하였습니다.

누적 테스트

DAY 01-02	DAY 01-03
01 process	01 belief
02 mislead	02 resolution
03 recognize	03 conceal
04 vital	04 probable
05 common	05 expose
06 include	06 expert
07 deal with	07 amount
08 accomplish	08 trait

| 누적 테스트 |

⑯ Day 01부터 해당 Day 30까지의 단어 15개를 제시하여 그동안 암기한 단어를 얼마나 기억하고 있는지 점검할 수 있도록 하였습니다.

온&오프 듀얼 영단어 학습 시스템으로 강화된 Word master

워크북

본책 학습 후 셀프 테스트 및 복습이 가능합니다. Day별 단어와 예문을 테스트하는 Daily Check-up과 3일 단위로 복습할 수 있는 Final Check-up으로 구성되어 있습니다.

미니북

표제어의 단어-뜻, 주요 유의어 및 반의어, 듣기 QR코드가 수록된 미니북으로 언제 어디서나 간편하게 단어를 외울 수 있습니다.

학습 앱

자투리 시간을 활용하여 단어 암기뿐만 아니라 MP3 파일 재생, 단어 테스트까지 하나의 앱으로 가능합니다. 워크북의 학습앱 코드를 입력하여 사용하세요!

CONTENTS

STEP 1
고등 핵심 어휘로 기초 세우기

STEP 2
주제별 어휘로 실력 다지기

STEP 3
다의어·혼동어로 실력 높이기

FINAL STEP
완벽한 암기를 위한 FINAL STEP

Word
∞ master

STEP 1

고등 핵심 어휘로 기초 세우기

Word master BASIC

DAY

01

Previous Check

- □ include
- □ produce
- □ belief
- □ similar
- □ moment
- □ situation
- □ improve
- □ increase
- □ decrease
- □ share
- □ emotion
- □ common
- □ recover
- □ advanced
- □ indifferent
- □ reject
- □ refuse
- □ accept
- □ experience
- □ certain
- □ consider
- □ supply
- □ provide
- □ practical
- □ express
- □ quantity
- □ superior
- □ inferior
- □ seek
- □ aim
- □ fade
- □ disappear
- □ emerge
- □ grief
- □ slight
- □ success
- □ failure
- □ run into
- □ depend on[upon]
- □ carry out

0001 □□

include
[inklúːd]

ⓥ 포함하다

Sport spectators also include people who attend a sporting event out of curiosity. EBS

스포츠 관중은 호기심으로 스포츠 행사에 참여하는 사람들 또한 포함한다.

↔ **exclude** ⓥ 제외하다, 배제하다
\+ **inclusion** ⓝ 포함 **inclusive** ⓐ (가격이) 일체를 포함한

0002 □□

produce
ⓥ [prədjúːs]
ⓝ [prádjuːs]

ⓥ 생산하다, 만들어 내다, 초래하다 ⓝ 농산물

We become steadily more specialized in what we produce.

우리는 우리가 생산하는 것에 꾸준히 더 전문화된다. 학평

\+ **product** ⓝ 제품, 생산품, 결과 **production** ⓝ 생산(량)
productive ⓐ 생산적인 **productivity** ⓝ 생산성

0003 □□

belief
[bilíːf]

ⓝ 믿음, 신념, 신앙

Judging whether something is right or wrong is based on individual societies' beliefs. 학평

무언가가 옳은지 그른지를 판단하는 것은 개별 사회의 신념에 근거한다.

= **faith** ⓝ 믿음, 신뢰
↔ **disbelief** ⓝ 불신, 불신앙

0004 □□

similar
[símələr]

ⓐ 비슷한, 유사한

Two months later, another computer company tried a similar experiment. 교과서

2개월 후에 또 다른 컴퓨터 회사가 비슷한 실험을 시도했다.

\+ **similarity** ⓝ 유사점 **similarly** ⓐⓓ 유사하게

0005 □□

moment
[móumənt]

ⓝ 순간, 중요성

The domino effect applies to the smallest moment in each day. EBS

도미노 효과는 매일의 가장 사소한 순간에 적용된다.

\+ **momentary** ⓐ 순간적인 **momentous** ⓐ 중대한

0006 □□

situation
[sìtʃuéiʃən]

ⓝ 상황, 위치

Your cooperation will help us keep this situation under control. EBS

당신의 협조는 우리가 이 상황을 계속 통제하는 데 도움이 될 것이다.

= **location** ⓝ 장소, 위치 **context** ⓝ 문맥, 상황
+ **situate** ⓥ ~의 위치를 정하다, ~을 (어떤 장소에) 두다

0007 □□

improve
[imprúːv]

ⓥ 개선하다, 향상하다

Wilma worked hard to improve the Cherokee people's living conditions. 교과서

Wilma는 Cherokee 사람들의 생활 여건을 개선하기 위해 열심히 일했다.

= **enhance** ⓥ 향상하다, 높이다
+ **improvement** ⓝ 개선, 향상

0008 □□

increase
ⓥ [inkríːs]
ⓝ [ínkriːs]

ⓥ 증가하다, 증가시키다 ⓝ 증가, 인상

Recently, the rate of youth unemployment has suddenly increased. EBS

최근에 청년 실업률이 갑자기 증가했다.

Voca+ in(=on)+crease(=grow) → 위로 자라다

0009 □□

decrease
↔ (increase)
ⓥ [dikríːs]
ⓝ [díːkriːs]

ⓥ 감소하다, 감소시키다 ⓝ 감소, 축소

Smileys do not increase perceptions of warmth and actually decrease perceptions of competence. 학평

스마일리(웃음 이모티콘)는 친밀감에 대한 인식을 증진시키지 않고, 실제로는 능력에 대한 인식을 감소시킨다.

Voca+ de(=opposite)+crease(=grow) → 반대로 자라다

0010 □□

share
[ʃɛər]

ⓥ 나누다, 공유하다 ⓝ 몫

I share my food with you today, and you return the favor tomorrow. EBS

내가 오늘 내 음식을 너와 나눌테니, 너는 내일 그 신세를 갚아.

0011 □□

emotion
[imóuʃən]

ⓝ 감정, 정서

Taking medicine can help you deal with your emotions and relieve your worries. 교과서

약을 먹는 것은 당신이 감정을 다스리고 걱정거리를 덜어 주는 데 도움이 될 수 있다.

= **feeling** ⓝ 감정, 느낌 **sentiment** ⓝ 감정, 정서
\+ **emotional** ⓐ 감정의, 정서의 **emotionally** ⓐⓓ 감정적으로

0012 □□

common
[kámən]

ⓐ 흔한, 보통의, 공통의

Biting our nails is the second most common bad habit that we have. 교과서

손톱을 물어뜯는 것은 우리가 갖고 있는 두 번째로 가장 흔한 나쁜 습관이다.

↔ **rare** ⓐ 드문, 희귀한

0013 □□

recover
[rikʌ́vər]

ⓥ 회복하다, 복구되다

When the bird's wing had fully recovered, they set it free. 교과서

그 새의 날개가 완전히 회복했을 때, 그들은 그것을 놓아주었다.

Voca+ **re**(=again)+**cover**(덮다) → 다시 덮다

\+ **recovery** ⓝ 회복

0014 □□

advanced
[ədvǽnst]

ⓐ 진보한, 상급의

More advanced greenbeam laser pointers came to be introduced. 학평

더 발전된 초록빛 레이저 포인터가 도입되었다.

\+ **advance** ⓝ 전진, 발전 ⓥ 나아가게 하다

0015 □□

indifferent
[indífərənt]

ⓐ 무관심한

They looked cold and indifferent to the suffering of the victims.

그들은 희생자들의 고통에 냉정하고 무관심해 보였다.

\+ **indifference** ⓝ 무관심

0016

reject
[ridʒékt]

ⓥ 거절하다, 거부하다

The boy whose work was rejected again and again was Charles Schulz. 교과서

자신의 작품이 계속해서 거절당한 그 소년은 Charles Schulz였다.

+ **rejection** ⓝ 거절, 거부

0017

refuse
[rifjúːz]

ⓥ 거절하다, 거부하다

The driver refused to take Churchill to the BBC because he had something important to do. EBS

그 운전사는 중요한 할 일이 있었기 때문에 Churchill을 BBC 방송사에 데려다주기를 거절했다.

+ **refusal** ⓝ 거절, 거부

0018

accept
[əksépt]

ⓥ 받아들이다, 수락하다

The wife was willing to accept the husband's apology for the mistake. 학평

그 아내는 실수에 대한 남편의 사과를 기꺼이 받아들였다.

+ **acceptance** ⓝ 받아들임, 수락, 수용

0019

experience
[ikspíəriəns]

ⓥ 경험하다 ⓝ 경험

You'll be able to experience the attractive country of Switzerland. 교과서

여러분은 스위스라는 매력적인 국가를 경험할 수 있을 것이다.

0020

certain
[sə́ːrtən]

ⓐ 확실한, 확신하는, 어떤

Tom has realized that not having a smartphone has certain advantages. 교과서

Tom은 스마트폰을 갖지 않는 것이 확실한 장점이 있다는 것을 깨달았다.

↔ **uncertain** ⓐ 불확실한

+ **certainty** ⓝ 확실성

0021 □□

consider
[kənsídər]

ⓥ 고려[숙고]하다, ~으로 여기다

We must be careful to avoid overgeneralizations and to consider individual differences. 학평

우리는 지나친 일반화를 피하고 개인의 차이를 고려하는 데 주의해야 한다.

+ consideration ⓝ 고려 considerate ⓐ 사려 깊은

0022 □□

supply
[səplái]

ⓥ 공급하다, 제공하다 ⓝ 공급

At that time the Soviets supplied their astronauts with pencils. EBS

그 당시 소련 사람들은 우주 비행사들에게 연필을 제공했다.

0023 □□

provide
[prəváid]

ⓥ 공급하다, 제공하다, 대비하다

Walking to the bus stop or subway station provides at least some movement. 학평

버스 정류장이나 지하철역까지 걸어가는 것이 적어도 약간의 운동을 제공한다.

Voca+ pro(=before)+vid(e)(=see) → 앞을 내다보고 대비하다

+ provision ⓝ 공급, 준비

0024 □□

practical
[prǽktikəl]

ⓐ 실용적인, 실제적인

The executive always came up with practical ideas at the conference table. EBS

그 간부는 회의 석상에서 항상 실용적인 아이디어를 생각해 냈다.

+ practice ⓝ 실행, 관습, 연습

0025 □□

express
[iksprés]

ⓥ 표현하다, 나타내다, 속달로 보내다 ⓐ 급행의, 신속한 ⓝ 급행, 속달

You don't need complex sentences to express ideas. 학평

여러분은 생각을 표현하기 위해 복잡한 문장이 필요하지 않다.

Voca+ ex(=out)+press(누르다) → (생각을) 밖으로 밀어내다

+ expression ⓝ 표현, 표정

0026

quantity
[kwántəti]

ⓝ 양, 수량

This likely contributes to quantity and quality of sleep. 학평

이것은 아마 수면의 양과 질에 기여할 것이다.

= **amount** ⓝ 양, 총액

0027

superior
[səpíəriər]

ⓐ 뛰어난, 우월한, 상급의 ⓝ 윗사람, 상급자

You can't eat it unless you pay me for my superior cooking skills. 학평

나의 뛰어난 요리 실력에 대한 대가를 지불하지 않으면, 당신은 그것을 먹을 수 없다.

Voca+ 라틴어계 비교급(**superior, inferior, prior, senior, junior**)은 전치사 than 대신 **to**를 사용한다.

0028

↔ **inferior**
[infíəriər]

ⓐ 열등한, 하위의 ⓝ 손아랫사람, 하급자

The other group was genetically manipulated to be intellectually inferior. 학평

다른 집단은 지적으로 열등하도록 유전적으로 조작되었다.

0029

seek
[si:k]

ⓥ 찾다, 추구하다, 청하다

If you ever find your work or school life too demanding, don't be afraid to seek help from your teachers. 교과서

여러분이 공부나 학교생활이 너무 힘들다고 생각된다면, 선생님들께 도움을 청하는 것을 두려워하지 마세요.

= **pursue** ⓥ 추구하다 **search** ⓥ 찾다

0030

aim
[eim]

ⓝ 목표, 목적 ⓥ 목표하다, 겨냥하다

One of the aims of these activities is to make us aware of various types of news media. 학평

이런 활동들의 목표 중 하나는 우리가 다양한 유형의 뉴스 미디어를 인식하게 만드는 것이다.

= **object** ⓝ 목적, 목표 **purpose** ⓝ 목적, 의도

0031 □□

fade
[feid]

ⓥ 희미해지다, 사라지다

The sound of my footsteps faded away into the emptiness of the streets. EBS

내 발자국 소리는 거리의 공허함 속으로 사라졌다.

0032 □□

disappear
[dìsəpíər]

ⓥ 사라지다, 없어지다

The word "lunch" will disappear when a food capsule is invented. 교과서

'점심'이라는 단어는 음식 캡슐이 발명되면 사라질 것이다.

Voca+ dis(부정의 접두사)+appear(보이다) → 보이지 않게 되다

0033 □□

emerge
[imə́ːrdʒ]

ⓥ 나타나다, 모습을 드러내다, (생각·사실 등이) 드러나다

After that, she emerged as a popular solo vocalist. 학평

그 후에, 그녀는 대중적인 솔로 가수로 나타났다.

+ emergence ⓝ 출현, 발생

0034 □□

grief
[griːf]

ⓝ (깊은) 슬픔, 비탄

Spent died as the others looked on in helpless grief. EBS

Spent는 다른 이들이 속수무책으로 슬퍼하며 지켜보는 가운데 숨을 거뒀다.

= woe ⓝ 비애, 비통
↔ joy ⓝ 기쁨

0035 □□

slight
[slait]

ⓐ 약간의, 하찮은

Temperature complaints and slight adjustments happened several times. EBS

온도에 대한 불평과 약간의 조정이 여러 차례 일어났다.

= trivial ⓐ 하찮은, 사소한
+ slightly ⓐⓓ 약간

0036 □□

success
[səksés]

ⓝ 성공, 성공작

The attitude of a patient's spouse has an impact on success in weight loss. 학평

환자의 배우자의 태도가 체중 감량의 성공에 영향을 미친다.

+ **succeed** ⓥ 성공하다, 계승하다

0037 □□

failure
[féiljər]

ⓝ 실패, 실패작, 고장

The parties agreed to restart negotiations after months of failure. EBS

당사자들은 몇 달의 실패 후에 협상을 재개할 것에 동의했다.

0038 □□

run into

~와 우연히 만나다, ~와 충돌하다

Uncle Lon, my dad's brother, had run into the guy. EBS

아빠의 형인 Lon 삼촌이 그 남자와 우연히 만났다.

= **meet ~ by chance** ~와 우연히 만나다 **collide with** ~와 충돌하다

0039 □□

depend on[upon]

~에 의존[의지]하다, ~에 달려 있다

Exceptionally funny people don't depend upon their memory to keep track of everything they find funny. 학평

뛰어나게 웃긴 사람들은 그들이 재미있다고 생각하는 모든 것을 기억하기 위해 자신들의 기억력에 의존하지 않는다.

= **rely on** ~에 의존하다, ~을 신뢰하다 **count on** ~에 의지하다, ~을 확신하다

0040 □□

carry out

~을 실행[수행]하다, ~을 완료하다

He had carried out a number of adventurous explorations. 교과서

그는 많은 모험적인 탐험들을 실행했다.

= **perform** ⓥ 실행하다 **complete** ⓥ 완료하다

DAY 01

REVIEW TEST

A 다음 단어에 해당하는 영어 단어 또는 우리말을 쓰시오.

01 순간, 중요성	______	07 include	______
02 우월한, 윗사람	______	08 situation	______
03 감정, 정서	______	09 indifferent	______
04 확실한, 확신하는	______	10 emerge	______
05 받아들이다	______	11 practical	______
06 표현하다, 급행(의)	______	12 quantity	______

B 다음 우리말에 맞도록 주어진 철자로 시작하는 단어를 쓰시오.

01 열렬한 믿음	a passionate b______
02 수요와 공급	demand and s______
03 품질이 낮은 제품	an i______ product
04 비용을 똑같이 나누다	s______ costs equally
05 법률적 조언을 구하다	s______ legal advice
06 비슷한 취향을 가진 사람들	people with s______ tastes
07 도시로 이사하는 것을 고려하다	c______ moving to the city
08 어려운 업무를 수행하다	c______ o______ a difficult task

A 01 moment 02 superior 03 emotion 04 certain 05 accept 06 express 07 포함하다 08 상황, 위치 09 무관심한 10 나타나다, 모습을 드러내다 11 실용적인, 실제적인 12 양, 수량

B 01 belief 02 supply 03 inferior 04 share 05 seek 06 similar 07 consider 08 carry out

DAY

02

Previous Check

- □ illegal
- □ local
- □ amount
- □ found
- □ establish
- □ historical
- □ process
- □ expert
- □ decade
- □ continue
- □ dedicate
- □ devote
- □ period
- □ perceive
- □ recognize
- □ exhausted
- □ crime
- □ expose
- □ reveal
- □ conceal
- □ charity
- □ deserve
- □ unite
- □ combine
- □ separate
- □ complete
- □ connect
- □ overcome
- □ rapid
- □ chase
- □ achieve
- □ accomplish
- □ mislead
- □ random
- □ organ
- □ vital
- □ reliable
- □ deal with
- □ lead to
- □ get along with

0041 □□

illegal
[ilíːgəl]

ⓐ 불법적인, 위법인

It was obtained through illegal or questionable means. 학평
그것은 불법적이거나 의심스러운 수단으로 얻어졌다.

↔ **legal** ⓐ 법률의, 합법인

0042 □□

local
[lóukəl]

ⓐ 지역의, 현지의 ⓝ 현지인

Researchers at the University of Southern Brittany monitored a local pizza restaurant. 학평
Southern Brittany 대학의 연구자들이 지역에 있는 피자 음식점 한 곳을 관찰했다.

0043 □□

amount
[əmáunt]

ⓝ 총계, 양 ⓥ 총계가 ~이 되다

Indoor plants increase the amount of clean air circulating in your home. EBS
실내 식물은 여러분 집 안에서 순환하는 맑은 공기의 양을 증가시킨다.

= **total** ⓥ 총 ~이 되다 ⓐ 총, 전체의

0044 □□

found
[faund]

ⓥ 설립하다, 기초를 세우다

Harvard University was founded as America's first institution of higher education.
Harvard 대학은 미국 최초의 고등 교육 기관으로 설립되었다.

+ **foundation** ⓝ 설립, 토대

0045 □□

= **establish**
[istǽbliʃ]

ⓥ 설립하다, 확립하다, 수립하다

We needed to establish trust in order to trade. 학평
우리는 거래하기 위해서 신뢰를 확립해야 했다.

+ **establishment** ⓝ 설립, 확립

0046 □□

historical
[históːrikəl]

ⓐ 역사적인, 역사(상)의

We visited an ancient church at a historical site in Tarragona.
우리는 Tarragona의 한 역사적 장소에 있는 고대 교회를 방문했다. 교과서

➕ **historic** ⓐ 역사상 중요한, 역사에 남을 만한

0047 □□

process
[prάses]

ⓝ 과정, 처리 ⓥ 처리하다, 가공하다

The process forced the air at the top of the food out of the jar. EBS
그 과정이 식품의 윗부분에 있던 공기를 병 밖으로 빠져나가게 만들었다.

0048 □□

expert
[ékspəːrt]

ⓝ 전문가 ⓐ 숙련된, 전문적인

Body language experts say that smiling can portray confidence and warmth. 학평
신체 언어 전문가들은 미소 짓는 것이 자신감과 친밀감을 나타낼 수 있다고 말한다.

= **specialist** ⓝ 전문가
↔ **amateur** ⓝ 아마추어, 애호가
➕ **expertise** ⓝ 전문 지식

0049 □□

decade
[dékeid, dikéid]

ⓝ 10년, 10년간

Past actions will affect the planet for many decades to come. 교과서
과거의 행위는 다가올 수십 년 동안 지구에 영향을 미칠 것이다.

Voca+ **deca-**는 '10배, 10의'를 뜻하는 접두사이다.

0050 □□

continue
[kəntínjuː]

ⓥ 계속하다, 연장하다

His adventures continue to appear in newspapers around the globe. 교과서
그의 모험담은 전 세계적으로 신문에 계속 실리고 있다.

Voca+ **continue**는 목적어로 **to**부정사 또는 동명사를 취할 수 있다.

↔ **cease** ⓥ 중단하다, 그치다

0051 □□

dedicate [dédəkèit]

ⓥ 바치다, 헌신하다

The spectators dedicate time and money to watch a game in person. EBS

관중은 직접 경기를 보기 위해 시간과 돈을 바친다.

+ **dedication** ⓝ 헌신, 전념

0052 □□

devote [divóut]

ⓥ 바치다, 전념하다

The more you use social media, the less time you tend to devote to offline interaction. EBS

여러분이 소셜 미디어를 더 많이 사용할수록 오프라인 교류에 더 적은 시간을 바치는 경향이 있다.

+ **devotion** ⓝ 헌신, 전념

0053 □□

period [pí:əriəd]

ⓝ 기간, 시기, 시대

For all the periods, more males and females purchased things in stores than online. EBS

모든 기간 동안 더 많은 남성과 여성이 온라인에서보다 상점에서 물건을 구매했다.

= **era** ⓝ 시대, 시기

0054 □□

perceive [pərsí:v]

ⓥ 인지[감지]하다, ~으로 여기다

In fact, black is perceived to be twice as heavy as white. 학평

사실, 검은색은 흰색보다 두 배 무겁게 인식된다.

+ **perception** ⓝ 지각, 인식

0055 □□

recognize [rékəgnàiz]

ⓥ 인식[인지]하다, 인정하다

It is very important to recognize your pet's particular needs. 학평

여러분의 반려동물의 특별한 욕구를 인식하는 것이 매우 중요하다.

+ **recognition** ⓝ 인식, 인정

0056

exhausted
[igzɔ́:stid]

ⓐ 지친, 고갈된

After searching for it for a long time, the old farmer became exhausted. 학평

오랜 시간 동안 그것을 찾아본 뒤에 그 나이 든 농부는 지쳐버렸다.

= **worn-out** ⓐ 지친, 진부한

0057

crime
[kraim]

ⓝ 범죄, 범행, 죄악

If people speak negatively about their king, it is considered a crime. 교과서

만약 사람들이 자신들의 왕에 대해 부정적으로 말하면, 그것은 범죄로 여겨진다.

\+ **criminal** ⓐ 범죄의 ⓝ 범죄자

0058

expose
[ikspóuz]

ⓥ 노출시키다, 폭로하다

A quarter of the surface area is exposed to the atmosphere. 학평

표면적의 4분의 1이 대기에 노출된다.

Voca+ ex(=out)+pose(=put) → 밖에 놓다

\+ **exposure** ⓝ 노출, 폭로

0059

reveal
[riví:l]

ⓥ 드러내다, 폭로하다

The history of any animal species reveals a distinct sameness in behavior. EBS

어떤 동물의 종이라도 그 역사는 행동에 있어 뚜렷한 유사성을 드러낸다.

= **disclose** ⓥ 드러내다, 폭로하다

0060

conceal
[kənsí:l]

ⓥ 숨기다, 비밀로 하다

Do not tell a friend what you would conceal from an enemy.

적에게 숨기고자 하는 것은 친구에게도 말하지 말라.

= **hide** ⓥ 숨기다, 보이지 않게 하다

0061 □□

charity
[tʃǽrəti]

ⓝ 자선 단체[기금], 자비심

We decided to donate money to a charity instead of buying Christmas presents this year. 학평

우리는 올해 크리스마스 선물을 사는 대신에 자선 단체에 돈을 기부하기로 했다.

0062 □□

deserve
[dizə́ːrv]

ⓥ ~을 받을 만하다, ~할 가치가 있다

You worked hard to enter that college, and you deserve your success. 학평

당신은 그 대학에 들어가기 위해 열심히 공부했으니 마땅히 성공할 만하다.

0063 □□

unite
[júːnait]

ⓥ 결합[연합]하다, 결속시키다

There are more things that unite us than divide us. EBS

우리를 분열시키는 것보다 결속시키는 것이 더 많이 있다.

+ unity ⓝ 통합, 통일(성), 일치

0064 □□

combine
[kəmbáin]

ⓥ 결합시키다, 겸비하다

He combined the piano and the violin to reach a broader audience. 교과서

그는 더 폭넓은 청중을 만나기 위해 피아노와 바이올린을 결합시켰다.

+ combination ⓝ 결합, 조합

0065 □□

separate
ⓥ [sépərèit]
ⓐ [sépərit]

ⓥ 분리하다 ⓐ 별개의, 각각의

One way is to separate yourself from the source of your anger. 학평

한 가지 방법은 여러분의 분노의 근원으로부터 여러분 자신을 분리하는 것이다.

Voca+ 분리·격리·구별의 동사는 전치사 from과 함께 쓰인다.

+ separation ⓝ 분리, 구분 separately ⓐⓓ 별도로, 따로, 각자

0066 □□

complete
[kəmplíːt]

ⓥ 완료하다 ⓐ 완전한

In order to graduate, John had to complete the final project.
졸업을 하기 위해서, John은 그 마지막 프로젝트를 완료해야 했다. 교과서

↔ **incomplete** ⓐ 불완전한
\+ **completion** ⓝ 완료 **completely** ad 완전히, 전적으로

0067 □□

connect
[kənékt]

ⓥ 연결하다, 관련시키다

The new suit was a smart suit that was connected to a mobile app. 교과서
새 복장은 모바일 앱과 연동된 스마트복이었다.

Voca+ **con**(=together)+**nect**(=bind) → 서로 함께 묶다

\+ **connection** ⓝ 연결, 결합, 결속

0068 □□

overcome
[òuvərkʌ́m]

ⓥ 극복하다, 이기다, 압도하다

Our parents tried to overcome a crisis and build a more stable home.
우리 부모님은 위기를 극복하고 더 안정된 가정을 이루기 위해 노력하셨다.

0069 □□

rapid
[rǽpid]

ⓐ 빠른, 신속한

Countries with more rapid economic growth do not experience a greater increase in happiness. EBS
더 빠른 경제 성장을 보이는 나라들의 행복이 더 크게 증가하지는 않는다.

= **fast** ⓐ 빠른 **speedy** ⓐ 빠른, 신속한
\+ **rapidly** ad 빨리, 급속히

0070 □□

chase
[tʃeis]

ⓥ 쫓다, 추적하다 ⓝ 추적

That only makes the chase more difficult, and in some cases, impossible. 학평
그것은 오로지 추적을 더 어렵게 만들 뿐이며, 어떤 경우에는 불가능하게 만든다.

= **pursue** ⓥ 추적하다, 추구하다

0071 □□

achieve [ətʃíːv]

ⓥ 이루다, 성취하다

Teachers are truly interested in what you are trying to achieve. 학평

교사들은 여러분이 성취하려고 노력하고 있는 것에 진심으로 관심이 있다.

+ **achievement** ⓝ 성취, 업적

0072 □□

= **accomplish** [əkɑ́ːmpliʃ]

ⓥ 이루다, 성취하다

We feel confident that we can accomplish anything ourselves. 교과서

우리는 우리 자신이 그 어떤 것이든 성취할 수 있다는 자신감을 느낀다.

+ **accomplishment** ⓝ 성취, 업적

0073 □□

mislead [mislíːd]

ⓥ 잘못 인도하다, 오해하게 하다

Our senses, however, are unreliable and often mislead us.

그러나, 우리의 감각은 신뢰할 수 없으며 우리를 자주 잘못 인도한다. 학평

Voca+ **mis**(=wrongly)+**lead**(이끌다) → 잘못 이끌다

+ **misleading** ⓐ 오도하는, 오해의 소지가 있는

0074 □□

random [rǽndəm]

ⓐ 무작위의, 임의의

Instead, nature produces changes that are essentially random. EBS

대신, 자연은 본질적으로 무작위적인 변화를 만들어 낸다.

↔ **planned** ⓐ 계획된, 예정대로의

+ **randomly** ad 무작위로, 임의로

0075 □□

organ [ɔ́ːrgən]

ⓝ 장기, 기관

Caribbean sponges can be used to tackle rejection of organ transplants. EBS

카리브해 해면동물은 장기 이식에 대한 거부 반응을 다루는 데 사용될 수 있다.

+ **organize** ⓥ 조직하다, 구성하다

0076 □□

vital
[váitəl]

ⓐ 아주 중요한, 필수적인, 생명 유지에 필요한

Public transportation has been vital to that progress and freedom for more than two centuries. 학평

대중교통은 2세기 이상 동안 그러한 진보와 자유에 아주 중요했다.

= **essential** ⓐ 필수적인 **significant** ⓐ 중대한
↔ **insignificant** ⓐ 무의미한, 하찮은

0077 □□

reliable
[riláiəbl]

ⓐ 믿을 수 있는, 의지가 되는

Maps still carry an aura of being reliable and bias-free. EBS

지도는 믿을 수 있으며 편견이 없다는 느낌을 여전히 지니고 있다.

= **credible** ⓐ 신뢰할 수 있는 **trustworthy** ⓐ 신뢰할 수 있는
↔ **unbelievable** ⓐ 믿을 수 없는 **unreliable** ⓐ 믿을 수 없는

0078 □□

deal with

~을 처리하다, ~을 다루다

We can begin to consciously deal with the challenge using our reasoning abilities. EBS

우리는 우리의 추론 능력을 사용하여 의식적으로 어려운 문제를 다루기 시작할 수 있다.

= **treat** ⓥ 다루다, 처리하다

0079 □□

lead to

~으로 이어지다, ~을 야기[초래]하다

Programs of economic development often lead to changes in people's dietary habits. EBS

경제 발전 프로그램은 흔히 사람들의 식습관에 변화를 야기한다.

= **cause** ⓥ 야기하다

0080 □□

get along with

~와 잘 지내다

I find it difficult to get along with friends and to concentrate on my school work. 교과서

나는 친구들과 잘 지내고 학업에 집중하는 것에 어려움을 느낀다.

DAY 02

REVIEW TEST

A 다음 단어에 해당하는 영어 단어 또는 우리말을 쓰시오.

01 전문가, 숙련된	________	07 charity	________
02 아주 중요한, 필수적인	________	08 illegal	________
03 계속하다	________	09 devote	________
04 잘못 인도하다	________	10 found	________
05 역사적인	________	11 period	________
06 지역의, 현지인	________	12 chase	________

B 다음 우리말에 맞도록 주어진 철자로 시작하는 단어를 쓰시오.

01 빠른 회복을 보이다	make a r________ recovery
02 어울리기가 매우 편한	very easy to g________ a________ with
03 비밀을 폭로하다	r________ a secret
04 완전한 치료	a c________ cure
05 두 마을을 연결하다	c________ the two towns
06 총 화폐량	total a________ of money
07 위험에 노출시키다	e________ to danger
08 목적을 달성하다	a________ a purpose

A 01 expert 02 vital 03 continue 04 mislead 05 historical 06 local 07 자선 단체[기금], 자비심 08 불법적인, 위법인 09 바치다, 전념하다 10 설립하다, 기초를 세우다 11 기간, 시기, 시대 12 쫓다, 추적하다, 추적

B 01 rapid 02 get along 03 reveal 04 complete 05 connect 06 amount 07 expose 08 achieve / accomplish

DAY

03

Previous Check

- □ knowledge
- □ encourage
- □ discourage
- □ detail
- □ resolution
- □ probable
- □ trait
- □ direct
- □ distance
- □ income
- □ revise
- □ mark
- □ negative
- □ official
- □ search
- □ benefit
- □ profit
- □ damage
- □ amaze
- □ opportunity
- □ ignore
- □ contact
- □ various
- □ diverse
- □ performance
- □ contain
- □ involve
- □ concentrate
- □ disturb
- □ due
- □ examine
- □ investigate
- □ research
- □ material
- □ medical
- □ pursue
- □ alter
- □ according to
- □ participate in
- □ look into

0081 □□

knowledge
[nálidʒ]

ⓝ 지식, 알고 있음

We need wider knowledge about diets and food production systems. EBS

우리는 음식물과 식량 생산 체계에 관한 더 폭넓은 지식이 필요하다.

0082 □□

encourage
[inkə́:ridʒ]

ⓥ 용기를 북돋우다, 격려하다, 장려하다

Because Ethan motivated and encouraged them, they became his most passionate fans. 교과서

Ethan이 그들에게 동기를 부여하고 용기를 북돋았기 때문에, 그들은 그의 가장 열정적인 팬이 되었다.

Voca+ en(=make)+courage(용기) → 용기를 내게 만들다

⊕ **encouragement** ⓝ 격려, 장려

0083 □□

discourage
[diskə́:ridʒ]

ⓥ 낙담시키다, 방해하다

Social networking sites discourage young people from meeting their friends face to face. 교과서

소셜 네트워킹 사이트는 젊은 사람들이 그들의 친구들을 직접 만나는 것을 방해한다.

0084 □□

detail
[ditéil]

ⓝ 세부 사항, 상세

We pay less attention to the details of speech and look more at the communicative intent. EBS

우리는 말의 세부 사항에는 덜 신경을 쓰고, 의사 전달의 의도를 더 살펴본다.

⊕ **detailed** ⓐ 상세한, 정밀한 **in detail** 자세히

0085 □□

resolution
[rèzəljú:ʃən]

ⓝ 해결, 결심, 결의

Conflict resolution experts should be able to recognize cultural and gender differences. 학평

갈등 해결 전문가는 문화적 차이와 성별의 차이를 인지할 수 있어야 한다.

⊜ **solution** ⓝ 해결, 용해

⊕ **resolve** ⓥ 결심하다, 해결하다

0086 □□

probable
[prábəbl]

ⓐ 있을 법한, 예상되는

What will be the probable cause of wars in the next century?
다음 세기에 예상되는 전쟁의 원인은 무엇일까?

+ **probably** ⓐⓓ 아마, 대개는 **probability** ⓝ 확률, 있음 직함

0087 □□

trait
[treit]

ⓝ 특성, 특색

Some athletes can develop positive character traits that last a lifetime. 학평
어떤 선수들은 평생 지속하는 긍정적인 인격 특성을 계발할 수 있다.

= **feature** ⓝ 특징, 특색 **property** ⓝ 특성, 성질

0088 □□

direct
[dirékt]

ⓥ 감독하다, (길을) 안내하다 ⓐ 직접적인, 직행의

She is responsible for directing the use of the project's budget. EBS
그녀는 그 프로젝트의 예산 사용을 감독하는 데에 책임이 있다.

+ **direction** ⓝ 방향, 감독, 지시

0089 □□

distance
[dístəns]

ⓝ 거리, 간격

He succeeded in transmitting an image over a distance of a couple of feet. EBS
그는 몇 피트 떨어진 거리에 이미지를 전송하는 데 성공했다.

+ **distant** ⓐ 먼, 떨어진

0090 □□

income
[ínkʌm]

ⓝ 수입, 소득

If there is no surplus income, there is nothing for the government to tax.
만일 잉여 소득이 없다면, 정부가 세금을 부과할 수 있는 것이 아무것도 없다.

↔ **expenditure** ⓝ 소비, 지출

0091 □□

revise
[riváiz]

ⓥ 개정하다, 정정하다

The report is now completely revised.
그 보고서는 이제 완전히 수정되었다.

= **amend** ⓥ 개정하다 **correct** ⓥ 정정하다, 고치다
+ **revision** ⓝ 개정, 수정

0092 □□

mark
[mɑːrk]

ⓥ 표시하다, 채점하다 ⓝ 표시, 흔적

The flight marked the milestone of her flying over four million miles. 학평
그 비행은 그녀가 400만 마일 넘게 비행한 획기적인 사건을 기록했다.

0093 □□

negative
[négətiv]

ⓐ 부정적인, 음성의

Consumers are generally unaware of the negative effects of the goods and services. EBS
소비자들은 대개 상품과 서비스의 부정적인 영향을 알아채지 못한다.

↔ **positive** ⓐ 긍정적인, 양성의

0094 □□

official
[əfíʃəl]

ⓐ 공식적인, 공무의, 정식의

Melatonin simply provides the official instruction to commence the event of sleep. EBS
멜라토닌은 단순히 수면이라는 시합을 시작하게 할 공식적인 지시를 제공한다.

↔ **unofficial** ⓐ 비공식적인

0095 □□

search
[səːrtʃ]

ⓥ 찾다, 검색하다 ⓝ 수색, 검색

Cybercriminals carefully search through these sites, looking for information. 교과서
사이버 범죄자들은 신중하게 이런 사이트들을 샅샅이 검색하여 정보를 찾는다.

0096 □□

benefit
[bénəfit]

ⓝ 이익, 혜택, 자선 행사 ⓥ 이롭다, 이익을 얻다

The total benefit is much greater than the sum of its parts.
전체의 이익은 그것의 부분들의 합보다 훨씬 더 크다. 학평

Voca+ bene(=good)+fit(=do, make) → 좋게 만들다

⊕ **beneficial** ⓐ 유익한, 이로운

0097 □□

profit
[prά:fit]

ⓝ 이익, 수익, 이윤 ⓥ 이익을 얻다

The business will not realize the maximum profit possible.
그 기업은 가능한 최대의 이익을 인식하지 못할 것이다. 학평

⊕ **profitable** ⓐ 이익이 되는

0098 □□

damage
[dǽmidʒ]

ⓝ 손상, 피해 ⓥ 손상을 입히다

Recycling electronics waste can lower ecological damage from traditional mines. 교과서
전자 제품 폐기물을 재활용하는 것은 전통적인 광산으로부터의 생태학적 피해를 줄일 수 있다.

0099 □□

amaze
[əméiz]

ⓥ (대단히) 놀라게 하다

Magicians amaze audiences with seemingly impossible tricks of magic.
마술사들은 외견상 불가능한 마술 기교로 관객들을 놀라게 한다.

= **astonish** ⓥ (깜짝) 놀라게 하다
⊕ **amazement** ⓝ 놀라움 **amazing** ⓐ 놀라운, 놀랄 만한

0100 □□

opportunity
[àpərtjú:nəti]

ⓝ 기회, 가망

We don't often get the opportunity to hear a classical musician improvise. EBS
우리는 클래식 음악가가 즉흥적으로 연주하는 것을 들을 기회를 자주 접하지 못한다.

0101 □□

ignore
[ignɔ́ːr]

ⓥ 무시하다, 모르는 체하다

These days a lot of students have been ignoring the school cafeteria rules. 학평

요즘 많은 학생들이 교내 식당의 규정을 무시해 오고 있다.

= **disregard** ⓥ 무시하다, 경시하다 **neglect** ⓥ 무시하다, 게을리하다

0102 □□

contact
[kɑ́ːntækt]

ⓥ 접촉하다, 연락하다 ⓝ 접촉, 연락

Please contact me to discuss this matter as soon as possible. EBS

이 문제를 의논하기 위해 가능한 한 빨리 저에게 연락해 주십시오.

Voca+ con(=together)+tact(=touch) → 서로 닿다

0103 □□

various
[vɛ́əriəs]

ⓐ 다양한, 여러 가지의

The special flavors go well with various Indian dishes. 교과서

그 특별한 향신료는 다양한 인도 요리와 잘 어울린다.

+ **vary** ⓥ 다르다, 바꾸다 **variety** ⓝ 변화, 다양성

0104 □□

= **diverse**
[daivə́ːrs]

ⓐ 다양한, 다른

As society becomes more diverse, the likelihood that people share assumptions and values diminishes. 학평

사회가 더욱 다양해짐에 따라, 사람들이 가정과 가치를 공유할 가능성은 줄어든다.

↔ **similar** ⓐ 비슷한, 유사한
+ **diversity** ⓝ 다양성

0105 □□

performance
[pərfɔ́ːrməns]

ⓝ 공연, 성과, 수행

They didn't want to let their laughter out and ruin his performance. 학평

그들은 웃음소리를 입 밖에 내서 그의 공연을 망치고 싶지 않았다.

0106 □□

contain [kəntéin]

ⓥ 포함하다, 억누르다

The dishes contain some of the most common foods in the world. 교과서

그 요리들은 세계에서 가장 평범한 음식들 중 몇 가지를 포함한다.

0107 □□

involve [inválv]

ⓥ 포함[수반]하다, 관련시키다

One of the most common childhood experiments is one involving the growth of plants. EBS

가장 흔한 유년기 실험 중 하나는 식물의 성장과 관련된 것이다.

= **include** ⓥ 포함하다

↔ **exclude** ⓥ 제외하다

0108 □□

concentrate [kánsəntrèit]

ⓥ 집중하다, 전력을 기울이다

A brain that is fully fueled concentrates better and solves problems faster. 학평

연료가 가득 찬 두뇌는 집중을 더 잘하고 문제를 더 빠르게 해결한다.

Voca+ **con**(=together)+**centr**(=center)+**ate**(동사형 접미사) → 중심에 함께 모으다

↔ **distract** ⓥ 주의를 산만하게 하다, 흩뜨리다

\+ **concentration** ⓝ 집중

0109 □□

disturb [distə́ːrb]

ⓥ 방해하다, 어지럽히다

Anger can disturb our concentration, our sleep, and our health.

분노는 우리의 집중력, 수면, 그리고 건강을 방해할 수 있다.

0110 □□

due [djuː]

ⓐ 만기가 된, ~을 하기로 되어 있는

Could you extend the due date of this report? 학평

이 보고서의 마감일을 연장해 줄 수 있나요?

0111 □□

examine
[igzǽmin]

ⓥ 조사하다, 검진하다, 시험하다

The objects are brought to the laboratory, where they examine them in detail. EBS

그 물건들은 실험실로 옮겨지고, 그곳에서 그들이 그것들을 자세하게 조사한다.

0112 □□

investigate
[invéstəgèit]

ⓥ 조사하다, 연구하다

Children reveal and investigate mathematical concepts through their own activities or experiences. 학평

아이들은 자기들만의 활동이나 경험을 통해 수학적 개념을 밝히고 조사한다.

= **inspect** ⓥ 조사하다, 감사하다
\+ **investigation** ⓝ 조사, 연구

0113 □□

research
[risə́ːrtʃ]

ⓥ 연구[조사]하다 ⓝ 연구, 조사

You should research your topic and make notes on important points about it. 교과서

여러분은 주제를 연구하고 그것에 관한 중요한 점을 메모해야 한다.

0114 □□

material
[mətíəriəl]

ⓝ 재료, 자료, 물질 ⓐ 물질의, 육체적인

Humans have used mud as a building material since ancient times. 학평

인간은 고대 시대부터 진흙을 건축 재료로 사용해 왔다.

= **substance** ⓝ 물질, 물체

0115 □□

medical
[médikəl]

ⓐ 의학의, 의료의

Jemison received her medical degree from Cornell Medical School in 1981. 학평

Jemison은 1981년 Cornell 의과 대학에서 의학 학위를 받았다.

\+ **medicine** ⓝ 약, 의학

0116 □□

pursue
[pərsjúː]

ⓥ 추구하다, 추적하다

When people pursue goods that are positional, they can't help being in the rat race. 학평

사람들이 위치에 관련된 재화를 추구할 때, 그들은 치열하고 무의미한 경쟁을 하지 않을 수 없다.

+ **pursuit** ⓝ 추구, 추적

0117 □□

alter
[ɔ́ːltər]

ⓥ 바꾸다, 변경하다

The properties of a material could be altered by the addition of other substances. EBS

한 물질의 특성이 여타 다른 물질의 첨가로 바뀔 수 있다.

= **change** ⓥ 바꾸다, 변경하다
+ **alteration** ⓝ 고침, 변화, 변경 (행위)

0118 □□

according to

~에 따라서, ~에 따르면

Customizing the product, modifying or transforming it according to the user, was routine. EBS

제품을 주문 제작하는 것, 즉 사용자에 따라 그것을 수정하거나 변형하는 것이 일상적이었다.

0119 □□

participate in

~에 참여하다, ~에 참가하다

Our parents would be horrified if they were told they had to participate in the culture of their grandchildren. 학평

우리 부모님은 손주의 문화에 참여해야 한다는 것을 들으면 겁이 날 것이다.

= **take part in** ~에 참여하다

0120 □□

look into

~을 조사하다, ~을 주의 깊게 살피다

A fire investigation officer at the scene said they are still looking into what caused the fire.

현장에 있던 화재 수사관은 무엇이 화재를 일으켰는지를 자신들이 여전히 조사하고 있다고 말했다.

= **investigate** ⓥ 조사하다

DAY 03

REVIEW TEST

A 다음 단어에 해당하는 영어 단어 또는 우리말을 쓰시오.

01 표시하다, 흔적	________	07 damage	________
02 결심, 결의, 해결	________	08 negative	________
03 용기를 북돋우다	________	09 disturb	________
04 공식적인, 정식의	________	10 profit	________
05 만기가 된	________	11 material	________
06 수입, 소득	________	12 investigate	________

B 다음 우리말에 맞도록 주어진 철자로 시작하는 단어를 쓰시오.

01 문화적 특성	cultural t________s
02 사소한 세부 사항	a trivial d________
03 가장 가능성 있는 상태	the most p________ state
04 다양한 관심사	d________ interests
05 직접적인 접촉	direct c________
06 일생의 기회	an o________ of a lifetime
07 비용과 이익	cost and b________
08 그 문제를 조사하기로 약속하다	promise to l________ i________ the matter

A 01 mark 02 resolution 03 encourage 04 official 05 due 06 income 07 손상, 손상을 입히다 08 부정적인, 음성의 09 방해하다, 어지럽히다 10 이익, 수익, 이익을 얻다 11 재료, 물질, 물질의 12 조사하다, 연구하다

B 01 trait 02 detail 03 probable 04 diverse 05 contact 06 opportunity 07 benefit 08 look into

DAY 04

Previous Check

- □ circumstance
- □ environment
- □ active
- □ community
- □ necessity
- □ effort
- □ participation
- □ regular
- □ development
- □ progress
- □ permit
- □ forbid
- □ emission
- □ perspective
- □ conservative
- □ entire
- □ measure
- □ maintain
- □ support
- □ prevent
- □ occur
- □ passion
- □ determine
- □ influence
- □ impact
- □ immediate
- □ military
- □ ancient
- □ emphasize
- □ preference
- □ respect
- □ concern
- □ forecast
- □ predict
- □ tendency
- □ function
- □ significant
- □ due to
- □ be aware of
- □ provide A with B

0121 □□

circumstance
[sə́ːrkəmstæ̀ns]

ⓝ 환경, 상황, 형편

We often experience emotions in response to the circumstances of fictional characters. EBS

우리는 종종 소설 속 인물들의 상황에 반응하여 감정을 경험한다.

Voca+ circum(=around)+st(=stand)+ance(명사형 접미사) → 주위에 서 있는 것

0122 □□

environment
[inváiərənmənt]

ⓝ (자연·주변의) 환경

Green shopping means making purchases with the environment in mind. 교과서

친환경 쇼핑은 환경을 생각하면서 구매하는 것을 의미한다.

+ environmental ⓐ 환경의

0123 □□

active
[ǽktiv]

ⓐ 활동적인, 적극적인, 활발한

Starchy foods provide the energy children need to stay active. EBS

탄수화물이 많은 음식은 아이들이 활동적으로 지내기 위해 필요한 에너지를 제공한다.

↔ passive ⓐ 수동적인, 소극적인
+ activity ⓝ 활동, 활기

0124 □□

community
[kəmjúːnəti]

ⓝ 지역 사회, 공동체

Communities sometimes have to be moved to another place. 학평

공동체들은 때때로 다른 지역으로 이주되어야 한다.

0125 □□

necessity
[nəsésəti]

ⓝ 필요(성), 필수품

As necessity is the mother of invention, so can constraints bring out the best in us. EBS

필요가 발명의 어머니인 것처럼, 제약도 우리의 최선을 이끌어 낼 수 있다.

+ necessary ⓐ 필요한

0126 □□

effort
[éfərt]

ⓝ 노력, 수고, 결과

A politician praised their efforts and mentioned them in his speech. 교과서

한 정치인이 그들의 노력을 높이 평가했고 자신의 연설에서 그들을 언급했다.

0127 □□

participation
[pɑːrtìsəpéiʃən]

ⓝ 참가, 참여

The average length of participation in tennis was shorter than that in ice hockey. 학평

테니스의 평균 참가 기간은 아이스하키보다 짧았다.

+ **participate** ⓥ 참가하다, 참여하다

0128 □□

regular
[régjulər]

ⓐ 규칙적인, 정기적인, 보통의 ⓝ 단골손님

A traditional poem has a regular pattern of rhythm or rhyme.

전통 시(詩)는 규칙적인 패턴의 리듬이나 운율을 가지고 있다.

↔ **irregular** ⓐ 불규칙한, 비정규의

+ **regularly** ⓐⓓ 규칙적으로

0129 □□

development
[divéləpmənt]

ⓝ 발전, 성장, 개발

The development of quality and creative musical ideas takes time. EBS

양질의 창의적인 음악적 아이디어의 발전은 시간이 걸린다.

+ **develop** ⓥ 발달[성장]하다, 개발하다

0130 □□

= **progress**
ⓝ [prágres]
ⓥ [prəgrés]

ⓝ 진전, 진보 ⓥ 진보[발전]하다, 전진하다

They were starting to make progress in putting the fire out.

그들은 화재 진압에 진전을 보이기 시작하고 있었다. 학평

+ **progressive** ⓐ 진보적인, 점진적인

0131 □□

permit
[pəːrmít]

ⓥ 허락[허용]하다

His family finally permitted Doctor Harvey to study the brain.
그의 가족은 마침내 Harvey 박사가 뇌를 연구하는 것을 허락했다.

+ **permission** ⓝ 허락, 승인

0132 □□

↔ **forbid**
[fərbíd]

ⓥ 금지하다

The king decided to forbid marriage to improve the quality of soldiers.
왕은 병사들의 자질을 향상시키기 위해 결혼을 금지하기로 결정했다.

= **prohibit** ⓥ 금지하다

0133 □□

emission
[imíʃən]

ⓝ 배출, 방출, 배출물

The government has been trying to reduce carbon dioxide emissions. EBS
정부는 이산화탄소 배출을 줄이려고 노력해 오고 있다.

Voca+ e(=out of)+miss(=send)+ion(명사형 접미사) → 밖으로 내보내는 것

+ **emit** ⓥ 배출하다

0134 □□

perspective
[pərspéktiv]

ⓝ 관점, 시각, 원근법

From an evolutionary perspective, aggression can be viewed as adaptive behavior. EBS
진화적 관점에서, 공격성은 적응 행동으로 간주될 수 있다.

0135 □□

conservative
[kənsə́ːrvətiv]

ⓐ 보수적인, 보수주의의

The television show will allow a conservative point of view.
그 텔레비전 프로그램은 보수적인 관점을 허용할 것이다.

+ **conserve** ⓥ 보존하다, 보호하다 **conservation** ⓝ 보존, 보호

0136 □□

entire
[intáiər]

ⓐ 전체의, 완전한

There's even an entire domain known as recreational mathematics. EBS

심지어 오락적인 수학이라고 알려진 전체 영역도 있다.

↔ **partial** ⓐ 부분적인, 불공평한
\+ **entirely** ⓐⓓ 전적으로, 완전히

0137 □□

measure
[méʒər]

ⓥ 측정하다, 재다 ⓝ 측정, 조치

Environmental decisions are so complex that we can't measure them accurately in numbers. EBS

환경과 관련된 결정들은 너무 복잡해서 우리는 그것들을 정확하게 수치로 측정할 수 없다.

0138 □□

maintain
[meintéin]

ⓥ 유지하다, 지지하다, 부양하다

The wilderness preserve was owned and maintained by the town. 학평

야생 보호 구역은 그 마을에 의해 소유되고 유지되었다.

\+ **maintenance** ⓝ 유지, 관리

0139 □□

support
[səpɔ́ːrt]

ⓥ 지지하다, 지원하다, 부양하다 ⓝ 지지, 후원

We have a number of employment programs to support people with disabilities.

우리는 장애가 있는 사람들을 지원하는 고용 프로그램이 많이 있다.

\+ **supportive** ⓐ 지원하는, 도와주는

0140 □□

prevent
[privént]

ⓥ 막다, 예방하다

Elephants prevent the trees from growing big and taking over the area. 교과서

코끼리는 나무가 크게 자라서 그 지역을 장악하는 것을 막는다.

Voca+ **pre**(=before)+**vent**(=come) → 앞서 오다

\+ **prevention** ⓝ 방지, 예방

0141 □□

occur
[əkə́ːr]

ⓥ 발생하다, 일어나다, 생각나다

The temperature rose and various climate changes occurred in the past. 교과서

과거에는 기온이 상승하여 다양한 기후 변화가 발생했다.

= **happen** ⓥ 발생하다

0142 □□

passion
[pǽʃən]

ⓝ 열정, 격정

People with passion do what they are doing out of love. 학평

열정을 지닌 사람들은 사랑으로 자신들이 하고 있는 일을 한다.

= **enthusiasm** ⓝ 열정, 열광

+ **passionate** ⓐ 열정적인, 열렬한

0143 □□

determine
[ditə́ːrmin]

ⓥ 결정하다, 밝혀내다

The oceans play a dominant role in determining our climate. EBS

바다는 우리의 기후를 결정하는 데 지배적인 역할을 한다.

+ **determination** ⓝ 결심, 결정

0144 □□

influence
[ínfluəns]

ⓝ 영향(력) ⓥ 영향을 주다

These results prove parents have a big influence on their children. 학평

이런 결과들은 부모가 자신의 자녀들에게 큰 영향을 미친다는 것을 증명한다.

= **affect** ⓥ 영향을 주다

0145 □□

= **impact**
ⓝ [ímpækt]
ⓥ [impǽkt]

ⓝ 영향, 충격 ⓥ 영향[충격]을 주다

His confidence in doing the difficult has made a huge impact on other moviemakers. EBS

어려운 일을 하는 것에 대한 그의 자신감이 다른 영화 제작자들에게 매우 큰 영향을 주었다.

0146 □□

immediate
[imíːdiət]

ⓐ 즉각적인, 직접의

Tourism suffered the most immediate impact of violence.
관광 사업이 폭력의 가장 즉각적인 영향을 받았다.

= **instant** ⓐ 즉각적인, 즉석 요리의
+ **immediately** ad 바로, 즉시

0147 □□

military
[mílitèri]

ⓝ 군대 ⓐ 군대의

The military can affect other areas of culture, politics, government and society.
군대는 문화, 정치, 정부, 그리고 사회의 다른 분야에 영향을 미칠 수 있다.

0148 □□

ancient
[éinʃənt]

ⓐ 고대의, 옛날의

Chocolate was first grown by the ancient Aztec people of Central America. 교과서
초콜릿은 중앙아메리카의 고대 아즈텍 사람들에 의해 처음 재배되었다.

↔ **modern** ⓐ 현대의

0149 □□

emphasize
[émfəsàiz]

ⓥ 강조[역설]하다, 두드러지게 하다

One message emphasized the opportunity to do good. 학평
하나의 메시지는 좋은 일을 할 기회를 강조했다.

Voca+ **em**(=in)+**phas**(=show)+**ize**(동사형 접미사) → 속의 것을 나타내 보이다

= **highlight** ⓥ 강조하다, 강하게 비추다 **accent** ⓥ 강조하다, 역설하다
+ **emphasis** ⓝ 강조

0150 □□

preference
[préfərəns]

ⓝ 선호(도), 선호하는 것

Citizens have revealed a preference for a stable national population.
시민들은 안정적인 국가 인구에 대한 선호를 드러냈다.

0151 □□

respect
[rispékt]

ⓥ 존경[존중]하다 ⓝ 존경, 측면

One very important thing is that they love and respect their king. 교과서

한 가지 매우 중요한 것은 그들이 자신들의 왕을 대단히 좋아하고 존경한다는 것이다.

➕ **respectful** ⓐ 존경하는, 예의 바른

0152 □□

concern
[kənsə́ːrn]

ⓝ 염려, 관심사 ⓥ 관련되다

It has always been our concern to promote quality health of the students in our school. EBS

우리 학교 학생들의 양질의 건강을 장려하는 것은 항상 우리의 관심사였다.

⊜ **anxiety** ⓝ 염려, 걱정거리

0153 □□

forecast
[fɔ́ːrkæ̀st]

ⓥ 예측하다, 예보하다 ⓝ 예측, 예보

Demand was forecast to grow continuously next year.

수요가 내년에 계속해서 증가할 것으로 예측되었다.

Voca⁺ fore(=before)+cast(던지다) → 미리 던져 보다

➕ **forecaster** ⓝ 예측하는 사람, 기상 요원

0154 □□

⊜ **predict**
[pridíkt]

ⓥ 예측하다, 예언하다

We cannot predict the outcomes of sporting contests, which vary from week to week. 학평

우리는 스포츠 경기의 결과를 예측할 수 없는데, 그것은 매주 달라지기 때문이다.

➕ **prediction** ⓝ 예측, 예언, 예보

0155 □□

tendency
[téndənsi]

ⓝ 경향, 추세, 성향

Those who are not happy in their work have a tendency to want more money. EBS

자신의 일에서 행복하지 않은 사람들은 더 많은 돈을 원하는 경향이 있다.

⊜ **trend** ⓝ 경향, 동향, 추세

➕ **tend** ⓥ ~하는 경향이 있다

0156 □□

function
[fʌ́ŋkʃən]

ⓝ 기능, 행사 ⓥ 작용하다

The function to drive straight in and out of your garage was very impressive to us. EBS

당신의 차고로 곧장 운전해서 들어가고 나오는 기능은 우리에게 매우 인상적이었다.

+ **functional** ⓐ 기능의, 직무의

0157 □□

significant
[signífikənt]

ⓐ 중요한, 의미 있는, 상당한

A significant aspect of a plant's environment is the presence of other organisms. EBS

식물 환경의 중요한 측면은 다른 생물들의 존재이다.

= **considerable** ⓐ 상당한

↔ **insignificant** ⓐ 대수롭지 않은, 사소한

0158 □□

due to

~ 때문에, ~에 기인하는

The delivery of your desk will take longer than expected due to the damage. 학평

귀하의 책상 배송이 파손으로 인해 예상된 것보다 더 오래 걸릴 것입니다.

= **because of** ~ 때문에 **owing to** ~ 때문에

0159 □□

be aware of

~을 인식하다, ~을 알다, ~을 깨닫다

From the beginning of life, infants are aware of the matching quality of their behavior and that of others. EBS

삶의 초기에서부터, 유아는 자신이 한 행동과 다른 사람들이 한 행동의 조화되는 특성을 인식한다.

0160 □□

provide A with B

A에게 B를 제공하다

Our senses provide us with a qualitative indication of temperature. 학평

우리의 감각은 우리에게 온도의 정성적인 지표를 제공한다.

= **provide B for[to] A** A에게 B를 제공하다

DAY 04

REVIEW TEST

A 다음 단어에 해당하는 영어 단어 또는 우리말을 쓰시오.

01 참가, 참여 ____________

02 중요한, 의미 있는 ____________

03 경향, 추세 ____________

04 존경하다, 존경 ____________

05 강조하다 ____________

06 발생하다 ____________

07 circumstance ____________

08 regular ____________

09 immediate ____________

10 support ____________

11 influence ____________

12 concern ____________

B 다음 우리말에 맞도록 주어진 철자로 시작하는 단어를 쓰시오.

01 와인에 대한 선호도 a p________ for wine

02 역사적 관점 a historical p________

03 노력하다, 애쓰다 make an e________

04 수요 예측 demand f________

05 필요한 일 work of n________

06 고대 그리스 유적 the ruins of a________ Greece

07 그의 전 재산 his e________ property

08 날씨를 예측하다 p________ the weather

A 01 participation 02 significant 03 tendency 04 respect 05 emphasize 06 occur 07 환경, 상황 08 규칙적인, 정기적인 09 즉각적인, 직접의 10 지지하다, 부양하다 11 영향(력), 영향을 주다 12 염려, 관심사, 관련되다

B 01 preference 02 perspective 03 effort 04 forecast 05 necessity 06 ancient 07 entire 08 predict

DAY 05

Previous Check

- □ apologize
- □ confuse
- □ disorder
- □ gather
- □ recommend
- □ suppose
- □ accident
- □ adjust
- □ aspect
- □ purchase
- □ purpose
- □ organize
- □ arrange
- □ communicate
- □ represent
- □ treatment
- □ approach
- □ claim
- □ disappoint
- □ observe
- □ compare
- □ alarm
- □ exist
- □ attract
- □ crucial
- □ display
- □ exhibit
- □ describe
- □ reward
- □ motivate
- □ general
- □ universal
- □ specific
- □ fee
- □ demand
- □ handle
- □ manage
- □ refer to
- □ take on
- □ pay attention to

0161 □□

apologize
[əpálədʒàiz]

ⓥ 사과하다

Again, I apologize for the inconvenience we caused you.
다시 한 번 저희가 끼친 불편에 대해 사과드립니다. EBS

Voca+ apo(=away)+log(=speech)+ize(동사형 접미사) → 책망에서 벗어나려고 말하다

⊕ apology ⓝ 사과

0162 □□

confuse
[kənfjú:z]

ⓥ 혼동하다, 혼란시키다

This is because people sometimes confuse the poisonous and edible varieties. 학평
이것은 사람들이 때때로 독성이 있는 품종과 식용 품종을 혼동하기 때문이다.

Voca+ con(=together)+fus(e)(=pour) → 여러 가지를 함께 붓다

⊕ confused ⓐ 혼란스러워하는 confusion ⓝ 혼동, 혼란

0163 □□

disorder
[disɔ́:rdər]

ⓝ 무질서, 혼란, 장애

These are strongly linked to problems of crime and social disorder.
이것들은 범죄와 사회 무질서의 문제들과 강하게 연결되어 있다.

Voca+ dis(=opposite)+order(질서) → 질서의 반대

⊜ chaos ⓝ 혼돈, 혼란

0164 □□

gather
[gǽðər]

ⓥ 모이다, 모으다

Another prevention technique involves avoiding areas where insects gather or nest. 학평
다른 예방 기법은 곤충이 모이거나 자리 잡고 있는 지역을 피하는 것을 포함한다.

⊕ gathering ⓝ 모임, 수집

0165 □□

recommend
[rèkəménd]

ⓥ 권(장)하다, 추천하다

Do not take more of this medication than is recommended.
이 약을 권장되는 것보다 더 많이 복용하지 마시오. 교과서

⊕ recommendation ⓝ 추천(서), 권고

0166 □□

suppose
[səpóuz]

ⓥ 가정하다, 추정하다

Let's suppose you spilled some soup on your shirt twenty minutes earlier. EBS

당신이 20분 전에 당신의 셔츠에 수프를 쏟았다고 가정해 보자.

Voca+ **sup**(=under)+**pose**(=place) → 아래에 깔고 보다

= **assume** ⓥ 가정하다, 추정하다

0167 □□

accident
[ǽksidənt]

ⓝ 사고, 재난, 우연

I lost an arm in an accident and had it replaced with an artificial arm. 학평

나는 사고로 한 팔을 잃고 그것을 인공 팔로 교체했다.

Voca+ **by accident**는 '우연히'라는 의미로 **accidentally**로 바꿔 쓸 수 있다.

= **incident** ⓝ (작은) 사건, 사고
+ **accidental** ⓐ 우연한

0168 □□

adjust
[ədʒʌ́st]

ⓥ 조정하다, 조절하다

Staff time would be more effectively utilized by adjusting operating hours. 학평

직원의 시간은 수술 시간을 조정함으로써 더 효과적으로 사용될 것이다.

+ **adjustment** ⓝ 조정, 조절

0169 □□

aspect
[ǽspekt]

ⓝ 측면, 양상, 관점

As size changed, so did other aspects of the horses' anatomy. EBS

크기가 바뀌면서, 말의 해부학적 구조의 다른 측면들도 역시 바뀌었다.

Voca+ **a**(=to)+**spect**(=look) → 바라본 모양

0170 □□

purchase
[pə́ːrtʃəs]

ⓥ 구입하다 ⓝ 구입, 구입품

We were able to purchase airline tickets at a good price.

우리는 좋은 가격으로 비행기표를 구입할 수 있었다. 교과서

0171 □□

purpose
[pə́:rpəs]

ⓝ 목적, 의도, 결심

Teaching provides a deep sense of purpose that goes beyond the classroom.

교육은 교실의 범위를 넘어서는 심오한 목적의식을 제공한다.

= **aim** ⓝ 목적, 목표, 겨냥

0172 □□

organize
[ɔ́:rgənàiz]

ⓥ 조직하다, 준비하다, 정리하다

As a teenager, he organized two musical groups with his friends. 학평

십 대 때, 그는 자신의 친구들과 함께 두 개의 음악 그룹을 조직했다.

+ **organization** ⓝ 조직, 구성, 조직체

0173 □□

= **arrange**
[əréindʒ]

ⓥ 정리[배열]하다, 준비하다

When fossils are arranged along a timeline, scientists can see gradual changes from simple to more complex life forms. EBS

화석이 연대표를 따라 배열되면, 과학자들은 단순한 생명체에서 더 복잡한 생명체로의 점진적인 변화를 볼 수 있다.

+ **arrangement** ⓝ 정리, 합의

0174 □□

communicate
[kəmjú:nəkèit]

ⓥ 의사소통을 하다, (정보를) 전달하다

You can easily forget that you are trying to communicate with a specific person. EBS

여러분은 자신이 특정한 사람과 의사소통하려 한다는 것을 쉽게 잊어버릴 수 있다.

+ **communication** ⓝ 의사소통

0175 □□

represent
[rèprizént]

ⓥ 대표하다, 나타내다, 대변하다

Small statues may represent the gods that the people worshiped. EBS

작은 조각상들은 그 사람들이 숭배한 신들을 나타낼 수도 있다.

+ **representative** ⓝ 대표 ⓐ 대표하는

0176 □□

treatment
[trí:tmənt]

ⓝ 치료(법), 대우, 처리

My friend became very sad because of the treatment he received online. 교과서

내 친구는 온라인상에서 받은 대우 때문에 매우 슬퍼졌다.

= **therapy** ⓝ 치료(법)

0177 □□

approach
[əpróutʃ]

ⓥ 접근하다 ⓝ 접근

She started to get nervous as the large cat approached the window.

그녀는 그 커다란 고양이가 창문으로 접근했을 때 긴장하기 시작했다.

Voca+ **approach**는 타동사이므로 **to**와 같은 전치사와 함께 쓰지 않는다.

0178 □□

claim
[kleim]

ⓥ 주장하다, 요구하다 ⓝ 주장, 요구, 청구

Doctors claim that breakfast is the most important meal of the day. 학평

의사들은 아침 식사가 그 날의 가장 중요한 식사라고 주장한다.

0179 □□

disappoint
[dìsəpɔ́int]

ⓥ 실망시키다, 낙담시키다

The movie disappointed us by being predictable and overly long.

그 영화는 예측이 가능하고 지나치게 길어서 우리를 실망시켰다.

↔ **satisfy** ⓥ 만족시키다

\+ **disappointed** ⓐ 실망한 **disappointment** ⓝ 실망

0180 □□

observe
[əbzə́:rv]

ⓥ 관찰하다, 목격하다, 준수하다

Above all, the worst effect of dams has been observed on salmon. 학평

무엇보다도, 댐의 가장 나쁜 영향은 연어에게서 관찰되어 왔다.

\+ **observation** ⓝ 관찰, 주목 **observance** ⓝ 준수

0181 □□

compare
[kəmpɛ́ər]

ⓥ 비교하다, 비유하다

He thought he was being compared with another chimpanzee.
그는 자신이 다른 침팬지와 비교되고 있다고 생각했다. EBS

Voca+ com(=together)+pare(=equal) → 함께 동등하게 하다

⊞ comparison ⓝ 비교, 비유 comparable ⓐ 비교할 만한

0182 □□

alarm
[əlɑ́ːrm]

ⓝ 경보, 불안 ⓥ 불안하게 하다, 경보를 발하다

The alarm system can help protect your house against burglars.
경보 시스템은 도둑으로부터 여러분의 집을 보호하는 데 도움을 줄 수 있다.

⊞ alarming ⓐ 걱정스러운, 놀라운

0183 □□

exist
[igzíst]

ⓥ 존재하다, (근근이) 살아가다

Humans existed for the glory of the state, not vice versa.
인간은 국가의 영광을 위해 존재했지, 그 반대가 아니었다. EBS

⊞ existence ⓝ 존재, 실재

0184 □□

attract
[ətrǽkt]

ⓥ (주의·관심 등을) 끌다, 끌어들이다, 매혹하다

They are temporary activities that can attract large numbers of outsiders to a locality. 학평
그것들은 많은 외부인들을 한 지역으로 끌어들일 수 있는 일시적 활동들이다.

Voca+ at(=toward)+tract(=draw) → ~ 쪽으로 끌어당기다

⊞ attraction ⓝ 끌림, 매력, 명소 attractive ⓐ 매력적인

0185 □□

crucial
[krúːʃəl]

ⓐ 결정적인, 중대한

Test marketing can be crucial to the success of a new product. EBS
테스트 마케팅은 신제품의 성공에 결정적일 수 있다.

⊟ critical ⓐ 중대한, 비판적인

0186 □□

display [displéi]

ⓥ 전시하다, 드러내다 ⓝ 전시

We can display creativity and good taste in our fashion choices. 학평

우리는 패션을 선택하는 데 있어서 창의성과 좋은 취향을 드러낼 수 있다.

= **reveal** ⓥ 드러내다, 누설하다

↔ **conceal** ⓥ 숨기다

0187 □□

exhibit [igzíbit]

ⓥ 전시하다, 보이다 ⓝ 전시품

The hospital is proud to exhibit a collection of paintings by many famous artists.

그 병원은 많은 유명한 화가들의 그림 소장품을 전시하는 것을 자랑스럽게 여긴다.

\+ **exhibition** ⓝ 전시(회)

0188 □□

describe [diskráib]

ⓥ 묘사하다, 설명하다

A motto is an expression that describes your beliefs about life. 교과서

좌우명은 인생에 관한 여러분의 신념을 설명하는 표현이다.

Voca+ de(=down)+scribe(=write) → 아래로 써 내려가다

= **depict** ⓥ 묘사하다, 그리다 **portray** ⓥ 묘사하다, 그리다

\+ **description** ⓝ 묘사, 설명

0189 □□

reward [riwɔ́ːrd]

ⓝ 보상, 사례금 ⓥ 보상하다

One of the two dogs was given a better reward than the other. 학평

두 마리의 개 중 한 마리는 다른 한 마리보다 더 좋은 보상을 받았다.

= **compensation** ⓝ 보상, 배상

↔ **punishment** ⓝ 벌, 처벌

0190 □□

motivate [móutəvèit]

ⓥ 동기를 부여하다, 자극하다

The race is no longer there to motivate them. 학평

그 경기는 더 이상 그들에게 동기를 부여하기 위해 존재하지 않는다.

↔ **discourage** ⓥ 단념시키다

\+ **motive** ⓝ 동기 **motivation** ⓝ 동기 부여, 자극

0191 □□

general
[dʒénərəl]

ⓐ 일반적인, 보통의, 종합적인 ⓝ 장군

In general, driving a motor vehicle is a widely varied skill. EBS
일반적으로, 자동차를 운전하는 것은 매우 다양한 기술이다.

+ generalize ⓥ 일반화하다 generally ⓐⓓ 일반적으로

0192 □□

universal
[jùːnəvə́ːrsəl]

ⓐ 보편적인, 전 세계의, 우주의

There's a universal principle of law everywhere in the world.
세상의 모든 곳에는 법의 보편적인 원리가 있다.

0193 □□

specific
[spisífik]

ⓐ 구체적인, 특정한, 특유의

These signs communicate something specific about your baby's emotional state. 학평
이러한 신호들은 여러분의 아기의 정서적인 상태에 대한 구체적인 것을 말해 준다.

↔ common ⓐ 일반적인, 평범한

0194 □□

fee
[fiː]

ⓝ 수수료, 요금

Before booking your flight, be sure to check if there are any additional fees for baggage or seat selection.
항공편을 예약하기 전에 수화물 또는 좌석 선택에 대한 추가 요금이 있는지 반드시 확인해라.

0195 □□

demand
[dimǽnd]

ⓥ 요구하다 ⓝ 요구, 수요

Many parents demand that their children tell the truth. EBS
많은 부모가 자녀들이 진실을 말하도록 요구한다.

↔ supply ⓝ 공급 ⓥ 공급하다

0196 □□

handle
[hǽndl]

ⓥ 다루다, 처리하다 ⓝ 손잡이

The second week, I could handle the problem with a little less stress. 학평

두 번째 주에, 나는 스트레스를 덜 받고 그 문제를 처리할 수 있었다.

0197 □□

manage
[mǽnidʒ]

ⓥ 관리하다, 다루다, 용케 해내다

However, recycling is not a perfect way to manage waste.

하지만, 재활용이 폐기물을 관리하는 완벽한 방법은 아니다. 교과서

+ **management** ⓝ 관리, 경영

0198 □□

refer to

~을 가리키다, ~을 언급하다, ~을 참고하다

It is used to refer to anything that might be costly and useless to someone. 교과서

그것은 누군가에게 값비싸고 쓸모없을지 모르는 물건을 가리키는 데 사용된다.

= **mention** ⓥ 언급하다

0199 □□

take on

~을 떠맡다, ~을 고용하다, (특정한 특질을) 띠다

A better solution is to give bonus credit to scholars who take on the harder task of studying the less observable. EBS

더 좋은 해결책은 관찰이 덜 가능한 것을 연구하는 더 어려운 과업을 떠맡는 학자들에게 추가적인 인정을 해 주는 것이다.

= **undertake** ⓥ 떠맡다 **employ** ⓥ 고용하다

0200 □□

pay attention to

~에 유의하다, ~에 주목하다

Consumers do not usually pay attention to what's new and different unless it's related to the old. 학평

소비자들은 보통 그것이 예전의 것과 관련이 없다면 새롭고 다른 것에 주목하지 않는다.

DAY 05

REVIEW TEST

A 다음 단어에 해당하는 영어 단어 또는 우리말을 쓰시오.

01 사과하다	________	07 exist	________
02 대표하다, 나타내다	________	08 organize	________
03 모이다, 모으다	________	09 adjust	________
04 실망시키다	________	10 purpose	________
05 구체적인, 특정한	________	11 exhibit	________
06 보편적인, 우주의	________	12 accident	________

B 다음 우리말에 맞도록 주어진 철자로 시작하는 단어를 쓰시오.

01 외국인 투자를 끌어들이다	a________ foreign investment
02 후보자를 추천하다	r________ a candidate
03 완전히 새로운 접근 방식	an entirely new a________
04 중대한 결정	a c________ decision
05 화재 경보 장치	a fire a________ system
06 정수 처리장	a water t________ plant
07 최신형 자동차를 구입하다	p________ a brand-new car
08 예술품 전시	a d________ of artworks

A 01 apologize 02 represent 03 gather 04 disappoint 05 specific 06 universal 07 존재하다, (근근이) 살아가다 08 조직하다, 준비하다, 정리하다 09 조정하다, 조절하다 10 목적, 의도, 결심 11 전시하다, 전시품 12 사고, 우연

B 01 attract 02 recommend 03 approach 04 crucial 05 alarm 06 treatment 07 purchase 08 display

DAY

06

Previous Check

- □ category
- □ except
- □ discuss
- □ debate
- □ judgment
- □ consume
- □ alive
- □ valuable
- □ complain
- □ replace
- □ norm
- □ standard
- □ advertise
- □ awareness
- □ concept
- □ respond
- □ credit
- □ poison
- □ indicate
- □ chemical
- □ primary
- □ essential
- □ opinion
- □ efficient
- □ welfare
- □ eliminate
- □ locate
- □ invention
- □ ideal
- □ realistic
- □ conclude
- □ struggle
- □ unique
- □ proper
- □ appropriate
- □ supplement
- □ trial
- □ infant
- □ run out of
- □ can afford to *do*

0201 □□

category
[kǽtəgɔ̀ːri]

ⓝ 범주, 부문

The arrangement by category makes it easy for you to memorize the store's layout. 학평

범주별 배열은 여러분이 그 가게의 배치를 기억하기 쉽게 해 준다.

+ **categorize** ⓥ 범주화하다

0202 □□

except
[iksépt]

ⓟ ~을 제외하고 ⓥ 제외하다

Scorpions are found on all continents except Antarctica. EBS

전갈은 남극을 제외하고 모든 대륙에서 발견된다.

+ **exception** ⓝ 예외, 제외

0203 □□

discuss
[diskʌ́s]

ⓥ 토론하다, 논의하다

The visitor discussed the subject with me in a way that seemed particularly interesting. 교과서

그 방문객은 특별히 흥미로워 보이는 방식으로 나와 함께 그 주제를 논의했다.

Voca+ **discuss**는 타동사이므로 **about**과 같은 전치사와 함께 쓰지 않는다.

+ **discussion** ⓝ 토론, 논의

0204 □□

= **debate**
[dibéit]

ⓥ 토론[논의]하다, 숙고하다 ⓝ 토론, 논쟁

Forms of communication such as argument and debate become polarized. 학평

논쟁과 토론 같은 의사소통의 형태는 양극화된다.

0205 □□

judgment
[dʒʌ́dʒmənt]

ⓝ 판단, 판결, 의견

She just uses her personal situation to make a broad judgment. 교과서

그녀는 일반적인 판단을 내리기 위해 단지 그녀의 개인적인 상황을 이용한다.

+ **judge** ⓝ 판사, 심판 ⓥ 판단하다, 추정하다

0206 □□

consume
[kənsúːm]

ⓥ 소비[소모]하다, 섭취하다

To bring the tomatoes to you consumes a lot of jet fuel. 교과서

토마토를 여러분에게 가져다주는 것은 많은 제트 연료를 소모한다.

↔ **produce** ⓥ 생산하다, 제작하다
+ **consumption** ⓝ 소비 **consumer** ⓝ 소비자

0207 □□

alive
[əláiv]

ⓐ 살아 있는

My mother would be about the same age as this lady if she were still alive. 교과서

나의 어머니가 아직 살아 계시다면 이 여성과 대략 같은 나이일 것이다.

Voca+ **alive**는 명사 앞에는 쓰이지 않고 서술적 용법(문장에서 보어 역할)으로만 사용된다.

0208 □□

valuable
[vǽljuəbl]

ⓐ 소중한, 값비싼

Susan felt that she was a valuable human being with something special. 교과서

Susan은 자신이 특별한 것을 지닌 소중한 인간이라는 것을 느꼈다.

↔ **valueless** ⓐ 가치가 없는, 하찮은
+ **value** ⓝ 가치 **invaluable** ⓐ 매우 귀중한

0209 □□

complain
[kəmpléin]

ⓥ 불평[항의]하다, 호소하다

She went to the nurse's station to complain, but no nurse was there. EBS

그녀는 항의하러 간호사실로 갔지만, 그곳에는 간호사가 아무도 없었다.

+ **complaint** ⓝ 불평, 고소

0210 □□

replace
[ripléis]

ⓥ 대체[대신]하다, 교체하다

We should not replace one environmental problem with new problems.

우리는 한 가지 환경 문제를 새로운 문제들로 대체해서는 안 된다.

+ **replacement** ⓝ 대체, 교체 **replace A with B** A를 B로 대체하다

0211 □□

norm
[nɔːrm]

ⓝ 표준, 기준, 규범

Driverless cars will be the norm by 2050 according to a new study.

새로운 연구에 따르면 2050년까지 운전자가 없는 차가 표준이 될 것이다.

+ **normal** ⓐ 표준적인, 정상의

0212 □□

standard
[stǽndərd]

ⓝ 표준, 기준, 수준, (도덕) 규범 ⓐ 일반적인, 표준의

Role-playing is different from standard drama because no script is needed. EBS

역할극은 대본이 필요하지 않으므로 일반적인 드라마와 다르다.

+ **standardize** ⓥ 표준화[규격화]하다

0213 □□

advertise
[ǽdvərtàiz]

ⓥ 광고하다, 알리다

Several bread companies advertised sliced bread as "the greatest forward step in the baking industry." 교과서

몇몇 빵 회사가 얇게 썬 빵을 '제빵계에서의 가장 위대한 진보'라고 광고했다.

+ **advertisement** ⓝ 광고

0214 □□

awareness
[əwɛ́ərnis]

ⓝ 의식, 인식

This works if the objective is to create awareness. EBS

이것은 인식을 만드는 것이 목적인 경우에는 효과가 있다.

+ **aware** ⓐ 알고 있는, 의식하고 있는

0215 □□

concept
[kɑ́nsept]

ⓝ 개념, 생각

While there, Al-Khwarizmi wrote a book explaining Hindu concepts in mathematics. 학평

그곳에 있는 동안 Al-Khwarizmi는 힌두의 수학 개념을 설명하는 책을 썼다.

= **notion** ⓝ 관념, 생각

0216 □□

respond [rispɑ́nd]

ⓥ 반응하다, 응답하다

It gives us time to respond and adapt to any sudden moves by other cars. EBS

그것은 우리에게 다른 차들의 갑작스러운 움직임에 반응하고 적응할 시간을 준다.

↔ **stimulate** ⓥ 자극[격려]하다, 관심을 불러일으키다

\+ **response** ⓝ 반응, 대답, 회신 **responsive** ⓐ 즉각 반응하는

0217 □□

credit [krédit]

ⓝ 신용, 입금, 학점 ⓥ 신용하다, (공로를) ~에게 돌리다

Before summer vacation, be sure to complete the entire reading list for extra credit.

여름 방학 전에, 추가 학점을 위해 전체 독서 목록에 있는 것을 반드시 완수하십시오.

0218 □□

poison [pɔ́izn]

ⓝ 독, 독약 ⓥ 독을 넣다, 해치다

So, he created a recipe for a remedy against poison. 교과서

그래서 그는 독을 치료하기 위한 비법을 만들었다.

\+ **poisoning** ⓝ 중독 **poisonous** ⓐ 독성의, 유해한

0219 □□

indicate [índəkèit]

ⓥ 나타내다, 가리키다, 암시하다

The missing tooth indicates that we have to replace it. EBS

빠진 치아는 우리가 그것을 대체해야 한다는 것을 나타낸다.

\+ **indication** ⓝ 표시, 징후

0220 □□

chemical [kémikəl]

ⓐ 화학의, 화학 작용의 ⓝ 화학 약품[물질]

Acid is a chemical substance with a sour taste. 교과서

산은 신맛을 내는 화학 물질이다.

\+ **chemistry** ⓝ 화학

0221 □□

primary
[práimeri]

ⓐ 주요한, 최초의, 초등의, 근본적인

These dogs are eager to please; praise and love are their primary rewards.
이 개들은 기쁘게 해 주려고 애쓰므로, 칭찬과 애정이 그들에 대한 주요한 보상이다.

Voca+ prim(=first)+ary(형용사형 접미사) → 처음의, 첫 번째의

= **major** ⓐ 주요한, 연장의

0222 □□

essential
[isénʃəl]

ⓐ 필수의, 중요한, 본질적인

Breakfast provides essential energy to both your body and brain. 학평
아침 식사는 당신의 몸과 두뇌에 필수적인 에너지를 제공한다.

+ **essence** ⓝ 본질, 정수, 핵심

0223 □□

opinion
[əpínjən]

ⓝ 의견, 견해

By sharing, we can get opinions and find solutions. 학평
공유함으로써, 우리는 의견을 얻고 해결책을 찾을 수 있다.

0224 □□

efficient
[ifíʃənt]

ⓐ 효율적인, 유능한

The naturalist described the owl as “a highly efficient hunter.”
동식물 연구가들은 올빼미를 ‘대단히 유능한 사냥꾼’이라고 묘사했다.

Voca+ ef(=out)+fic(=make)+ient(형용사형 접미사) → 결과를 밖으로 만들어 내는

↔ **inefficient** ⓐ 비효율적인, 효과 없는
+ **efficiency** ⓝ 효율, 능률 **efficiently** ad 효율적으로

0225 □□

welfare
[wélfɛ̀ər]

ⓝ 복지, 행복

For the group of non-meat eaters, animal welfare accounts for the largest percentage among all reasons. 학평
고기를 먹지 않는 사람들의 집단의 경우, 모든 이유 중에서 동물 복지가 가장 큰 비율을 차지한다.

= **well-being** ⓝ 복지, 안녕

0226 □□

eliminate
[ilímənèit]

ⓥ 없애다, 제거[배제]하다

The doctors used a variety of chemicals to eliminate mosquitoes. EBS

의사들은 모기를 없애기 위해 다양한 화학 물질을 사용했다.

= **remove** ⓥ 제거하다
↔ **preserve** ⓥ 보존하다, 유지하다
\+ **elimination** ⓝ 제거, 삭제

0227 □□

locate
[lóukeit]

ⓥ 두다, ~의 위치를 알아내다

The bakery is usually located far from the front door of a supermarket. EBS

제과점은 보통 슈퍼마켓의 정문에서 멀리 떨어진 곳에 위치한다.

\+ **location** ⓝ 위치

0228 □□

invention
[invénʃən]

ⓝ 발명, 발명품, 날조

For their unique invention, Japanese researchers received the 2011 Ig Nobel Prize. 교과서

독특한 발명으로 일본 연구자들은 2011년 이그노벨상을 받았다.

\+ **invent** ⓥ 발명하다

0229 □□

ideal
[aidíːəl]

ⓐ 이상적인, 상상의 ⓝ 이상, 공상

The philosopher provides an example of a camping trip as a metaphor for the ideal society. 학평

그 철학자는 이상적인 사회에 대한 비유로 캠핑 여행을 예로 든다.

0230 □□

↔ **realistic**
[riːəlístik]

ⓐ 현실적인, 사실주의의

You should set goals that are challenging, yet realistic and specific. EBS

여러분은 도전적인, 그렇지만 현실적이고 구체적인 목표를 세워야 한다.

0231 □□

conclude
[kənklúːd]

ⓥ 결론을 내리다, 끝내다

The scientists concluded that the flexibility of the various parts of a woodpecker's head helps to absorb shocks. 교과서

과학자들은 딱따구리 머리의 다양한 부분들의 유연성이 충격을 흡수하게 도와준다고 결론을 내렸다.

+ **conclusion** ⓝ 결론

0232 □□

struggle
[strʌ́gl]

ⓥ 분투하다, 애쓰다 ⓝ 싸움, 노력

The salmon struggled to jump up a waterfall.

연어는 폭포를 뛰어오르려고 애썼다.

= **strive** ⓥ 분투하다, 노력하다

0233 □□

unique
[juːníːk]

ⓐ 유일한, 독특한

Students aged 8 to 13 are invited to TED for two unique workshops. EBS

8세에서 13세의 학생들이 두 가지 독특한 워크샵을 위해 TED로 초대됩니다.

↔ **ordinary** ⓐ 평범한, 보통의

0234 □□

proper
[prɑ́pər]

ⓐ 적절한, 올바른

The challenge is to find a way to have proper expectations. 학평

문제는 적절한 기대감을 가지는 방법을 찾는 것이다.

+ **properly** ad 적절히, 제대로, 올바로

0235 □□

= **appropriate**
[əpróupriət]

ⓐ 적절한, 적합한

For each person, there is an appropriate number of calories to stay in energy balance. EBS

사람들 각자에게는 에너지 균형을 지속하기 위한 적절한 칼로리 수치가 있다.

0236 □□

supplement
[sʌ́pləmènt]

ⓥ 보충하다 ⓝ 보충(물), 추가(물)

Captive-bred individuals may be released back into the wild, supplementing wild populations. 학평

포획 사육된 개체가 다시 야생으로 방생되어 야생 개체 수를 보충할 수도 있다.

= **complement** ⓝ 보완(물) ⓥ 보완하다
+ **supplementary** ⓐ 보충하는, 추가의

0237 □□

trial
[tráiəl]

ⓝ 시도, 재판

If we were unable to store memories of past physical activity experiences, each trial would be like our first. EBS

만약 우리가 과거의 신체 활동 경험에 대한 기억을 저장할 수 없다면, 각각의 시도는 우리의 첫 번째 시도와 같을 것이다.

+ **try** ⓥ 시도하다, 노력하다

0238 □□

infant
[ínfənt]

ⓝ 유아, 젖먹이, 아기

It comes as no surprise that the infants' health was superb. EBS

유아들의 건강이 최상이었던 것은 놀라운 일이 아니다.

+ **infancy** ⓝ 유아기

0239 □□

run out of

~을 다 써 버리다, ~을 바닥내다

The study was in danger of running out of funds. 교과서

그 연구는 자금이 바닥날 위험에 처해 있었다.

= **deplete** ⓥ 다 써 버리다, 고갈시키다
exhaust ⓥ 다 써 버리다, 기진맥진하게 만들다

0240 □□

can afford to *do*

~할 여유가 있다

I can't afford to buy all the latest fashions because I can't earn much money at my age. 교과서

내 나이에 많은 돈을 벌 수 없기 때문에, 나는 최신 패션들을 모두 살 여유가 없다.

DAY 06

REVIEW TEST

A 다음 단어에 해당하는 영어 단어 또는 우리말을 쓰시오.

01 소중한, 값비싼	________	07 awareness	________
02 범주, 부문	________	08 judgment	________
03 분투하다, 애쓰다	________	09 eliminate	________
04 효율적인, 유능한	________	10 respond	________
05 화학의, 화학 약품	________	11 norm	________
06 광고하다, 알리다	________	12 appropriate	________

B 다음 우리말에 맞도록 주어진 철자로 시작하는 단어를 쓰시오.

01 과일이나 음료를 섭취하다	c________ fruit or drinks
02 가구 생활 수준	household living s________
03 몇 가지 품목이 다 떨어지다	r________ o________ of some items
04 이상적인 상태	an i________ state
05 부속품을 교체하다	r________ the parts
06 필수 요건	e________ requirements
07 주요 목표	a p________ goal
08 상대 개념	a relative c________

A 01 valuable 02 category 03 struggle 04 efficient 05 chemical 06 advertise
07 의식, 인식 08 판단, 판결 09 없애다, 제거[배제]하다 10 반응하다, 응답하다 11 표준, 기준, 규범 12 적절한, 적합한

B 01 consume 02 standard 03 run out 04 ideal 05 replace 06 essential 07 primary
08 concept

DAY 07

Previous Check

- □ protest
- □ organic
- □ brilliant
- □ finance
- □ incredible
- □ interest
- □ rare
- □ employ
- □ hire
- □ define
- □ donate
- □ average
- □ gender
- □ invest
- □ previous
- □ worth
- □ alternative
- □ factor
- □ element
- □ deadly
- □ firm
- □ independence
- □ occasion
- □ publish
- □ appearance
- □ appoint
- □ blend
- □ barrier
- □ obstacle
- □ detect
- □ education
- □ enormous
- □ vast
- □ tiny
- □ ordinary
- □ application
- □ reasonable
- □ abandon
- □ get used to
- □ figure out

0241 □□

protest
ⓥ [prətést]
ⓝ [próutest]

ⓥ 항의하다, 주장하다 ⓝ 항의, 시위

Hundreds of people gathered to protest against his "politics of hatred."
수백 명의 사람들이 그의 '증오의 정치'에 항의하기 위해 모였다.

0242 □□

organic
[ɔːrgǽnik]

ⓐ 유기의, 생물의, 장기[기관]의, 유기농의

Soil contains various amounts of organic materials, minerals, and rocks.
토양은 다양한 양의 유기물, 무기물, 그리고 암석을 포함한다.

0243 □□

brilliant
[bríljənt]

ⓐ 훌륭한, 뛰어난, 눈부신

Some innovators have come up with some brilliant ideas to make "going green" easier and simpler. 교과서
일부 혁신가들이 '친환경적이 되기'를 보다 쉽고 단순하게 만들기 위해 몇몇 훌륭한 아이디어를 생각해 냈다.

= **outstanding** ⓐ 뛰어난, 두드러진

0244 □□

finance
[fáinæns]

ⓝ 재정, 재무, 자금 ⓥ 자금을 대다

She was assigned to the finance department.
그녀는 재무 부서에 배정되었다.

+ **financial** ⓐ 재정의, 금융상의

0245 □□

incredible
[inkrédəbl]

ⓐ 믿을 수 없는, 놀라운, 대단한

When termites work together, they can build incredible natural structures. 교과서
흰개미가 힘을 합치면, 대단한 자연 구조물을 지을 수 있다.

Voca+ **in**(=not)+**cred**(=believe)+**ible**(형용사형 접미사) → 믿을 수 없는

= **unbelievable** ⓐ 믿을 수 없는
↔ **credible** ⓐ 믿을 수 있는

0246 □□

interest [íntərəst]

ⓝ 관심, 흥미, 이자 ⓥ ~의 관심을 끌다

His love of nature was combined with a strong interest in architecture. 교과서

자연에 대한 그의 사랑은 건축에 대한 강한 관심과 결합되었다.

0247 □□

rare [rɛər]

ⓐ 드문, 희박한

The tornado was, according to weather experts, a very rare case in New England. 학평

날씨 전문가들에 따르면, 그 토네이도는 뉴잉글랜드에서는 매우 드문 경우였다.

= **scarce** ⓐ 부족한, 드문

\+ **rarely** ad 드물게, 좀처럼 ~하지 않는

0248 □□

employ [implɔ́i]

ⓥ 고용하다, 이용하다

Riverview Hospital has employed students as aides since its foundation.

Riverview 병원은 설립 이후 학생들을 조수로 고용해 왔다.

\+ **employee** ⓝ 고용된 사람, 종업원 **employer** ⓝ 고용주, 주인
employment ⓝ 고용

0249 □□

= **hire** [háiər]

ⓥ 고용하다

The host finally revealed that the homeless men were hired actors. EBS

주최자는 마침내 그 노숙자들이 고용된 배우들이라고 폭로했다.

0250 □□

define [difáin]

ⓥ 정의하다, 규정하다

We define fairness as equal sharing as long as the sharing lies in the future. EBS

우리는 공유가 미래에 존재하는 한 공정을 균등한 공유로 정의한다.

Voca+ de(=from)+fine(=limit) → ~으로부터 한계를 정하다

\+ **definition** ⓝ 정의, 규정 **definite** ⓐ 한정된, 명확한

0251 □□

donate
[dóuneit]

ⓥ 기부[기증]하다

He donated his entire fortune to the church construction. 교과서
그는 자신의 전 재산을 교회 건축에 기부했다.

+ **donation** ⓝ 기부 **donor** ⓝ 기부자, 기증자

0252 □□

average
[ǽvəridʒ]

ⓝ 평균, 표준 ⓐ 평균의

How many of you sleep seven to eight hours a night on average? 교과서
너희 중 몇 명이나 평균적으로 밤에 7~8시간을 자니?

+ **on average** 평균적으로

0253 □□

gender
[dʒéndər]

ⓝ 성(性), 성별

I think we should break gender stereotypes. 학평
나는 우리가 성 고정관념을 깨야 한다고 생각한다.

0254 □□

invest
[invést]

ⓥ 투자하다, (시간·노력 등을) 쏟다

Some hospitals invested in new equipment such as the first X-ray machines. EBS
일부 병원들은 최초의 엑스선 기계와 같은 새로운 장비에 투자했다.

+ **investment** ⓝ 투자

0255 □□

previous
[prí:viəs]

ⓐ 이전의, 먼저의

The amount of rice exported in 2020 decreased, compared with the previous year. EBS
2020년에 수출된 쌀의 양은 전년과 비교할 때 감소했다.

Voca+ **pre**(=before)+**vi**(=way)+**ous**(형용사형 접미사) → 앞서 길을 가는

↔ **subsequent** ⓐ 이 다음의, 차후의
+ **previously** ⓐⓓ 전에, 사전에

0256 □□

worth
[wəːrθ]

ⓐ ~의[할] 가치가 있는 ⓝ 가치

This is worth keeping in mind if you're moving soon. EBS

이것은 여러분이 곧 이사하게 된다면 기억해 둘 가치가 있다.

= **value** ⓝ 가치, 값

0257 □□

alternative
[ɔːltə́ːrnətiv]

ⓝ 대안, 양자택일 ⓐ 대체의, 양자택일의

Olivers are an alternative currency usable only in Bathampton. EBS

Olivers는 Bathampton에서만 사용할 수 있는 대체 통화이다.

+ **alternate** ⓐ 번갈아 나오는, 대안의 ⓥ 번갈아 나오다

0258 □□

factor
[fǽktər]

ⓝ 요인, 요소

The table shows that the biggest factors are the beef and the cheese. 교과서

그 표는 가장 큰 요인이 소고기와 치즈라는 것을 보여 준다.

0259 □□

element
[éləmənt]

ⓝ 요소, 성분, 원소, 원리

Directors can add elements but cannot save a weak script.

감독은 요소들을 추가할 수는 있지만 빈약한 대본을 구제할 수는 없다. EBS

+ **elementary** ⓐ 초보의, 초급의

0260 □□

deadly
[dédli]

ⓐ 치명적인, 극도의 ⓐⓓ 죽은 듯이, 극도로

Guilt, whether imposed by others or by ourselves, is deadly. EBS

죄책감은, 다른 사람에 의해 부과되든 우리 자신에 의해 부과되든, 치명적이다.

= **fatal** ⓐ 치명적인, 생명에 관계되는

0261 □□

firm
[fəːrm]

ⓐ 단단한, 확고한 ⓝ 회사 ⓥ 단단하게 하다

The fruits eventually become dark green, firm and up to 120 cm long. 학평

열매들은 마침내 짙은 녹색이 되고, 단단해져서 길이가 120센티미터에 이르게 된다.

= **solid** ⓐ 단단한, 고체의
+ **firmly** ⓐⓓ 단호하게, 확고하게

0262 □□

independence
[indipéndəns]

ⓝ 독립, 자립

He believed that American independence would lead to a new age, free of class and social distinctions. EBS

그는 미국의 독립이 계급 차별과 사회적 차별이 없는 새로운 시대로 이어질 것이라고 믿었다.

+ **independent** ⓐ 독립의, 자립의

0263 □□

occasion
[əkéiʒən]

ⓝ 때, 경우, 행사

She quickly regretted sacrificing her professionalism on that occasion. EBS

그녀는 그 행사에서 자신의 전문성을 희생한 것에 대해 곧 후회했다.

Voca+ **oc**(=down)+**cas**(=fall)+**ion**(명사형 접미사) → (아래로) 갑자기 떨어지는 일

+ **occasional** ⓐ 때때로의 **occasionally** ⓐⓓ 때때로, 가끔

0264 □□

publish
[pʌ́bliʃ]

ⓥ 출판[발행]하다, 발표하다

In 1908, the first maps of the subway system were published. 교과서

1908년에, 최초의 지하철 체계 지도들이 발행되었다.

Voca+ **publ**(=people)+**ish**(동사형 접미사) → 대중적이게 하다

+ **publication** ⓝ 출판(물), 발표

0265 □□

appearance
[əpíərəns]

ⓝ 겉모습, 외모, 출현

Their appearance has the effect of conserving moisture.

그것들의 겉모습은 수분을 보존하는 효과를 가지고 있다.

= **advent** ⓝ 도래, 출현 **emergence** ⓝ 출현, 발생
+ **appear** ⓥ 나타나다, 발생하다, ~인 것 같다

0266 □□

appoint
[əpɔ́int]

ⓥ 임명[지명]하다, (시간·장소 등을) 정하다

In June 1776, he was appointed to the Second Continental Congress. EBS

1776년 6월에, 그는 제2차 대륙 회의 (위원)에 임명되었다.

= **designate** ⓥ 지명하다, 임명하다 **nominate** ⓥ 지명하다, 임명하다
+ **appointment** ⓝ 약속, 지명

0267 □□

blend
[blend]

ⓥ 섞다[섞이다], 어울리다 ⓝ 혼합(물)

Wright blended the architecture with the surrounding landscape.

Wright는 건축물을 주변 경치에 어울리게 했다.

= **mix** ⓥ 섞다, 혼합하다

0268 □□

barrier
[bǽriər]

ⓝ 장벽, 장애물, 한계

Geographic barriers are easily broken down by modern ships and airplanes. EBS

지리적인 장벽은 현대의 배와 비행기에 의해 쉽게 무너진다.

0269 □□

= **obstacle**
[ɑ́bstəkl]

ⓝ 장애(물)

She had overcome an even bigger obstacle: her low self-perception. 학평

그녀는 훨씬 더 큰 장애물인 자신의 낮은 자아 인식을 극복했었다.

0270 □□

detect
[ditékt]

ⓥ 발견하다, 탐지하다, 감지하다

Smoke detectors sound an alarm when smoke from a fire is detected. 교과서

화재로부터 연기가 감지되면 연기 감지기가 경보를 울린다.

= **perceive** ⓥ 감지하다, 인지하다
+ **detective** ⓝ 탐정, 형사 ⓐ 탐정의

0271 □□

education
[èdʒukéiʃən]

ⓝ 교육, 훈련

She went on to earn a master's degree in elementary education from Columbia University. 학평
그녀는 계속해서 Columbia 대학에서 초등 교육 석사 학위를 취득했다.

⊞ **educate** ⓥ 교육하다, 가르치다

0272 □□

enormous
[inɔ́ːrməs]

ⓐ 거대한, 막대한

E-commerce soon snowballed into the enormous industry it is today. 학평
전자 상거래는 곧 오늘날의 거대 산업으로 눈덩이처럼 커졌다.

Voca+ **e**(=out of)+**norm**(=standard)+**ous**(형용사형 접미사) → 표준을 벗어난

⊟ **tremendous** ⓐ 엄청난, 거대한
⊞ **enormously** ⓐⓓ 막대하게

0273 □□

vast
[væst]

ⓐ 거대한, 방대한

Mathematics is a process of generating vast quantities of ideas. 학평
수학은 방대한 양의 아이디어를 생산하는 과정이다.

⊞ **vastly** ⓐⓓ 대단히, 엄청나게

0274 □□

tiny
[táini]

ⓐ 아주 작은[적은]

Matt opened his backpack and took out a tiny lantern and a cooking kit.
Matt는 자신의 배낭을 열고 아주 작은 손전등과 요리 도구 세트를 꺼냈다.

0275 □□

ordinary
[ɔ́ːrdənèri]

ⓐ 평범한, 보통의

It may have appeared to be an ordinary watch to others. 학평
그것은 다른 이들에게는 평범한 시계로 보일 수도 있었다.

Voca+ **ordin**(=order)+**ary**(형용사형 접미사) → 순서대로의

⊖ **extraordinary** ⓐ 비범한, 특별한

0276 □□

application [æplikéiʃən]

ⓝ 지원, 신청(서), 적용

We are taking applications only on our homepage. 학평

우리는 우리의 홈페이지에서만 지원을 받고 있습니다.

+ **applicant** ⓝ 지원자, 신청자

0277 □□

reasonable [ríːzənəbl]

ⓐ 합리적인, 분별 있는, (가격이) 적정한

We hope the information will help our viewers at home make more reasonable choices in the future. 교과서

우리는 그 정보가 집에 있는 시청자들이 미래에 더 합리적인 선택을 하는 데 도움이 되기를 바란다.

= **rational** ⓐ 합리적인, 이성적인

↔ **unreasonable** ⓐ 불합리한, 부당한

0278 □□

abandon [əbǽndən]

ⓥ 버리다, 포기하다

He tried a seaman's life aboard the ship *King of Prussia* but abandoned it quickly. EBS

그는 *King of Prussia* 호에 승선하여 선원 생활을 해 보았으나, 곧 그것을 포기했다.

= **give up** 포기하다

0279 □□

get used to

~에 익숙해지다

Humans tend to like what they have grown up in and gotten used to. 학평

인간은 자신이 자라 오고 익숙해진 것을 좋아하는 경향이 있다.

= **get accustomed to** ~에 익숙해지다

0280 □□

figure out

~을 알아내다, ~을 이해하다

It's very difficult to figure out what people are most afraid of. EBS

사람들이 무엇을 가장 무서워하는지를 알아내는 것은 매우 어렵다.

= **work out** ~을 이해하다

DAY 07
REVIEW TEST

A 다음 단어에 해당하는 영어 단어 또는 우리말을 쓰시오.

01 독립, 자립	________	07 barrier	________
02 이전의, 먼저의	________	08 appearance	________
03 출판하다, 발표하다	________	09 appoint	________
04 발견하다, 탐지하다	________	10 employ	________
05 항의하다, 항의, 시위	________	11 element	________
06 단단한, 확고한, 회사	________	12 blend	________

B 다음 우리말에 맞도록 주어진 철자로 시작하는 단어를 쓰시오.

01 성공의 장애물	an o________ to success
02 과학에 대한 대중적 관심	a popular i________ in science
03 정말 믿을 수 없는	absolutely i________
04 엄청난 수의 청중	an e________ audience
05 핵심 요소	a key f________
06 대체 에너지원	a________ sources of energy
07 신청 시 무료	free on a________
08 희귀한 사건	a r________ event

A 01 independence 02 previous 03 publish 04 detect 05 protest 06 firm 07 장벽, 장애물, 한계 08 겉모습, 출현 09 임명하다, 지명하다, (시간·장소 등을) 정하다 10 고용하다, 이용하다 11 요소, 성분, 원소, 원리 12 섞다, 섞이다, 어울리다, 혼합물

B 01 obstacle 02 interest 03 incredible 04 enormous 05 factor 06 alternative 07 application 08 rare

DAY

08

Previous Check

- □ accurate
- □ precise
- □ estimate
- □ compete
- □ submit
- □ grab
- □ theory
- □ document
- □ enable
- □ avoid
- □ escape
- □ innovate
- □ insight
- □ insurance
- □ infection
- □ vehicle
- □ belong
- □ celebrate
- □ demonstrate
- □ disaster
- □ economic
- □ household
- □ assign
- □ transfer
- □ preserve
- □ opposite
- □ satisfaction
- □ comfort
- □ ease
- □ motion
- □ operation
- □ blame
- □ refreshing
- □ trend
- □ journal
- □ private
- □ sentence
- □ majority
- □ dozens of
- □ rather than

0281 □□

accurate
[ǽkjurət]

ⓐ 정확한, 정밀한

All that bad news is not an accurate reflection of what's really going on. EBS

그 모든 안 좋은 뉴스가 실제로 벌어지고 있는 일에 대한 정확한 반영은 아니다.

↔ **inaccurate** ⓐ 부정확한
\+ **accuracy** ⓝ 정확성 **accurately** ⓐⓓ 정확하게

0282 □□

= **precise**
[prisáis]

ⓐ 정확한, 정밀한, 꼼꼼한

The detail thinkers are precise and well-organized.

세부적으로 생각하는 사람들은 정확하고 체계적이다.

\+ **precision** ⓝ 정확성 **precisely** ⓐⓓ 정확하게

0283 □□

estimate
ⓥ [éstəmèit]
ⓝ [éstəmət]

ⓥ 추정하다, 평가하다 ⓝ 추정, 견적

You will need to make some estimate of how long you need together. EBS

당신은 얼마나 오랜 시간을 함께 필요로 하는지에 대한 약간의 추정을 해야 할 필요가 있을 것이다.

= **evaluate** ⓥ 평가하다, 감정하다
\+ **estimation** ⓝ 판단, 평가

0284 □□

compete
[kəmpíːt]

ⓥ 경쟁하다, 겨루다

Sunlight is not enough, so the plants have to compete for sunshine. 학평

일광이 충분하지 않아서 식물들은 햇빛을 위해 경쟁해야 한다.

\+ **competition** ⓝ 경쟁, 시합 **competitive** ⓐ 경쟁의, 경쟁적인

0285 □□

submit
[səbmít]

ⓥ 제출하다, 굴복하다

You should not submit poems dealing with break-up, depression, and regret. EBS

당신은 이별, 우울, 후회를 다루는 시들은 제출해서는 안 된다.

Voca+ sub(=down)+mit(=send) → (적을) 아래로 보내다

= **surrender** ⓥ 굴복하다, 항복하다
\+ **submission** ⓝ 복종, 굴복, 제출

0286 □□

grab
[græb]

ⓥ 붙잡다, 움켜잡다 ⓝ 움켜잡음

I saw something floating in the water next to me and grabbed it. EBS

나는 무언가가 내 옆에 물에 떠 있는 것을 보았고 그것을 붙잡았다.

= **grasp** ⓥ 움켜잡다, 파악하다 **seize** ⓥ 붙잡다, 장악하다

0287 □□

theory
[θíːəri]

ⓝ 이론, 학설

Science leaps forward when contradictions pile up and lead to giving up a dominant theory. EBS

과학은 반박이 쌓이고 지배적인 이론을 포기하기에 이를 때 비약적으로 발전한다.

+ **theoretical** ⓐ 이론의, 학리적인

0288 □□

document
ⓝ [dákjumənt]
ⓥ [dákjumènt]

ⓝ 문서, 서류 ⓥ 기록하다

Make sure you keep copies of any letters or documents that you send. 교과서

당신이 보내는 편지나 서류의 사본을 반드시 보관하도록 하라.

+ **documentary** ⓐ 문서의, 사실을 기록한 ⓝ 기록 영화, 다큐멘터리

0289 □□

enable
[inéibl]

ⓥ (~을) 할 수 있게 하다, 가능하게 하다

Arranging things will enable you to avoid costly and dangerous mistakes. 학평

물건을 정리하는 것은 여러분이 대가가 크고 위험한 실수를 피하는 것을 가능하게 할 것이다.

0290 □□

avoid
[əvɔ́id]

ⓥ 피하다, 막다

HUBO was able to turn the vehicle smoothly to avoid a barrier. 교과서

HUBO는 차량을 원활하게 돌려서 장벽을 피할 수 있었다.

+ **avoidable** ⓐ 피할 수 있는, 막을 수 있는 **avoidance** ⓝ 회피, 방지

0291 □□

escape
[iskéip]

ⓥ 달아나다, 탈출하다 ⓝ 탈출, 도망

She escaped Norway during the German occupation. 학평

그녀는 독일 점령 기간 중 노르웨이를 탈출했다.

Voca+ **es**(=out)+**cap**(=take)+**e** → 잡은 손아귀 밖으로 나오다

= **flee** ⓥ 달아나다, 도망하다

0292 □□

innovate
[ínəvèit]

ⓥ 혁신하다, 쇄신하다

We have lost our ability to innovate and create new products.

우리는 혁신하여 신제품을 만들어 내는 능력을 잃었다.

\+ **innovation** ⓝ 혁신 **innovator** ⓝ 혁신자, 도입자
innovative ⓐ 혁신적인

0293 □□

insight
[ínsàit]

ⓝ 통찰력, 이해

We can gain insight through both myths and scientific explanations. 교과서

우리는 신화와 과학적 설명 둘 다를 통해 통찰력을 얻을 수 있다.

Voca+ **in**+**sight**(시야) → 안을 들여다보는 시야

0294 □□

insurance
[inʃúərəns]

ⓝ 보험

An insurance company might refuse to issue insurance. EBS

보험 회사는 보험을 발급하는 것을 거부할 수도 있다.

0295 □□

infection
[infékʃən]

ⓝ 감염, 전염

You will learn how to help prevent infection while you are in the hospital.

여러분은 병원에 있는 동안 감염을 막기 위해 도움이 되는 방법을 배울 것이다.

\+ **infect** ⓥ 감염시키다, 오염시키다 **infectious** ⓐ 전염성의

0296 □□

vehicle
[víːikl]

ⓝ 차량, 탈것, 운송 수단

Almost half of the oil pumped each year is used to fuel the world's motor vehicles.

매년 생산되는 석유의 거의 절반이 전 세계의 자동차에 연료를 공급하기 위해 사용된다.

0297 □□

belong
[bilɔ́ːŋ]

ⓥ 속하다, 제자리에 있다

An observer didn't know to which group each baby belonged. 학평

관찰자는 각각의 아기가 어떤 그룹에 속하는지 알지 못했다.

Voca+ belong은 자동사이므로 전치사 to나 in과 함께 쓰인다.

+ **belongings** ⓝ 소유물, 재산

0298 □□

celebrate
[séləbrèit]

ⓥ 기념하다, 축하하다, 찬양하다

Amazed, the other frogs celebrated his miraculous freedom. EBS

깜짝 놀란 다른 개구리들은 그의 기적적인 자유를 축하했다.

+ **celebration** ⓝ 기념행사, 축하 **celebrity** ⓝ 유명 인사

0299 □□

demonstrate
[démənstrèit]

ⓥ 시범을 보이다, 증명하다, 시위하다

The leader of the town chose a day when James demonstrated his skills. 학평

그 마을의 지도자는 James가 그의 기술을 증명하는 날을 정했다.

+ **demonstration** ⓝ 시범, 증명, 시위

0300 □□

disaster
[dizǽstər]

ⓝ 재난, 재앙

The government was responsible for allowing the disaster to occur. EBS

정부는 그 재난이 발생하도록 허용한 책임이 있었다.

+ **disastrous** ⓐ 처참한

0301 □□

economic
[ì:kənámik]

ⓐ 경제의, 경제학의

Chinese immigrants contributed to the economic success of the West Coast.

중국 이민자들이 서부 해안의 경제 성공에 이바지했다.

⊞ **economy** ⓝ 경제, 경기　**economics** ⓝ 경제학

0302 □□

household
[háushòuld]

ⓝ 가족, 가정　ⓐ 가족[가정]의

Mined metal was rarely used in the manufacture of household utensils. EBS

채굴된 금속은 가정용품의 제작에는 거의 사용되지 않았다.

0303 □□

assign
[əsáin]

ⓥ 할당하다, 임명하다, 지정하다

They assigned me the job of picking up all the garbage.

그들은 나에게 모든 쓰레기를 줍는 일을 할당했다.

Voca+ **as**(=to)+**sign**(=mark) → ~에 표시하다

⊟ **allocate** ⓥ 할당하다, 배분하다　**designate** ⓥ 임명하다, 지정하다

⊞ **assignment** ⓝ 할당, 과제

0304 □□

transfer
ⓥ [trænsfə́:r]
ⓝ [trǽnsfər]

ⓥ 옮기다, 갈아타다　ⓝ 이동, 이전, 환승

The kind of tasks involved are sowing seeds outside and transferring vegetable plants. EBS

포함되는 일의 종류는 밖에서 씨 뿌리기와 채소 식물 옮기기이다.

Voca+ **trans**(=across)+**fer**(=carry) → 가로질러 나르다

0305 □□

preserve
[prizə́:rv]

ⓥ 보존하다, 지키다, 저장하다

We know about dinosaurs because their bones have been preserved as fossils. 학평

그들의 뼈가 화석으로 보존되어 있기 때문에 우리는 공룡에 대해 알고 있다.

Voca+ **pre**(=before)+**serve**(=keep) → 앞서 지키다

⊟ **conserve** ⓥ 보존하다, 보호하다　**store** ⓥ 저장하다, 비축하다

⊞ **preservation** ⓝ 보존, 보호, 저장

0306 □□

opposite
[ápəzit]

ⓐ 정반대의, 맞은편의 ⓝ 정반대의 것

Auxins have the opposite effect on the roots of plants. 학평

옥신은 식물의 뿌리에서는 정반대의 효과를 가진다.

= **reverse** ⓐ 반대의, 역전하는 ⓥ 거꾸로 하다, 뒤집다
+ **oppose** ⓥ 반대하다 **opposition** ⓝ 반대, 방해

0307 □□

satisfaction
[sæ̀tisfǽkʃən]

ⓝ 만족(감)

They both felt a greater sense of satisfaction than they had felt earlier. 교과서

그들 둘 다 이전에 느꼈던 것보다 더 큰 만족감을 느꼈다.

= **contentment** ⓝ 만족(하기)
↔ **dissatisfaction** ⓝ 불만(족), 불평
+ **satisfy** ⓥ 만족시키다, 채우다 **satisfactory** ⓐ 만족스러운, 더할 나위 없는

0308 □□

comfort
[kʌ́mfərt]

ⓝ 편안함, 위로 ⓥ 편하게 하다, 위로하다

The heaters provide warmth and comfort for recreational areas.

난방기는 휴식 구역에 따뜻함과 편안함을 제공한다.

↔ **discomfort** ⓝ 불편, 불쾌 ⓥ 불편하게 하다
+ **comfortable** ⓐ 편안한, 기분 좋은

0309 □□

= **ease**
[iːz]

ⓝ 편안함, 용이함 ⓥ 편하게 하다, 덜어 주다

This rhythmic breathing will conserve your energy and help ease your pain.

이 리드미컬한 호흡은 에너지를 보존하고 고통을 더는 데 도움이 될 것이다.

0310 □□

motion
[móuʃən]

ⓝ 운동, 움직임, 동작 ⓥ 몸짓으로 신호하다

Newborns are comforted by rocking because this motion is similar to what they experienced in the womb. 학평

신생아들은 흔들림에 의해 편안해지는데, 이것은 이런 움직임이 자궁 안에서 그들이 경험했던 것과 유사하기 때문이다.

0311 □□

operation
[àpəréiʃən]

ⓝ 수술, 운영, 작업

Anesthetics keep patients unconscious for the many hours some complex operations require. EBS

마취제는 일부 복잡한 수술이 요구하는 많은 시간 동안 환자들을 무의식 상태에 있게 한다.

⊕ **operate** ⓥ 수술하다, 운영하다

0312 □□

blame
[bleim]

ⓥ 비난하다, ~의 책임[탓]으로 돌리다 ⓝ 비난, 책임

The skiers blamed themselves for the avalanche that destroyed the beautiful valley.

스키 타는 사람들은 그 아름다운 계곡을 파괴한 눈사태를 자신들의 책임으로 돌렸다.

= **accuse** ⓥ 비난하다, 고발하다

⊕ **blame A for B** B의 책임을 A에게 돌리다

0313 □□

refreshing
[rifréʃiŋ]

ⓐ 상쾌하게 하는, 신선한

After the long flight, it was refreshing to travel across the water by boat. 교과서

오랜 비행 후에, 보트로 물을 가로질러 여행하는 것은 상쾌했다.

⊕ **refresh** ⓥ 상쾌하게 하다, 생기를 되찾게 하다 **refreshed** ⓐ 상쾌한

0314 □□

trend
[trend]

ⓝ 경향, 추세, 유행

Wearing recycled or second-hand clothing seems to be much more than a passing trend. 교과서

재활용되었거나 중고의 의류를 입는 것은 일시적인 유행 그 이상인 것처럼 보인다.

= **tendency** ⓝ 경향, 풍조, 추세

⊕ **trendy** ⓐ 최신 유행의 ⓝ 유행의 첨단을 걷는 사람

0315 □□

journal
[dʒə́ːrnl]

ⓝ 신문, 간행물, 일기

That's why it is the responsibility of scientific journals to be distrustful. EBS

그렇기 때문에 의심하는 것이 과학 간행물의 책무인 것이다.

⊕ **journalism** ⓝ 언론계, 신문 잡지 **journalist** ⓝ 기자, 언론인

0316 □□

private
[práivət]

ⓐ 사적인, 사유의, 비밀의

Amy wrote her deepest feelings in the diary; its contents were private.
Amy는 일기에 자신의 깊은 감정을 썼는데, 그 내용은 사적이었다.

+ **privacy** ⓝ 사생활

0317 □□

sentence
[séntəns]

ⓝ 문장, 판결, 선고 ⓥ 판결을 내리다, 형을 선고하다

Chances are you are reading this sentence under some kind of artificial light. 학평
아마 여러분은 어떤 유형의 인공조명 아래에서 이 문장을 읽고 있을 것이다.

0318 □□

majority
[mədʒɔ́(:)rəti]

ⓝ (대)다수, 대부분

Having a majority of outsiders on the board generally improves the performance of a corporation. EBS
이사회에 다수의 외부인이 있으면 일반적으로 기업의 실적이 향상된다.

↔ **minority** ⓝ 소수, 소수당
+ **major** ⓐ 대부분의, 주요한

0319 □□

dozens of

수십의, 많은

The intersection is filled with danger for the dozens of elementary school children that cross it daily.
교차로는 매일 건너는 그 수십 명의 초등학교 학생들에게 위험으로 가득 차 있다.

= **scores of** 수십의, 많은

0320 □□

rather than

~보다는, ~ 대신에, ~하지 말고

We tend to remember the problems and the disputes rather than the pleasures of accomplishment. EBS
우리는 성취의 즐거움보다는 문제와 분쟁을 기억하는 경향이 있다.

= **instead of** ~ 대신에, ~하지 말고

DAY 08

REVIEW TEST

A 다음 단어에 해당하는 영어 단어 또는 우리말을 쓰시오.

01 경쟁하다, 겨루다 ____________
02 감염, 전염 ____________
03 경제의, 경제학의 ____________
04 경향, 추세 ____________
05 할당하다, 임명하다 ____________
06 만족(감) ____________
07 submit ____________
08 insurance ____________
09 private ____________
10 comfort ____________
11 transfer ____________
12 vehicle ____________

B 다음 우리말에 맞도록 주어진 철자로 시작하는 단어를 쓰시오.

01 잡지책을 움켜잡다 g__________ a magazine
02 반의어 words of o__________ meanings
03 혁신하기 위한 끊임없는 노력 constant efforts to i__________
04 날카로운 통찰력 a keen i__________
05 행성의 움직임 the m__________ of the planets
06 전지의 힘에 의한 작동 o__________ on battery power
07 다수의 노동 인력 a m__________ of the labor force
08 의학 간행물 a medical j__________

A 01 compete 02 infection 03 economic 04 trend 05 assign 06 satisfaction 07 제출하다, 굴복하다 08 보험 09 사적인, 사유의, 비밀의 10 편안함, 편하게 하다 11 옮기다, 갈아타다, 이동 12 차량, 탈것, 운송 수단

B 01 grab 02 opposite 03 innovate 04 insight 05 motion 06 operation 07 majority 08 journal

DAY 09

Previous Check

□ punish
□ civilization
□ construct
□ recall
□ gradually
□ delay
□ genetic
□ sustainable
□ register
□ rotate
□ declare
□ reputation
□ settle
□ agent
□ crisis
□ guilty
□ innocent
□ analyze
□ commit
□ comment
□ edit
□ equip
□ genius
□ adequate
□ aggressive
□ load
□ manufacture
□ acknowledge
□ deny
□ behavior
□ mature
□ thrust
□ corporate
□ severe
□ alert
□ violent
□ glow
□ guarantee
□ be based on
□ remind A of B

0321 □□

punish
[pʌ́niʃ]

ⓥ (처)벌하다, 응징하다

However, any *sagwan* who revealed the records was severely punished. 교과서

그러나, 기록을 누설한 '사관'은 누구든 엄격하게 처벌받았다.

↔ **praise** ⓥ 칭찬하다
\+ **punishment** ⓝ 벌, 처벌

0322 □□

civilization
[sìvəlizéiʃən]

ⓝ 문명

It is difficult to imagine the significance of cats to early civilizations. EBS

초기 문명에서 고양이의 중요성을 상상하는 것은 어렵다.

0323 □□

construct
[kənstrʌ́kt]

ⓥ 건설하다, 구성하다

Hatshepsut constructed a magnificent funeral temple. EBS

Hatshepsut는 웅장한 장례용 신전을 건축했다.

Voca+ con(=together)+struct(=build) → 함께 세우다

↔ **destroy** ⓥ 파괴하다 **demolish** ⓥ 철거하다, 허물다
\+ **construction** ⓝ 건축, 건설

0324 □□

recall
[rikɔ́ːl]

ⓥ 기억해 내다, 상기시키다, 회수하다 ⓝ 회상, 회수

Many peaks cause you to recall the images that the mountains are floating upside down. 교과서

많은 봉우리들은 여러분에게 산이 거꾸로 떠가는 모습을 생각나게 해 준다.

0325 □□

gradually
[grǽdʒuəli]

ad 점차(적으로), 서서히

They are at the same time gradually turning a biological being into a social being.

그들은 동시에 생물학적 존재를 점차 사회적 존재로 변화시키고 있다.

↔ **rapidly** ad 신속히, 재빨리 **radically** ad 급진적으로, 과격하게

0326 □□

delay
[diléi]

ⓥ 미루다, 연기하다, 지체하게 하다 ⓝ 지연, 연기

They will delay taking action because they cannot tolerate being imperfect. EBS

그들은 불완전한 것을 참을 수 없기 때문에 행동을 취하는 것을 미룰 것이다.

0327 □□

genetic
[dʒənétik]

ⓐ 유전적인, 유전학의

When it comes to improving humans, the process will start by eliminating genetic diseases. EBS

인간을 개선하는 것에 관한 한, 그 과정은 유전병을 없애는 것으로 시작할 것이다.

+ **gene** ⓝ 유전자

0328 □□

sustainable
[səstéinəbl]

ⓐ 지속 가능한, 견딜 수 있는

Eco-fashion, also known as slow fashion and sustainable clothing, is trendy, too. 교과서

에코 패션(환경친화적 패션)은 또한 슬로우 패션 그리고 지속 가능한 의류라고 알려져 있는데, 역시 최신 유행이다.

+ **sustain** ⓥ 유지하다, 계속하다

0329 □□

register
[rédʒistər]

ⓥ 등록하다, 기록하다 ⓝ 등록

Journalists cannot work for the media without being registered and obtaining a press card. EBS

기자는 등록되어 기자증을 얻지 않고는 언론을 위해 일할 수 없다.

+ **registration** ⓝ 등록, 등기

0330 □□

rotate
[róuteit]

ⓥ 회전하다, 교대로 하다, 자전하다

It is good to stay well away from the machine when its blades start to rotate.

날개가 회전하기 시작할 때에는 그 기계에서 멀찍이 떨어져 있는 것이 좋다.

Voca+ 천문학에서 **rotate**는 '자전하다'의 의미이고 **revolve**는 '공전하다'의 의미로 쓰인다.

= **revolve** ⓥ 회전하다, 공전하다 **alternate** ⓥ 교대로 하다, 번갈아하다

0331 □□

declare [diklέər]

ⓥ 선언하다, 발표하다, (과세품을) 신고하다

"The Trophy for General Excellence is awarded to Miss Zoe Perry," the principal declared. 학평

"전체 최우수상을 위한 트로피는 Zoe Perry 양에게 수여됩니다."라고 교장 선생님이 발표했다.

Voca+ de(강조)+clare(=clear) → 아주 명백하게 하다

= **announce** ⓥ 발표하다, 알리다

0332 □□

reputation [rèpjutéiʃən]

ⓝ 평판, 명성

The Igbo have a reputation for hard work, ambition and a love of education. 학평

Igbo인들은 근면하며, 야망이 있고, 교육에 대한 열의가 있다는 평판을 가지고 있다.

= **fame** ⓝ 명성, 평판 **prestige** ⓝ 위신, 명성

0333 □□

settle [sétl]

ⓥ 해결하다, 정착하다, 안정시키다

How can you settle differences if you don't honestly talk them out?

만약 당신이 솔직하게 차이점들을 털어놓지 않으면, 어떻게 그것들을 해결할 수 있겠는가?

+ **settlement** ⓝ 합의, 해결, 정착지 **settler** ⓝ 정착민

0334 □□

agent [éidʒənt]

ⓝ 대리인, 중개인, (공공 기관의) 직원

The coupon may be available through customer-service agents. EBS

그 쿠폰은 고객 서비스 직원들을 통해 구할 수 있다.

+ **agency** ⓝ 대리점, 대행사

0335 □□

crisis [kráisis]

ⓝ 위기 (*pl.* crises)

The current environmental crisis may make the earth very hostile to mankind. 교과서

현재의 환경 위기는 지구를 인류에게 매우 적대적으로 만들지도 모른다.

0336 □□

guilty
[gílti]

ⓐ 유죄의, 죄책감을 느끼는

Many people thought that the defendant was not guilty.
많은 사람들은 그 피고가 죄가 없다고 생각했다.

+ **guilt** ⓝ 유죄, 죄책감

0337 □□

↔ **innocent**
[ínəsənt]

ⓐ 무죄인, 악의 없는, 순수한

We must consider an innocent question asked years ago by a son to his father. 학평
우리는 몇 년 전 한 아들이 자신의 아버지에게 했던 악의 없는 질문을 고려해야 한다.

+ **innocence** ⓝ 무죄, 결백, 순수

0338 □□

analyze
[ǽnəlàiz]

ⓥ 분석하다

They analyze the language used by different individuals.
그들은 각각 다른 개인에 의해 사용되는 언어를 분석한다. 교과서

+ **analysis** ⓝ 분석

0339 □□

commit
[kəmít]

ⓥ (죄·과실 등을) 저지르다, 전념하다, 약속하다

Losing one's shield in battle was considered the single greatest crime a Spartan could commit. EBS
전투에서 자신의 방패를 잃는 것은 스파르타인이 저지를 수 있는 가장 큰 단일 범죄로 간주되었다.

+ **commitment** ⓝ 약속, 헌신

0340 □□

comment
[kάment]

ⓝ 논평, 언급, 의견 ⓥ 논평하다, 의견을 말하다

It feels good for someone to hear positive comments. 학평
누구든 긍정적인 의견을 듣는 것은 기분이 좋다.

= **remark** ⓝ 주목, 비평 ⓥ 주목하다, 의견을 말하다

0341 □□

edit
[édit]

ⓥ 편집하다, 교정하다 ⓝ 사설, 논설

While in high school, he edited his high school newspaper.
그는 고등학교에 다닐 때, 그의 고등학교 신문을 편집했다. 학평

+ **edition** ⓝ (간행물의) 판, 호 **editor** ⓝ 편집자
editorial ⓐ 편집의 ⓝ 논설, 사설

0342 □□

equip
[ikwíp]

ⓥ 장비를 갖추다, 채비를 하다

A car was found that was equipped with fog lights. EBS
안개등 장비를 갖춘 차 한 대가 발견되었다.

+ **equipment** ⓝ 장비

0343 □□

genius
[dʒíːnjəs]

ⓝ 천재성, 천재

Puccini's genius lay in his ability to write beautiful melodies.
Puccini의 천재성은 아름다운 멜로디를 작곡하는 그의 능력에 있었다. EBS

0344 □□

adequate
[ǽdəkwit]

ⓐ 적당한, 충분한, 적임인

To improve your learning ability, keep an adequate and regular sleep pattern. 교과서
당신의 학습 능력을 향상시키기 위해서, 충분하고 규칙적인 수면 패턴을 지켜라.

= **appropriate** ⓐ 적당한, 적절한
↔ **inadequate** ⓐ 부적당한, 불충분한
+ **adequately** ⓐⓓ 충분히

0345 □□

aggressive
[əgrésiv]

ⓐ 공격적인, 매우 적극적인, 침략적인

Living together in human society often requires restraining aggressive behavior. EBS
인간 사회에서 함께 살아가는 것은 종종 공격적인 행동을 억제하는 것을 필요로 한다.

Voca+ **ag**(=toward)+**gress**(=step)+**ive**(형용사형 접미사) → (적의 성문을) 향하여 가는

↔ **submissive** ⓐ 순종적인, 유순한
+ **aggression** ⓝ 공격성, 공격

0346 □□

load
[loud]

ⓝ 짐, 부담 ⓥ (짐을) 싣다, 장전하다

The minister generally turns up with a load of firewood in his trailer. 학평

그 목사는 대개 자신의 트레일러에 한 짐의 장작을 싣고 나타난다.

= **burden** ⓝ 부담, 짐

0347 □□

manufacture
[mæ̀njufǽktʃər]

ⓥ 제조하다, 생산하다 ⓝ 제조, 제품

The water in our food and manufactured products is called "virtual water." 학평

우리의 음식과 제조된 제품에 있는 물은 '가상의 물'이라고 불린다.

Voca+ **manu**(=hand)+**fact**(=make)+**ure**(명사형 접미사) → 손으로 만들기

+ **manufacturer** ⓝ 제조업자, 제조 회사

0348 □□

acknowledge
[əknɑ́:lidʒ]

ⓥ 인정하다

She gave me my change, still without acknowledging me in any way. EBS

그녀는 여전히 나를 어떤 식으로든 인정하지 않으면서 나에게 내 거스름돈을 주었다.

0349 □□

↔ **deny**
[dinái]

ⓥ 부인하다, 거부하다

Karl Popper denied that there was such a thing as a scientific method. 학평

Karl Popper는 과학적 방법과 같은 것이 있다는 것을 부인했다.

+ **denial** ⓝ 부인, 거부

0350 □□

behavior
[bihéivjər]

ⓝ 행동, 태도

With the right behavior we can make a positive change to the health of our planet. 교과서

올바른 행동으로 우리는 우리 행성의 건강에 긍정적인 변화를 만들 수 있다.

+ **behave** ⓥ 행동하다

0351 □□

mature
[mətjúər]

ⓐ 성숙한, 숙성한 ⓥ 자라다, 성숙하다, 완성되다

Its metabolism shifts as it either prepares to divide or matures and differentiates into a specialized cell. EBS

그것은 분열할 준비를 하거나 성숙하여 특화된 세포로 분화하면서 그것의 물질대사가 변화한다.

↔ **immature** ⓐ 미성숙한
+ **premature** ⓐ 시기상조의

0352 □□

thrust
[θrʌst]

ⓥ 밀다, 찌르다, 끼어들다 ⓝ 밀기, 추진력

The doctor thrust the needle into my arm.

의사가 내 팔에 주삿바늘을 찔러 넣었다.

0353 □□

corporate
[kɔ́ːrpərət]

ⓐ 기업[회사]의, 법인의

Libraries raise funds by selling named space to corporate donors. EBS

도서관들은 기업의 기부자들에게 이름을 붙인 공간을 판매해서 기금을 모은다.

+ **corporation** ⓝ 기업, 법인

0354 □□

severe
[sivíər]

ⓐ 심각한, 엄격한

If I hold it for a day straight, it will cause severe pain in my arm. 학평

만약 내가 그것을 하루 종일 들고 있다면, 그것은 내 팔에 심각한 고통을 야기할 것이다.

= **serious** ⓐ 심각한, 중대한 **strict** ⓐ 엄격한, 엄한
+ **severely** ⓐⓓ 심하게, 엄하게

0355 □□

alert
[əlɔ́ːrt]

ⓐ 기민한, 경계하는 ⓝ 경계경보, 경계 (태세) ⓥ 알리다, 경보를 발하다

An alert message was immediately sent to White and the forest rangers. 교과서

경보 메시지가 White와 산림 감시원들에게 즉각 전송되었다.

0356 □□

violent
[váiələnt]

ⓐ 폭력적인, 격렬한, 심한

Some news reports are mostly about the latest world conflict or violent crime. 학평

일부 뉴스 보도는 주로 최근의 세계 분쟁 또는 폭력적인 범죄에 관한 것이다.

+ **violence** ⓝ 폭력, 격렬함

0357 □□

glow
[glou]

ⓥ 빛나다, 타다, 상기되다 ⓝ 불빛, 홍조

The red, velvety coals from the campfire were glowing in the dark.

캠프파이어의 빨갛고, 부드러운 석탄이 어둠 속에서 빛나고 있었다.

= **shine** ⓥ 빛나다, 반짝이다

0358 □□

guarantee
[gæ̀rəntíː]

ⓥ 보증하다 ⓝ 보증, 담보

She had nothing to guarantee that she would pay back the loan. 교과서

그녀는 대출금을 갚을 것이라고 보증할 것이 아무것도 없었다.

0359 □□

be based on

~에 바탕을 두다, ~에 근거하다, ~에 기초하다

Present expansion is based on a fundamental misconception: the confusion of academic ability with intelligence. EBS

현재의 확대는 근본적인 오해, 즉 학문적 능력과 지능을 혼동하는 것에 바탕을 둔다.

0360 □□

remind A of B

A에게 B를 상기시키다[생각나게 하다]

If so, it may have reminded you of a highway packed with cars. 교과서

그렇다면, 그것은 여러분에게 자동차들로 가득 찬 고속도로를 생각나게 했을지도 모른다.

DAY 09 REVIEW TEST

A 다음 단어에 해당하는 영어 단어 또는 우리말을 쓰시오.

01 공격적인	________	07 acknowledge	________
02 심각한, 엄격한	________	08 mature	________
03 유전적인, 유전학의	________	09 glow	________
04 밀다, 찌르다, 밀기	________	10 punish	________
05 분석하다	________	11 alert	________
06 폭력적인, 격렬한	________	12 delay	________

B 다음 우리말에 맞도록 주어진 철자로 시작하는 단어를 쓰시오.

01 보험 중개인	an insurance a________
02 겸손한 행동	modest b________
03 호의적인 논평	a favorable c________
04 지속 가능한 경제 성장	s________ economic growth
05 적절한 영양과 휴식	a________ nutrition and rest
06 경제 위기	the economic c________
07 로봇을 제조하다	m________ robots
08 인격과 명성	personality and r________

A 01 aggressive 02 severe 03 genetic 04 thrust 05 analyze 06 violent 07 인정하다 08 성숙한, 자라다, 성숙하다 09 빛나다, 타다, 불빛 10 (처)벌하다, 응징하다 11 경계하는, 경계경보, 알리다 12 지연, 연기하다, 지체하게 하다

B 01 agent 02 behavior 03 comment 04 sustainable 05 adequate 06 crisis 07 manufacture 08 reputation

DAY

10

Previous Check

- □ obvious
- □ apparent
- □ persist
- □ temporary
- □ permanent
- □ rescue
- □ embrace
- □ tremble
- □ ancestor
- □ cautious
- □ clarify
- □ drag
- □ horizontal
- □ vertical
- □ remarkable
- □ individual
- □ memorize
- □ retire
- □ athlete
- □ victim
- □ aboard
- □ departure
- □ broaden
- □ extend
- □ sacrifice
- □ devise
- □ electricity
- □ logical
- □ inherit
- □ length
- □ initial
- □ qualified
- □ reform
- □ regulate
- □ delicate
- □ resist
- □ restrict
- □ possess
- □ be related to
- □ contribute to

0361 □□

obvious
[ɑ́bviəs]

ⓐ 명백한, 분명한

It was obvious that my son's teammate needed help. 학평

내 아들의 팀 동료가 도움이 필요하다는 것이 명백했다.

+ **obviously** ⓐⓓ 명백하게

0362 □□

apparent
[əpǽrənt]

ⓐ 분명한, 외관상의

If you want to be an astronomer, the same apparent shortcoming could turn into an unexpected strength. EBS

여러분이 천문학자가 되고 싶다면, 똑같은 명백한 단점이 예상치 못한 강점으로 바뀔 수 있다.

+ **apparently** ⓐⓓ 명백히, 외관상으로

0363 □□

persist
[pərsíst]

ⓥ 고집하다, 지속되다

The name "pygg jar" persisted as the clay was forgotten. EBS

그 진흙이 잊혀졌을 때에도 그 이름 'pygg jar'는 지속되었다.

Voca+ **per**(=thoroughly)+**sist**(=stand) → 끝까지 서 있다

+ **persistent** ⓐ 끈질긴

0364 □□

temporary
[témpərèri]

ⓐ 일시적인, 임시의

The filling, only a temporary one, was made of an inexpensive material.

그 충전재는 단지 일시적인 것으로, 비싸지 않은 재료로 만들어졌다.

= **momentary** ⓐ 순간의, 일시적인

0365 □□

permanent
[pə́ːrmənənt]

ⓐ 영구적인, 영원한

More surprisingly, workers with permanent contracts also feel insecure. EBS

더욱 놀랍게도, 영구적 계약을 맺은 근로자들도 또한 불안감을 느낀다.

Voca+ **per**(=thoroughly)+**man**(=remain)+**ent**(형용사형 접미사) → 끝까지 남아 있는

= **eternal** ⓐ 영구한, 영원한

+ **permanently** ⓐⓓ 영구적으로, 영원히

0366 □□

rescue
[réskjuː]

ⓥ 구조하다 ⓝ 구조, 구출

The man tries to rescue the situation by preparing a self-cooked dinner. 학평

그 남자는 스스로 요리한 저녁 식사를 준비하여 그 상황을 구해 내려고 한다.

0367 □□

embrace
[imbréis]

ⓥ 받아들이다, 수용하다, 포옹하다

It takes courage to embrace your authentic self and live life on your own terms. EBS

당신의 진정한 자아를 받아들이고 자신의 방식대로 사는 것은 용기가 필요하다.

Voca+ em(=in)+brace(=arm) → 팔로 안다

= **accept** ⓥ 받아들이다, 수락하다 **hug** ⓥ 껴안다
↔ **reject** ⓥ 거절하다, 거부하다

0368 □□

tremble
[trémbl]

ⓥ 떨다, 흔들리다, 걱정하다 ⓝ 떨림

Slowly he stepped, his eyes fully dilated, and he trembled with fear. EBS

그는 천천히 걸어갔고, 눈은 완전히 커졌으며, 두려움에 떨었다.

= **shiver** ⓥ 떨다 ⓝ 떨림, 전율

0369 □□

ancestor
[ǽnsestər]

ⓝ 조상, 선조

We share an ancestor with every other species of animal and plant on the planet. EBS

우리는 지구상의 다른 모든 종의 동식물들과 조상을 공유한다.

= **ascendant** ⓝ 선조, 조상
↔ **offspring** ⓝ 자식, 자손, 후예 **descendant** ⓝ 자손, 후예

0370 □□

cautious
[kɔ́ːʃəs]

ⓐ 조심스러운, 신중한

Some young children who attend preschool are very cautious.

유치원에 다니는 일부 어린아이들은 매우 조심성 있다.

= **careful** ⓐ 조심스러운, 주의 깊은
\+ **cautiously** ⓐⓓ 주의 깊게, 신중하게

DAY 10

0371 □□

clarify
[klǽrəfài]

ⓥ 명확히[분명히] 하다, 정화하다

They had all the evidence to clarify the cause of the accident.
그들은 그 사고의 원인을 명확히 할 수 있는 모든 증거를 갖고 있었다.

Voca+ clar(=clear)+ify(동사형 접미사) → 분명하게 하다, 깨끗하게 하다

0372 □□

drag
[dræg]

ⓥ 끌다, 끌리다 ⓝ 끌기, 장애물

I could hear something being dragged across the floor. 교과서
나는 어떤 것이 바닥을 가로질러 끌려가는 것을 들을 수 있었다.

= draw ⓥ 끌다, 당기다, 그리다

0373 □□

horizontal
[hɔ̀ːrəzάntəl]

ⓐ 수평(선)의, 가로의

You should put a horizontal line through the center and turn it around. 교과서
당신은 중심을 가로질러 수평선을 하나 긋고 그것을 회전시켜야 한다.

+ horizon ⓝ 수평선, 지평선, 시야

0374 □□

↔ **vertical**
[vә́ːrtikəl]

ⓐ 수직의, 세로의

Rarely do they consider the critical role of vertical transportation. 학평
그들은 수직 운송 수단의 중요한 역할을 거의 고려하지 않는다.

0375 □□

remarkable
[rimάːrkəbl]

ⓐ 주목할 만한, 놀랄 만한, 훌륭한

The remarkable growth of art exhibitions can be analysed in this light. 학평
예술 전시회의 주목할 만한 성장은 이러한 관점에서 분석될 수 있다.

= notable ⓐ 주목할 만한, 현저한 astonishing ⓐ 놀랄 만한
↔ ordinary ⓐ 평범한
+ remarkably ⓐⓓ 현저하게, 매우 remark ⓝ 발언, 주목

0376 □□

individual
[ìndəvídʒuəl]

ⓝ 개인 ⓐ 개개의, 개인적인

Even so, many decisions need to be made by the individual who is taking the trip.

그렇기는 하지만, 많은 결정이 그 여행을 하고 있는 개인에 의해 내려져야 한다.

0377 □□

memorize
[méməràiz]

ⓥ 암기하다, 기억하다

Winston Churchill wrote his speeches out in advance and memorized them. 교과서

Winston Churchill은 자신의 연설을 미리 써 놓고 그것들을 암기했다.

+ **memory** ⓝ 기억, 추억

0378 □□

retire
[ritáiər]

ⓥ 퇴직하다, 철수하다

A newly retired executive was bothered when no one called him anymore. 학평

막 퇴직한 임원은 더 이상 자신에게 아무도 전화하지 않자 괴로웠다.

+ **retirement** ⓝ 퇴직, 은퇴

0379 □□

athlete
[ǽθli:t]

ⓝ 운동선수

Every athlete tries to run faster, jump higher, or become stronger. 교과서

모든 운동선수는 더 빨리 달리거나, 더 높이 뛰거나 더 강해지기 위해 노력한다.

+ **athletic** ⓐ 운동 경기의, (몸이) 탄탄한

0380 □□

victim
[víktim]

ⓝ 희생, 희생자

The television program may help the families of the victims. EBS

그 텔레비전 프로그램이 희생자들의 가족을 도울 수도 있다.

0381 □□

aboard
[əbɔ́:rd]

ad (배·항공기 등을) 타고 p (배·항공기 등의) 안으로

She was even welcomed aboard the plane by the pilot. 학평
그녀는 심지어 비행기에 탑승하여 기장으로부터 환영을 받았다.

Voca+ a(=on)+board(판자, 뱃전, 선내) → 배 위에

0382 □□

departure
[dipá:rtʃər]

n 출발, 출항

We think of life as having departures, paths, and destinations. 교과서
우리는 삶에 출발점과 여정, 그리고 도착지가 있다고 여긴다.

Voca+ de(=away)+part(분리하다)+ure(명사형 접미사)→ 떨어져 나감

↔ **arrival** ⓝ 도착, 입항
\+ **depart** ⓥ 출발하다, 떠나다

0383 □□

broaden
[brɔ́:dən]

v 넓어지다, 넓히다

We are supposed to broaden our knowledge by different channels. EBS
우리는 다양한 경로로 우리의 지식을 넓혀야 한다.

0384 □□

= **extend**
[iksténd]

v 넓히다, 연장하다, 뻗다

The poster shows a gloved hand with two fingers extended. EBS
그 포스터는 두 손가락을 펴고 있는 장갑 낀 손을 보여 준다.

\+ **extension** ⓝ 확장, 확대 **extensive** ⓐ 광범위한

0385 □□

sacrifice
[sǽkrəfàis]

n 희생, 제물 v 희생하다, 제물로 바치다

They made incredible sacrifices and overcame all obstacles to complete a project. 교과서
그들은 믿을 수 없는 희생을 치렀고 모든 장애를 극복하고 프로젝트를 완성했다.

0386 □□

devise
[diváiz]

ⓥ 고안하다, 발명하다

Governments also devise non-tariff barriers to trade. EBS
정부들은 또한 무역에 대한 비관세 장벽들을 고안한다.

+ **device** ⓝ 고안, 장치, 방책

0387 □□

electricity
[ilektrísəti]

ⓝ 전기

Daniel organized an effort at his school to use less electricity.
Daniel은 자신의 학교에서 전기를 덜 사용하기 위한 활동을 조직했다. 교과서

0388 □□

logical
[ládʒikəl]

ⓐ 논리적인, 타당한

We need to resolve our conflicts in a logical, commonsense way. EBS
우리는 우리의 갈등을 논리적이고 상식적인 방식으로 해결할 필요가 있다.

+ **logic** ⓝ 논리, 생각

0389 □□

inherit
[inhérit]

ⓥ 물려받다, 이어받다, 상속받다

The last thing that she expected was to inherit such wealth.
그녀가 전혀 예상치 못한 것은 그런 부를 물려받는 것이었다. EBS

↔ **leave** ⓥ 물려주다, 남기다

0390 □□

length
[leŋkθ]

ⓝ 길이, 시간

The average length of an email message was 3,150 characters. 교과서
이메일 메시지의 평균 길이는 3,150 글자였다.

+ **lengthen** ⓥ 길어지다, 늘이다

0391 □□

initial
[iníʃəl]

ⓐ 처음의, 초기의 ⓝ 머리글자

The initial stages of a relationship are usually conflict-free.
관계의 초기 단계는 대개 갈등이 없다. 학평

⊕ **initialize** ⓥ 초기화하다 **initially** ⓐⓓ 처음에

0392 □□

qualified
[kwáləfàid]

ⓐ 자격 있는, 적임의

I am uniquely qualified to offer poodle owners a lot of valuable advice on these subjects. EBS
나는 푸들 주인들에게 이런 문제들에 대한 많은 소중한 조언을 제공할 자격이 있는 유일한 사람이다.

⊕ **qualify** ⓥ 자격을 얻다 **qualification** ⓝ 자격, 자질, 자격증

0393 □□

reform
[rifɔ́ːrm]

ⓥ 개혁하다, 개선하다 ⓝ 개혁, 개선

Douglass continued to fight for reform until his death.
Douglass는 생을 마감할 때까지 개혁을 위해 계속 투쟁했다.

Voca+ re(=again)+form(형성하다, 모양을 이루다) → 다시 형성시키다, 다시 만들다

= **innovate** ⓥ 혁신하다

0394 □□

regulate
[régjulèit]

ⓥ 통제하다, 조절하다

Melatonin helps regulate the *timing* of when sleep occurs.
멜라토닌은 수면이 일어나는 때의 '타이밍'을 조절하는 데 도움을 준다. EBS

= **control** ⓥ 통제하다 **adjust** ⓥ 조절하다, 조정하다
⊕ **regulation** ⓝ 규정, 법규, 조절

0395 □□

delicate
[délikət]

ⓐ 섬세한, 연약한, 정교한

Blue was more delicate and prettier, thus more proper for girls. 교과서
파란색은 더 섬세하고 예뻐서 여자아이들에게 더 적합했다.

= **elaborate** ⓐ 정교한, 공들인
⊕ **delicacy** ⓝ 섬세함, 우아함, 맛있는 것

0396 □□

resist
[rizíst]

ⓥ 저항하다, 견디다

She couldn't resist the temptation of chocolate and ice cream. EBS

그녀는 초콜릿과 아이스크림의 유혹을 견딜 수 없었다.

Voca+ re(=against)+sist(=stand) → 대항하여 서다

⊕ **resistance** ⓝ 저항, 반대

0397 □□

restrict
[ristríkt]

ⓥ 제한하다, 한정하다

The doctor advised me to restrict my intake of caffeine to improve my sleep.

의사는 나에게 수면을 개선하기 위해 카페인 섭취를 제한하라고 충고했다.

⊜ **limit** ⓥ 제한하다, 한정하다
⊕ **restriction** ⓝ 제한, 한정

0398 □□

possess
[pəzés]

ⓥ 소유하다, 지니다, 사로잡다

Creative thinking is possessed by only a few people. 교과서

창의적인 생각은 소수의 사람들에 의해서만 소유된다.

⊜ **own** ⓥ 소유하다
⊕ **possession** ⓝ 소유, 소지품

0399 □□

be related to

~와 관계가 있다, ~와 연관되다

The map shows explicitly how various locations are related to each other. EBS

지도는 어떻게 다양한 장소들이 서로 연관되어 있는지 명백하게 보여 준다.

⊜ **have something to do with** ~와 관계가 있다
be associated with ~와 연관되다

0400 □□

contribute to

~에 기여하다, ~의 원인이 되다

There is something we ordinary teenagers can do to contribute to making a better world. 교과서

우리 보통의 십 대들은 더 나은 세상을 만드는 데 기여하기 위해 할 수 있는 무언가가 있다.

DAY 10

REVIEW TEST

A 다음 단어에 해당하는 영어 단어 또는 우리말을 쓰시오.

01 조심스러운, 신중한 ____________

02 고안하다, 발명하다 ____________

03 퇴직하다, 철수하다 ____________

04 통제하다, 조절하다 ____________

05 수직의, 세로의 ____________

06 주목할 만한, 훌륭한 ____________

07 clarify ____________

08 aboard ____________

09 permanent ____________

10 embrace ____________

11 initial ____________

12 reform ____________

B 다음 우리말에 맞도록 주어진 철자로 시작하는 단어를 쓰시오.

01 재산을 물려받다 — i________ property

02 시계의 정교한 장치 — the d________ mechanisms of a clock

03 감염을 견디다 — r________ infection

04 수평 방향 — a h________ direction

05 논리적 사고 — l________ thinking

06 자격을 갖춘 회계사 — a q________ accountant

07 임시 의학적 치료 — t________ medical treatment

08 무고한 희생자 — an innocent v________

A 01 cautious 02 devise 03 retire 04 regulate 05 vertical 06 remarkable 07 명확히 하다, 정화하다 08 (배 · 항공기 등을) 타고 09 영구적인, 영원한 10 받아들이다, 포옹하다 11 처음의, 초기의, 머리글자 12 개혁하다, 개선하다, 개혁, 개선

B 01 inherit 02 delicate 03 resist 04 horizontal 05 logical 06 qualified 07 temporary 08 victim

DAY 11

Previous Check

□ population	□ consequence	□ reference
□ foster	□ election	□ scatter
□ nurture	□ trace	□ conflict
□ available	□ wire	□ friction
□ discover	□ restore	□ asset
□ carbon	□ cognitive	□ professional
□ pressure	□ biological	□ disclose
□ accuse	□ ability	□ negotiate
□ outstanding	□ capacity	□ split
□ conversation	□ ingredient	□ have difficulty (in) -ing
□ massive	□ adversity	□ go through
□ analogy	□ intelligent	□ be regarded as
□ wound	□ multiple	
□ cause	□ exotic	

0401 □□

population
[pὰpjəléiʃən]

ⓝ 인구, 주민, 개체군

Left-handers account for about ten percent of the population. EBS

왼손잡이는 인구의 약 10%를 차지한다.

0402 □□

foster
[fɔ́(:)stər]

ⓥ 양육하다, 육성하다, 촉진하다

It is reported that the couple has fostered over 30 children during the past fifteen years.

그 부부는 지난 15년 동안 30명이 넘는 아이들을 위탁 양육해 왔다고 보도되고 있다.

0403 □□

= **nurture**
[nə́:rtʃər]

ⓥ 양육하다, 육성하다 ⓝ 양육, 교육

This was a real triumph for nurture over nature. 학평

이것은 천성에 대한 양육의 진정한 승리였다.

0404 □□

available
[əvéiləbl]

ⓐ 이용할[얻을] 수 있는, 시간이 있는

A supercomputer can suggest available treatments for specific illnesses in an automated way. 학평

슈퍼컴퓨터는 특정한 질병들에 대해 이용 가능한 치료법을 자동화된 방식으로 제안할 수 있다.

+ **availability** ⓝ 이용도

0405 □□

discover
[diskʌ́vər]

ⓥ 발견하다, 알아내다, 발굴하다

With time, they discovered techniques for producing materials that had properties superior to those of the natural ones. EBS

시간이 흐르면서, 그들은 자연적인 특성의 물질보다 더 우수한 특성을 가진 물질을 만들어 내는 기술을 발견했다.

Voca+ dis(=not)+cover(덮다, 감추다) → 덮지 않다

+ **discovery** ⓝ 발견, 발견물

0406 □□

carbon
[ká:rbən]

ⓝ 탄소

Carbon emissions trading is becoming a top strategy for reducing pollution. EBS

탄소 배출권 거래는 오염을 줄이기 위한 최고의 전략이 되고 있다.

⊞ **carbonate** ⓥ 탄화시키다

0407 □□

pressure
[préʃər]

ⓝ 압력, 압박(감)

The pressure to conform to the standards and expectations of friends is likely to be intense. 학평

친구들의 기준과 기대에 부합해야 한다는 압박감이 거세질 가능성이 있다.

⊞ **press** ⓥ 누르다, 압박하다

0408 □□

accuse
[əkjú:z]

ⓥ 고발하다, 비난하다

Ruben accused the client of theft after he refused to pay the full $3,500.

Ruben은 의뢰인이 3,500달러를 완전히 지불할 것을 거부한 후에 그를 절도죄로 고소했다.

⊟ **charge** ⓥ 고발하다, 고소하다

⊞ **accusation** ⓝ 고발, 비난 **accuse A of B** A를 B의 혐의로 고소[비난]하다

0409 □□

outstanding
[àutstǽndiŋ]

ⓐ 뛰어난, 눈에 띄는, 현저한

Einstein was one of the outstanding figures of the 20th century.

아인슈타인은 20세기의 뛰어난 인물들 중 한 명이었다.

⊟ **remarkable** ⓐ 주목할 만한 **noticeable** ⓐ 눈에 띄는

0410 □□

conversation
[kànvərséiʃən]

ⓝ 대화, 대담

Conversation is placed at the top of the list of things to understand. 학평

대화가 이해해야 할 것들의 목록 중 맨 위에 놓인다.

⊟ **discourse** ⓝ 담화, 강연

0411 □□

massive
[mǽsiv]

ⓐ 거대한, 대량의

Too often, we convince ourselves that massive success requires massive action. 학평

너무 자주, 우리는 거대한 성공에는 거대한 행동이 필요하다고 굳게 믿는다.

= **enormous** ⓐ 거대한, 매우 큰
↔ **tiny** ⓐ 아주 작은

0412 □□

analogy
[ənǽlədʒi]

ⓝ 비유, 유사, 유추

An analogy often given for sound is that of throwing a small stone onto the surface of a still pond. 학평

소리 현상에 대해 자주 언급되는 비유는 작은 돌멩이를 고요한 연못 표면에 던지는 것이다.

= **metaphor** ⓝ 은유, 비유 **similarity** ⓝ 유사

0413 □□

wound
[wuːnd]

ⓥ 상처를 입히다, 감정을 상하게 하다 ⓝ 상처, 부상

By the end of World War I in 1918, the empire was fatally wounded. EBS

1918년 제1차 세계 대전이 끝날 무렵에, 그 제국은 치명적으로 상처를 입었다.

= **injure** ⓥ 상처를 입히다

0414 □□

cause
[kɔːz]

ⓥ 원인이 되다, 야기[초래]하다 ⓝ 원인

Dirty earphones can cause an infection or skin trouble inside your ears. 학평

더러운 이어폰은 당신의 귀 안에 감염이나 피부 문제를 야기할 수 있다.

↔ **effect** ⓝ 결과, 효과

0415 □□

↔ **consequence**
[kánsəkwèns]

ⓝ 결과, 영향(력), 중요함

They're especially likely to ignore consequences that are thought to affect only a few people. EBS

그들은 특히 소수의 사람들에게 영향을 준다고 생각되는 결과들을 무시하는 경향이 있다.

= **result** ⓝ 결과
+ **consequent** ⓐ 결과로서 일어나는 **consequently** ⓐⓓ 그 결과로

0416 □□

election
[ilékʃən]

ⓝ 선거, 당선

May argued that the results of the election were not the "true outcome."

May는 선거의 결과들이 '진정한 결과'가 아니라고 주장했다.

\+ **elect** ⓥ 선출하다, 선택하다

0417 □□

trace
[treis]

ⓥ 추적하다, 추적하여 찾아내다 ⓝ 자취, 흔적

A localization economy can be traced to the desire of individuals to compare products. EBS

집적 경제는 제품을 비교하고자 하는 개인들의 욕구에서 온 것으로 추적될 수 있다.

= **track** ⓥ 추적하다 ⓝ 흔적, 자취

0418 □□

wire
[waiər]

ⓝ 철사, 전선 ⓥ (전선을) 연결하다

But scientists have a saying: "neurons that fire together, wire together." 학평

그러나 과학자들은 "함께 활성화되는 뉴런들은 함께 연결된다."라고 말한다.

0419 □□

restore
[ristɔ́ːr]

ⓥ 회복시키다, 복원하다, 되찾다

His sight was restored through a surgery in his forties. 학평

그의 시력이 40대에 수술을 통해 회복되었다.

= **reconstruct** ⓥ 재건하다, 복원하다

\+ **restoration** ⓝ 복구, 회복

0420 □□

cognitive
[kágnitiv]

ⓐ 인식의, 인지의

Explicitly cognitive learning consists of a series of planned but weakly controlled experiments. EBS

명백하게 인지적인 학습은 계획적이지만 약하게 통제되는 일련의 실험으로 구성된다.

\+ **cognition** ⓝ 인식, 인지

0421 □□

biological
[bàiəlɑ́dʒikəl]

ⓐ 생물학의, 생(물)체의

All of these events have the ability to reset the biological clock. 학평

이 모든 경우들은 생체 시계를 재설정하는 능력이 있다.

+ **biology** ⓝ 생물학 **biologist** ⓝ 생물학자

0422 □□

ability
[əbíləti]

ⓝ 능력, 재능

Creative thinking is the ability to imagine or invent something new. 교과서

창의적 사고는 새로운 것을 상상하거나 발명하는 능력이다.

+ **able** ⓐ ~할 수 있는, 유능한

0423 □□

= **capacity**
[kəpǽsəti]

ⓝ 용량, 수용력, 능력

If 25 people are expected to attend your presentation, find a space with a maximum capacity of 30 instead of 100.

만약 25명의 사람들이 여러분의 발표에 참석할 것으로 예상된다면, 최대 수용량이 100명이 아니라 30명인 공간을 찾아라.

↔ **incapacity** ⓝ 무능, 무력
+ **capable** ⓐ ~할 수 있는, 능력 있는

0424 □□

ingredient
[ingríːdiənt]

ⓝ (요리의) 재료, 성분, 구성 요소

Worse, some contain ingredients not listed on the label. 학평

더 심각한 것은, 어떤 것들은 라벨에 실려 있지 않은 성분을 포함한다.

= **component** ⓝ 성분, 구성 요소

0425 □□

adversity
[ædvə́ːrsəti]

ⓝ 역경, 불운

This powerful capacity we all possess to some degree, is our ability to bend, not break, in the face of adversity.

우리 모두가 어느 정도 가지고 있는 이 강력한 능력은 역경에 직면하여 꺾이지 않고 구부러지는 우리의 능력이다.

= **hardship** ⓝ 고난, 곤경

0426 □□

intelligent
[intélidʒənt]

ⓐ 지적인, 지성을 갖춘

Coming up with sophisticated and intelligent ideas is your responsibility. EBS

정교하고 지적인 아이디어를 생각해 내는 것은 여러분의 책임이다.

⊞ **intelligence** ⓝ 지능, 지성

0427 □□

multiple
[mʌ́ltəpl]

ⓐ 다수의, 많은, 복합적인

Some train stations had multiple clocks hung on their walls. EBS

몇몇 기차역은 벽에 다수의 시계를 걸어 놓았다.

Voca+ **multi**(=many)+**ple**(=fold) → 여러 겹의

⊟ **numerous** ⓐ 다수의, 많은

0428 □□

exotic
[igzátik]

ⓐ 외국의, 이국적인

Exotic pets are more likely to be wild animals that were caught and not bred in captivity to be domesticated.

이국적인 애완동물은 길들이기 위해 포획되어 사육되지 않은 야생 동물일 가능성이 더 크다.

⊟ **foreign** ⓐ 외국의, 외국산의

0429 □□

reference
[réfərəns]

ⓝ 언급, 참조, 추천서, 참고 문헌

The reference to his past mistake is to be found at the beginning of his second narrative.

그의 과거 실수에 대한 언급은 그의 두 번째 이야기의 처음에 발견된다.

⊞ **refer** ⓥ 조회하다, 문의하다, 참조시키다

0430 □□

scatter
[skǽtər]

ⓥ (흩)뿌리다, 흩어지다[흩어지게 하다]

All the infrared rays of the color spectrum are absorbed and scattered by the water. EBS

색 스펙트럼의 모든 적외선이 물에 흡수되고 흩어진다.

⊟ **disperse** ⓥ 흩어지다, 해산시키다
⊖ **assemble** ⓥ 모으다, 집합시키다

0431 □□

conflict
ⓝ [kánflikt]
ⓥ [kənflíkt]

ⓝ 갈등, 충돌 ⓥ 충돌[대립]하다

The country tries to recover after years of distrust and conflict.

그 나라는 다년간의 불신과 갈등이 있은 후에 회복하려고 노력한다.

0432 □□

friction
[fríkʃən]

ⓝ 마찰, 갈등

The amount of friction depends on the surface materials.

마찰의 양은 표면 물질에 따라 달라진다. 학평

0433 □□

asset
[ǽset]

ⓝ 자산, 재산

For elephants, selective hunting converted a disadvantage into an asset and vice versa. EBS

코끼리에게 선택적인 사냥은 단점을 자산으로 전환하고, 그 반대도 마찬가지이다.

= **property** ⓝ 재산, 부동산

0434 □□

professional
[prəféʃənəl]

ⓐ 직업의, 전문적인 ⓝ 전문가, 프로 (선수)

Professional cherry growers plant their trees on private land.

전문적인 체리 재배자는 자신들의 나무를 사적인 소유지에 심는다. EBS

\+ **profession** ⓝ (전문적인) 직업, 전문직

0435 □□

disclose
[disklóuz]

ⓥ 밝히다, 폭로하다, 드러내다

Steven was hesitant at first but soon disclosed his secret.

Steven은 처음에는 주저했지만, 곧 자신의 비밀을 밝혔다. EBS

Voca+ dis(=not)+close(닫다) → 닫지 않다

= **reveal** ⓥ 폭로하다, 드러내다

\+ **disclosure** ⓝ 폭로, 밝혀진 사실

0436 □□

negotiate
[nigóuʃièit]

ⓥ 협상[교섭]하다, 타결하다

Then they can consider and negotiate with their external pressures. 학평

그러고 나서 그들은 외적인 부담에 대해 고려하고 협상할 수 있다.

➕ **negotiation** ⓝ 협상

0437 □□

split
[split]

ⓥ 나누다[나뉘다], 분열하다, 갈라지다

Life diversified over time by successive branchings, with new species splitting away from old. EBS

생명은 시간이 지남에 따라 새로운 종들이 오래된 종들로부터 갈라지면서 연이은 가지치기로 인해 다양해졌다.

= **divide** ⓥ 나누다
↔ **join** ⓥ 결합하다

0438 □□

have difficulty (in) -ing

~하는 데 어려움을 겪다

Maybe it was someone you had difficulty working with. 교과서

아마도 그것은 여러분이 함께 일하기 어려운 사람이었을 것이다.

= **have trouble[a hard time] -ing** ~하는 데 어려움을 겪다

0439 □□

go through

~을 겪다, ~을 거치다, ~을 조사하다

Our brain actually has to go through several steps before deciding anything. 교과서

우리의 뇌는 사실 어떤 것을 결정하기 전에 몇 가지 단계를 거쳐야 한다.

= **undergo** ⓥ 경험하다

0440 □□

be regarded as

~으로 간주되다[여겨지다]

So a patient whose heart has stopped can no longer be regarded as dead. 학평

그래서 심장이 멎은 환자는 사망한 것으로 더 이상 간주될 수 없다.

= **be considered[viewed] as** ~으로 여겨지다
be thought of as ~으로 여겨지다

DAY 11

REVIEW TEST

A 다음 단어에 해당하는 영어 단어 또는 우리말을 쓰시오.

01 발견하다, 알아내다	________	07 outstanding	________
02 압력, 압박(감)	________	08 wound	________
03 고발하다, 비난하다	________	09 election	________
04 비유, 유사, 유추	________	10 trace	________
05 자산, 재산	________	11 friction	________
06 나누다, 갈라지다	________	12 negotiate	________

B 다음 우리말에 맞도록 주어진 철자로 시작하는 단어를 쓰시오.

01 천성과 교육	nature and n________
02 거대한 규모로	on a m________ scale
03 외교 관계를 회복하다	r________ diplomatic relations
04 아동 인지 발달	a child's c________ development
05 신체에 유해한 성분	an i________ toxic to the body
06 역경의 훈련	the discipline of a________
07 그 난초의 이국적인 꽃	the e________ blooms of the orchid
08 남의 비밀을 폭로하다	d________ another's secret

A 01 discover 02 pressure 03 accuse 04 analogy 05 asset 06 split 07 뛰어난, 눈에 띄는, 현저한 08 상처를 입히다, 감정을 상하게 하다, 상처, 부상 09 선거, 당선 10 추적하다, 추적하여 찾아내다, 자취, 흔적 11 마찰, 갈등 12 협상[교섭]하다, 타결하다

B 01 nurture 02 massive 03 restore 04 cognitive 05 ingredient 06 adversity 07 exotic 08 disclose

DAY 12

Previous Check

- □ modern
- □ contemporary
- □ urgent
- □ relevant
- □ explicit
- □ approve
- □ confront
- □ poverty
- □ wealth
- □ integrate
- □ destructive
- □ hierarchy
- □ expertise
- □ reproduce
- □ frequency
- □ identical
- □ reinforce
- □ strengthen
- □ industrial
- □ classify
- □ mutual
- □ decorate
- □ potential
- □ possibility
- □ implement
- □ widespread
- □ resemble
- □ fundamental
- □ enthusiastic
- □ consult
- □ disadvantage
- □ drawback
- □ steady
- □ primitive
- □ dominant
- □ inhabit
- □ adolescence
- □ attach
- □ in terms of
- □ bring about

0441 □□

modern
[mádərn]

ⓐ 현대의 ⓝ 현대인

Most of the equipment used in today's modern hospital is computerized. EBS

오늘날 현대 병원에서 사용되는 장비의 대부분은 컴퓨터화되어 있다.

↔ **ancient** ⓐ 고대의
+ **modernize** ⓥ 현대화하다 **modernity** ⓝ 현대성

0442 □□

contemporary
[kəntémpərèri]

ⓐ 동시대의, 현대의, 당대의 ⓝ 동시대인

In contemporary culture, the benefits and drawbacks of multitasking are often discussed. EBS

현대 문화에서, 다중 작업의 이점과 단점이 흔히 논의된다.

Voca+ **con**(=together)+**tempor**(=time)+**ary**(형용사형 접미사) → 그 시대에 함께 있는

0443 □□

urgent
[ə́ːrdʒənt]

ⓐ 긴급한, 시급한

This is an ever-changing emergency situation that requires urgent attention right now.

지금은 긴급한 주의가 당장 필요한 끊임없이 변화하는 비상 상황이다.

+ **urgently** ⓐⓓ 급히, 절실하게

0444 □□

relevant
[réləvənt]

ⓐ 관련된, 적절한, 유의미한

To check a given hypothesis, we need data relevant to the hypothesis. EBS

주어진 가설을 확인하기 위해, 우리는 그 가설과 관련된 데이터가 필요하다.

↔ **irrelevant** ⓐ 무관한, 상관없는
+ **relevance** ⓝ 관련(성), 적합성

0445 □□

explicit
[iksplísit]

ⓐ 분명한, 명백한, 솔직한

Goal-driven learning is driven by explicit learning goals of the reasoner. EBS

목표 지향적인 학습은 추론자의 분명한 학습의 목표에 의해 추진된다.

↔ **implicit** ⓐ 함축적인, 암시적인
+ **explicitly** ⓐⓓ 명확하게, 명시적으로

0446 □□

approve
[əprúːv]

ⓥ 승인하다, 찬성하다, 인가하다

In one particular group, an incredible 76 percent actually approved. 학평

한 특정 그룹에서, 놀랍게도 76퍼센트가 실제로 찬성했다.

↔ **disapprove** ⓥ 찬성하지 않다
+ **approval** ⓝ 승인, 찬성, 시인

0447 □□

confront
[kənfrʌ́nt]

ⓥ 맞서다, 직면하게 만들다

Confronted by a strange object, an inexperienced animal may freeze or attempt to hide. EBS

낯선 대상에 직면하면, 경험이 없는 동물은 얼어붙거나 숨으려고 할 수도 있다.

+ **confrontation** ⓝ 직면, 조우, 대치

0448 □□

poverty
[pávərti]

ⓝ 가난, 빈곤

Some Latin Americans hate the consumption of insects and associate it with poverty. 학평

일부 라틴 아메리카 사람들은 곤충 섭취를 싫어하며 그것을 빈곤과 연관 짓는다.

0449 □□

↔ **wealth**
[welθ]

ⓝ 부, 재산, 풍부

I have found wealth to be a personality multiplier. EBS

나는 부가 인격을 배가시킨다는 것을 발견했다.

= **fortune** ⓝ 부, 재산 **abundance** ⓝ 풍부
+ **wealthy** ⓐ 부유한

0450 □□

integrate
[íntəgrèit]

ⓥ 통합하다, 통합되다

With this, the function of the composer became integrated into the recording process. EBS

이와 함께 작곡가의 기능이 녹음 과정에 통합되었다.

= **combine** ⓥ 결합시키다
↔ **separate** ⓥ 분리하다, 가르다

0451 □□

destructive
[distrʌ́ktiv]

ⓐ 파괴적인

The nineteenth and early-twentieth centuries saw destructive outbreaks of cholera, typhoid, and influenza in European cities. 학평

19세기와 20세기 초에 유럽의 도시들에서 콜레라, 장티푸스, 그리고 독감의 파괴적인 발병이 있었다.

↔ **constructive** ⓐ 건설적인
\+ **destruction** ⓝ 파괴

0452 □□

hierarchy
[háiərɑ̀ːrki]

ⓝ 위계, 계급(제), 지배층

Hierarchy is probably the most common form of organizing the workplace. EBS

위계는 아마도 일터를 조직하는 가장 흔한 형태일 것이다.

\+ **hierarchical** ⓐ 계급 제도[조직]의

0453 □□

expertise
[èkspəːrtíːz]

ⓝ 전문 지식[기술]

Being informed on a wide range of topics outside your area of expertise can be immensely helpful in building social bridges. EBS

여러분의 전문 지식 영역 밖에 있는 광범위한 주제에 대해 알게 되는 것은 사회 교량을 구축하는 데 엄청나게 도움이 될 수 있다.

\+ **expert** ⓝ 전문가

0454 □□

reproduce
[rìːprədjúːs]

ⓥ 복제하다, 재생하다, 번식하다

Tuskless elephants usually lived to reproduce. EBS

엄니가 없는 코끼리는 보통 번식할 수 있을 만큼 생존했다.

\+ **reproduction** ⓝ 재생, 복제, 번식

0455 □□

frequency
[fríːkwənsi]

ⓝ 빈도, 빈번함, 진동(수), 주파수

Sickle cell is found in high frequency in malarial regions. 학평

낫 모양의 적혈구는 말라리아 지역에서 높은 빈도로 발견된다.

\+ **frequent** ⓐ 빈번한

0456 □□

identical
[aidéntikəl]

ⓐ 동일한, 일치하는

Why are originals more valuable than an identical copy?
왜 원본이 동일한 복제본보다 더 가치가 있는가? EBS

⊕ **identify** ⓥ 동일시하다, 확인하다

0457 □□

reinforce
[rìːinfɔ́ːrs]

ⓥ 강화하다, 증강하다, 보강하다

Simply looking at natural landscapes can reinforce our capacity to focus. EBS
단순히 자연 경관을 보는 것만으로도 우리의 집중 능력을 강화할 수 있다.

↔ **weaken** ⓥ 약하게 하다
⊕ **reinforcement** ⓝ 보강, 강화, 반응 강화 **reinforcer** ⓝ 강화물

0458 □□

= **strengthen**
[stréŋkθən]

ⓥ 강화하다, 견고히 하다

Emoticons were useful in strengthening the intensity of a verbal message. 학평
이모티콘은 언어적 메시지의 강도를 강화하는 데 유용했다.

0459 □□

industrial
[indʌ́striəl]

ⓐ 산업의, 공업의

Industrial architecture, the argument went, was ugly and inhuman. 학평
산업 건축은, 그 주장에 따르면, 추하고 비인간적이었다.

⊕ **industry** ⓝ 산업, 공업 **industrious** ⓐ 근면한, 열심인

0460 □□

classify
[klǽsəfài]

ⓥ 분류하다, 구분하다

To describe a given animal as carnivorous is to classify it as a carnivore.
주어진 동물을 육식 동물로 묘사하는 것은 그것을 육식 동물로 분류하는 것이다.

Voca⁺ **class**(계급)+**ify**(동사형 접미사) → 계급을 만들다

= **categorize** ⓥ 분류하다, 유별하다
⊕ **classification** ⓝ 분류, 유별

0461 □□

mutual
[mjúːtʃuəl]

ⓐ 상호 간의, 서로의, 공동[공통]의

We move away from unstable self-sufficiency to safer mutual interdependence. 학평

우리는 불안정한 자급자족에서 더 안전한 서로의 상호 의존으로 옮겨간다.

= **reciprocal** ⓐ 상호의

0462 □□

decorate
[dékərèit]

ⓥ 장식하다, 꾸미다

In 1920s homes, every room was decorated with a variety of woodworking tools.

1920년대 집에서는, 모든 방이 다양한 목공 도구로 장식되었다.

+ **decoration** ⓝ 장식

0463 □□

potential
[pəténʃəl]

ⓐ 잠재적인, 가능성 있는 ⓝ 잠재력, 가능성

Some potential employees don't seek employment with the company. EBS

일부 잠재적인 근로자들은 그 회사와의 고용을 추구하지 않는다.

+ **potentially** ⓐⓓ 잠재적으로, 어쩌면

0464 □□

= **possibility**
[pɑ̀səbíləti]

ⓝ 가능성, 실현성, 장래성

When you are right about something, you close off the possibility of another viewpoint or opportunity. 학평

여러분이 어떤 일에 대해 옳다면, 여러분은 다른 관점이나 기회의 가능성을 닫아 버린다.

↔ **impossibility** ⓝ 불가능(성)

0465 □□

implement
[ímpləmènt]

ⓥ 이행하다, 실행하다 ⓝ 도구

The mental experience of conscious free will may simply justify what our brains have already decided to implement. EBS

의식적인 자유 의지에 대한 정신적 경험은 우리의 뇌가 실행하기로 이미 결정한 것을 단순히 정당화하는 것일 수도 있다.

= **carry out** ~을 실행하다 **tool** ⓝ 도구

0466 □□

widespread
[wáidsprèd]

ⓐ 널리 퍼진, 광범위한

Gathering firewood was also common until after the war and caused widespread harm to the forest. EBS

땔나무를 모으는 것 또한 전쟁이 끝난 후까지 흔했고 숲에 광범위한 피해를 주었다.

= **prevalent** ⓐ 널리 퍼져 있는 **extensive** ⓐ 광대한, 넓은

0467 □□

resemble
[rizémbl]

ⓥ 닮다, 유사하다

The thick leaves resemble the cleft in an animal's foot. 학평

그 두꺼운 잎은 동물 발의 갈라진 틈과 닮았다.

Voca+ re(강조)+semble(=like) → 매우 비슷하다

= **take after** ~와 닮다

0468 □□

fundamental
[fʌ̀ndəméntəl]

ⓐ 근본적인, 본질적인, 필수적인

There is nothing more fundamental to the human spirit than the need to be mobile. 학평

인간의 정신에는 이동하려는 욕구보다 더 근본적인 것은 없다.

= **essential** ⓐ 근본적인, 필수적인

0469 □□

enthusiastic
[inθjù:ziǽstik]

ⓐ 열정적인, 열렬한, 열심인

Because he was so enthusiastic, he got others to take him seriously. EBS

그는 매우 열정적이었기 때문에, 다른 이들이 자신을 진지하게 받아들이도록 했다.

= **passionate** ⓐ 열렬한, 열정적인
\+ **enthusiasm** ⓝ 열심, 열중, 열정

0470 □□

consult
[kənsʌ́lt]

ⓥ 상담하다, 상의하다, 참고하다

It helps to consult a broad range of people who have a stake in the decision you're making. EBS

여러분이 내리려는 결정에 이해관계가 있는 폭넓은 범위의 사람들과 상의하는 것이 도움이 된다.

\+ **consultant** ⓝ 컨설턴트, 고문

0471 □□

disadvantage
[dìsədvǽntidʒ]

ⓝ 단점, 약점, 불이익

Being tall is an advantage for an NBA player, but a disadvantage for a coal miner.

키가 크다는 것은 NBA 선수에게는 장점이지만, 광부에게는 단점이다.

↔ **advantage** ⓝ 이점, 장점

0472 □□

drawback
[drɔ́ːbæ̀k]

ⓝ 단점, 결점, 장애

There have been a lot of conversations about the benefits and drawbacks of multitasking.

멀티태스킹의 장점 및 단점에 관해 많은 대화가 있어 왔다.

= **barrier** ⓝ 장애, 방해

↔ **benefit** ⓝ 장점, 이익

0473 □□

steady
[stédi]

ⓐ 꾸준한, 한결같은

The combination of lower prices and a greater selection led to the slow, steady rise of online bookstores. 학평

더 낮은 가격과 더 많은 선택의 결합은 느리면서 꾸준한 온라인 서점의 상승으로 이어졌다.

= **constant** ⓐ 꾸준한, 일정한

+ **steadily** ⓐⓓ 꾸준히, 견실하게

0474 □□

primitive
[prímitiv]

ⓐ 원시의, 원시적인

These primitive people would not have simply made random sounds or gestures. 학평

이 원시인들은 단순히 무작위적인 소리를 내거나 몸짓을 하지 않았을 것이다.

Voca+ prim(=first)+itive(형용사형 접미사) → 최초의

0475 □□

dominant
[dámənənt]

ⓐ 우세한, 지배적인

Not all left-handers are right brain dominant. EBS

모든 왼손잡이들이 우뇌가 우세한 것은 아니다.

↔ **subordinate** ⓐ 종속하는, 하급의

+ **dominate** ⓥ 우세하다, 지배하다 **dominance** ⓝ 우세, 지배

0476 □□

inhabit
[inhǽbit]

ⓥ 거주하다, 살다

Species inhabiting unstable environments are opportunists. EBS
불안정한 환경에 서식하는 종들은 기회주의자들이다.

= **dwell** ⓥ 거주하다, 살다 **reside** ⓥ 거주하다, 살다
+ **inhabitant** ⓝ 거주자, 서식 동물

0477 □□

adolescence
[æ̀dəlésəns]

ⓝ 청소년기

Outside influences become increasingly important, especially during middle childhood and adolescence. EBS
외부의 영향력은 특히 유년기 중반부와 청소년기에 점점 더 중요해진다.

+ **adolescent** ⓝ 청소년 ⓐ 청년기의

0478 □□

attach
[ətǽtʃ]

ⓥ 붙이다, 첨부하다

They were taught how to tie the ropes that were attached to the sails. 교과서
그들은 돛에 부착된 밧줄을 묶는 법을 배웠다.

↔ **detach** ⓥ 떼어 내다
+ **attachment** ⓝ 애착

0479 □□

in terms of

~의 관점에서, ~에 관해서

We shouldn't look at the changes that occur in teens' brains only in terms of maturity. 교과서
우리는 십 대들의 뇌에서 일어나는 변화들을 성숙이라는 관점에서만 보아서는 안 된다.

0480 □□

bring about

~을 야기[초래]하다, ~을 유발하다

A number of artists have attempted to bring about changes in social and political structures. EBS
많은 예술가들은 사회 정치적 구조에 변화를 야기하기 위한 시도를 해 왔다.

= **cause** ⓥ 야기하다

DAY 12

REVIEW TEST

A 다음 단어에 해당하는 영어 단어 또는 우리말을 쓰시오.

01 긴급한, 시급한 ________

02 분류하다, 구분하다 ________

03 가난, 빈곤 ________

04 전문 지식[기술] ________

05 우세한, 지배적인 ________

06 붙이다, 첨부하다 ________

07 contemporary ________

08 integrate ________

09 hierarchy ________

10 reproduce ________

11 implement ________

12 enthusiastic ________

B 다음 우리말에 맞도록 주어진 철자로 시작하는 단어를 쓰시오.

01 그 주제와 관련된 문제들 matters r________ to the subject

02 즉석에서 승인할 수 있는 able to a________ on the spot

03 불안의 파괴적인 영향 the d________ effects of anxiety

04 파동의 주파수 순서 the order of f________ of the waves

05 공교육 제도를 강화하다 r________ public education systems

06 그들 상호의 이익이 되도록 to their m________ advantage

07 근본적으로 중요한 질문 a question of f________ importance

08 그 계획의 유일한 단점 the plan's only d________

A 01 urgent 02 classify 03 poverty 04 expertise 05 dominant 06 attach
07 동시대의, 현대의, 당대의, 동시대인 08 통합하다, 통합되다 09 위계, 계급(제), 지배층 10 복제하다, 재생하다, 번식하다
11 이행하다, 실행하다, 도구 12 열정적인, 열렬한, 열심인

B 01 relevant 02 approve 03 destructive 04 frequency 05 reinforce 06 mutual 07 fundamental
08 drawback

Word BASIC
∞ master

Word
∞ master

STEP 2

주제별 어휘로 실력 다지기

Word BASIC
master

DAY 13

Previous Check

- □ applause
- □ glance
- □ crawl
- □ hesitate
- □ make sense of
- □ eager
- □ impatient
- □ frank
- □ arrogant
- □ humble
- □ awkward
- □ sincere
- □ genuine
- □ anticipate
- □ responsible
- □ tolerate
- □ endure
- □ put up with
- □ depression
- □ ashamed
- □ delight
- □ fascinated
- □ resent
- □ irritate
- □ humiliate
- □ impulse
- □ reluctant
- □ astonished
- □ miserable
- □ arouse
- □ frustrated
- □ empathy
- □ offend
- □ compassion
- □ despair
- □ confident
- □ jealous
- □ ridiculous
- □ generous
- □ faithful

동작

0481 □□

applause
[əplɔ́:z]

ⓝ 박수갈채

She walked into the thunder of applause with a big smile.
그녀는 활짝 웃음을 지으며 우레와 같은 박수갈채를 받으며 걸어 들어갔다. 학평

⊕ **applaud** ⓥ 박수갈채하다, 성원하다

0482 □□

glance
[glæns]

ⓥ 힐긋[얼핏] 보다 ⓝ 힐긋 봄

She glanced at the question and immediately knew what the answer was. EBS
그녀는 그 문제를 힐긋 보고 답이 무엇인지 즉시 알았다.

= **glimpse** ⓥ 잠깐[언뜻] 보다 ⓝ 언뜻 봄, 일견

0483 □□

crawl
[krɔ:l]

ⓥ 기어가다, 서행하다 ⓝ 기어가기, 서행

I felt really sorry for him, watching him crawl around looking for his glasses. 교과서
나는 그가 자신의 안경을 찾아 여기저기 기어다니는 모습을 보고 정말로 미안함을 느꼈다.

= **creep** ⓥ 기어가다, 살금살금 걷다

0484 □□

hesitate
[hézitèit]

ⓥ 주저하다, 망설이다

Don't hesitate to take hold of the opportunity. 학평
기회를 잡는 것을 주저하지 말라.

⊕ **hesitation** ⓝ 주저, 망설임

0485 □□

make sense of

~을 이해하다, ~을 파악하다

Every time we learn, or remember, or make sense of something, we solve a problem. 학평
우리가 무언가를 배우거나, 기억하거나, 이해할 때마다, 우리는 문제를 해결한다.

태도

0486 □□

eager
[íːgər]

ⓐ 열망하는, 열심인

The atmosphere was comfortable, and Mrs. Hughes seemed eager to tell her story.
분위기는 편안했고, Hughes 부인은 자신의 사연을 간절히 말하고 싶어 하는 것처럼 보였다.

+ **eagerly** ad 간절히, 열심히

0487 □□

impatient
[impéiʃənt]

ⓐ 참을 수 없는, 성급한

This is a story about a child impatient to grow up.
이것은 어른이 되고 싶어서 안달인 한 아이에 관한 이야기이다.

Voca+ **im**(=not)+**patient**(참을성이 있는) → 참을성이 없는

0488 □□

frank
[fræŋk]

ⓐ 솔직한, 숨김없는

She was frank enough to admit that it was all her fault.
그녀는 그것이 모두 본인의 잘못이라는 것을 인정할 정도로 솔직했다.

+ **frankly** ad 솔직하게

0489 □□

arrogant
[ǽrəgənt]

ⓐ 거만한, 오만한

Paying attention to some people and not others doesn't mean you're being arrogant. 학평
일부 사람들에게 주의를 기울이고 다른 사람들에게 그렇게 하지 않는 것이 당신이 거만하게 굴고 있다는 것을 의미하지는 않는다.

+ **arrogance** ⓝ 거만, 불손

0490 □□

↔ **humble**
[hʌ́mbl]

ⓐ 겸손한, 비천한

He was deeply humble at heart but arrogant in appearance.
그는 속으로는 매우 겸손했지만 외관상으로는 거만했다.

= **modest** ⓐ 겸손한, 삼가는

0491 □□

awkward
[ɔ́ːkwərd]

ⓐ 서투른, 어색한

He felt somewhat awkward in his new suit.
그는 자신의 새로운 정장을 입고 약간 어색해했다.

⊞ **awkwardly** ⓐⓓ 서투르게, 어색하게

0492 □□

sincere
[sinsíər]

ⓐ 진실된, 진심의

Please accept my sincere apologies for that error. EBS
그 잘못에 대한 저의 진심 어린 사과를 받아 주시기 바랍니다.

⊞ **sincerity** ⓝ 성실, 정직 **sincerely** ⓐⓓ 진심으로

0493 □□

genuine
[dʒénjuin]

ⓐ 진짜의, 진실한

A genuine smile will impact on the muscles and wrinkles around the eyes. 학평
진짜 미소는 눈가 근육과 주름에 영향을 줄 것이다.

Voca+ gen(u)(=birth)+ine(형용사형 접미사) → 타고난 그대로의

0494 □□

anticipate
[æntísəpèit]

ⓥ 기대하다, 예상하다

The process of learning how to see was more difficult than he'd anticipated. 학평
보는 방법을 배우는 과정은 그가 예상했던 것보다 더 어려웠다.

⊟ **expect** ⓥ 기대하다, 예상하다
⊞ **anticipation** ⓝ 기대, 예상

0495 □□

responsible
[rispɑ́nsəbl]

ⓐ 책임감 있는, 책임이 있는

My dad was a responsible man dealing with an irresponsible kid. 학평
나의 아버지는 무책임한 아이를 다루는 책임감 있는 사람이었다.

↔ **irresponsible** ⓐ 무책임한
⊞ **responsibility** ⓝ 책임, 책무

0496 □□

tolerate
[tálərèit]

ⓥ 참다, 견디다, 용인하다

They will delay taking action because they cannot tolerate being imperfect.
그들은 불완전한 것을 참을 수 없기 때문에 행동을 취하는 것을 미룰 것이다.

= **bear** ⓥ 참다

0497 □□

endure
[indjúər]

ⓥ 견디다, 참다

Black boxes must be able to endure the impact of falling from the sky. 교과서
블랙박스는 하늘에서 떨어지는 충격을 견딜 수 있어야 한다.

+ **endurance** ⓝ 인내

0498 □□

put up with

~을 참다, ~을 참고 견디다

It was well worth putting up with the cold weather. 교과서
추운 날씨를 참을 만한 가치가 충분히 있었다.

감정과 표정

0499 □□

depression
[dipréʃən]

ⓝ 우울(증), 불황

Regular consumption of energy drinks is associated with anxiety and depression. EBS
잦은 에너지 음료 소비는 불안 및 우울과 관련이 있다.

+ **depress** ⓥ 우울하게 하다, 침체시키다

0500 □□

ashamed
[əʃéimd]

ⓐ 부끄러워하는

You don't have to be ashamed or guilty of your decision.
당신은 자신의 결정에 대해서 부끄러워하거나 죄의식을 가질 필요가 없다.

0501 □□

delight
[diláit]

ⓝ 기쁨 ⓥ 기쁘게 하다

To his delight, word finally came that he had passed his examinations. EBS

기쁘게도, 그가 시험에 합격했다는 소식이 마침내 왔다.

+ **delightful** ⓐ 즐거운, 마음에 드는

0502 □□

fascinated
[fǽsənèitid]

ⓐ 매료된, 매혹된

Children tend to be fascinated by animals. 학평

아이들은 동물에 매료되는 경향이 있다.

+ **fascinate** ⓥ 매혹하다 **fascinating** ⓐ 매혹적인

0503 □□

resent
[rizént]

ⓥ 화를 내다, 분개하다

Why do many Muslims deeply resent the West?

왜 많은 무슬림들이 서양 국가들에게 심하게 분개하는가?

+ **resentful** ⓐ 분개한 **resentment** ⓝ 분개, 원한

0504 □□

irritate
[írităeit]

ⓥ 짜증나게[화나게] 하다, 거슬리다

It can seem as if others are intentionally doing these things just to irritate you. EBS

마치 다른 사람들이 오직 당신을 화나게 하기 위해 일부러 이런 것들을 하고 있는 것처럼 보일 수 있다.

+ **irritated** ⓐ 짜증이 난 **irritation** ⓝ 짜증, 짜증나게 하는 것

0505 □□

humiliate
[*h*juːmílièit]

ⓥ 창피를 주다, 굴욕감을 느끼게 하다

Don't ever humiliate people in public!

공개적인 장소에서 사람들에게 창피를 주지 마라!

Voca+ **humili**(=humble)+**ate**(동사형 접미사) → 미천하게 만들다

= **insult** ⓥ 창피를 주다, 모욕하다

+ **humiliation** ⓝ 굴욕, 수치

0506 □□

impulse
[ímpʌls]

ⓝ 충동

Most societies were governed by the momentary impulse of their tyrannical rulers. EBS

대부분의 사회가 전제적인 통치자들의 순간적인 충동에 의해서 통치되었다.

+ **impulsive** ⓐ 충동적인

0507 □□

reluctant
[rilʌ́ktənt]

ⓐ (마음이) 내키지 않는, 꺼리는

We are always reluctant to make long-term changes because they can be uncomfortable. EBS

우리는 장기간의 변화를 만들기를 항상 꺼리는데 그것이 불편할 수 있기 때문이다.

↔ **willing** ⓐ 기꺼이 ~하는

0508 □□

astonished
[əstániʃt]

ⓐ 깜짝 놀란

Astronomers were astonished to discover that space was much more crowded than they had thought. 학평

천문학자들은 우주가 자신들이 생각했던 것보다 훨씬 더 복잡하다는 것을 발견하고 깜짝 놀랐다.

+ **astonish** ⓥ 놀라게 하다 **astonishing** ⓐ 놀라운, 놀랄 만한

0509 □□

miserable
[mízərəbl]

ⓐ 비참한, 불쌍한

Don't act like you're the most miserable person in the world, because you are not. 교과서

당신이 세상에서 가장 비참한 사람인 것처럼 행동하지 마세요, 왜냐하면 당신은 그렇지 않으니까요.

0510 □□

arouse
[əráuz]

ⓥ 불러일으키다, 유발하다, 깨우다

Warm colors can arouse various emotions, ranging from comfort to anger. 교과서

따뜻한 색은 편안함에서 분노에 이르기까지 다양한 감정을 불러일으킬 수 있다.

= **awaken** ⓥ 깨우다, 불러일으키다

0511 □□

frustrated
[frʌ́strèitid]

ⓐ 좌절감을 느끼는

Think of specific times when you were mad or frustrated. 학평

당신이 매우 화가 났거나 좌절했던 특정한 때를 생각해 보라.

+ **frustrate** ⓥ 좌절시키다 **frustration** ⓝ 좌절

0512 □□

empathy
[émpəθi]

ⓝ 감정 이입, 공감

The capacity for empathy is crucial to moral imagination. 학평

공감 능력은 도덕적 상상에 매우 중요하다.

+ **empathize** ⓥ 공감하다

0513 □□

offend
[əfénd]

ⓥ 감정을 상하게 하다, 위반하다

I'm sorry, but I didn't mean to offend you.

미안합니다만, 저는 당신의 기분을 상하게 할 의도는 없었습니다.

+ **offensive** ⓐ 모욕적인, 불쾌한 **offense** ⓝ 범죄, 모욕

0514 □□

compassion
[kəmpǽʃən]

ⓝ 동정, 연민

Animals can play a huge role in the development of compassion. 학평

동물이 동정심의 발달에 엄청난 역할을 할 수 있다.

Voca+ **com**(=together)+**pass**(=suffer)+**ion**(명사형 접미사) → 고통을 함께 겪음

= **sympathy** ⓝ 동정, 공감

+ **compassionate** ⓐ 동정하는

0515 □□

despair
[dispέər]

ⓝ 절망 ⓥ 절망하다

The miners did not give up, nor did their families above ground surrender to despair. 교과서

광부들은 포기하지 않았고, 지상에 있던 그들의 가족들도 절망에 굴복하지 않았다.

성격

0516 □□

confident
[kánfidənt]

ⓐ 자신감 있는, 확신하는

Bit by bit, without even noticing it, he began to feel increasingly confident about himself. EBS

조금씩, 눈치채지도 못하게, 그는 점점 자신에 대해 자신감을 느끼기 시작했다.

+ **confidence** ⓝ 자신(감), 신뢰

0517 □□

jealous
[dʒéləs]

ⓐ 질투하는

I was loved by all the students, but sometimes I was secretly jealous of Chris. 교과서

나는 모든 학생들에게 사랑을 받았지만, 가끔씩 남몰래 Chris를 질투했다.

= **envious** ⓐ 샘내는, 부러워하는
+ **jealousy** ⓝ 질투, 시기

0518 □□

ridiculous
[ridíkjuləs]

ⓐ 터무니없는, 어리석은, 우스운

The students overcame their hesitation as they yelled ridiculous answers to the teacher's questions. 교과서

학생들은 교사의 질문에 터무니없는 답변을 외치면서 자신들의 망설임을 극복했다.

+ **ridicule** ⓝ 조롱 ⓥ 비웃다

0519 □□

generous
[dʒénərəs]

ⓐ 관대한, 후한

Those who are given his food return the generous favor later on. 학평

그의 음식을 받은 사람들은 나중에 관대한 호의에 보답한다.

+ **generosity** ⓝ 관대

0520 □□

faithful
[féiθfəl]

ⓐ 충실한

Vincent van Gogh tried to remain faithful to the original composition. EBS

빈센트 반 고흐는 본래의 구도에 충실하려고 노력했다.

+ **faith** ⓝ 신념, 믿음

DAY 13 REVIEW TEST

A 다음 단어에 해당하는 영어 단어 또는 우리말을 쓰시오.

01 힐끗 보다 ____________
02 거만한, 오만한 ____________
03 비참한, 불쌍한 ____________
04 서투른, 어색한 ____________
05 화를 내다, 분개하다 ____________
06 충실한 ____________
07 crawl ____________
08 offend ____________
09 astonished ____________
10 humble ____________
11 compassion ____________
12 empathy ____________

B 다음 우리말에 맞도록 주어진 철자로 시작하는 단어를 쓰시오.

01 그런 불편함을 참다 t________ such inconvenience
02 믿음직하고 책임감 있는 reliable and r________
03 터무니없는 질문 a r________ question
04 관중을 기쁘게 하다 d________ the audience
05 세계의 관심을 유발하다 a________ global interest
06 충동적인 사람 a man of i________
07 진실을 말하기를 주저하다 h________ to tell the truth
08 마지못해서 하는 동의 r________ agreement

A 01 glance 02 arrogant 03 miserable 04 awkward 05 resent 06 faithful 07 기어가다, 서행하다, 서행 08 감정을 상하게 하다, 위반하다 09 깜짝 놀란 10 겸손한, 비천한 11 동정, 연민 12 감정 이입, 공감

B 01 tolerate 02 responsible 03 ridiculous 04 delight 05 arouse 06 impulse 07 hesitate 08 reluctant

DAY 14

Previous Check

- □ occupation
- □ supervise
- □ specialize
- □ bond
- □ certificate
- □ chief
- □ collaborate
- □ deprive
- □ colleague
- □ shift
- □ outcome
- □ exceed
- □ procedure
- □ attendant
- □ negotiation
- □ incentive
- □ strategy
- □ challenge
- □ routine
- □ shelter
- □ withdraw
- □ deposit
- □ secure
- □ chore
- □ react
- □ urban
- □ rural
- □ complicated
- □ resident
- □ familiar
- □ miracle
- □ companion
- □ keep up with
- □ make the most of
- □ exchange
- □ strain
- □ adventure
- □ destination
- □ accompany
- □ remote

직업

0521 □□

occupation
[ɑ̀kjupéiʃən]

ⓝ 직업, 점유

We tend to judge occupations based on pay, outlook, and prestige. 교과서
우리는 직업을 보수, 전망, 명성을 바탕으로 평가하는 경향이 있다.

⊕ **occupy** ⓥ 차지하다, 전념하다

0522 □□

supervise
[sú:pərvàiz]

ⓥ 감독하다, 관리하다, 통제하다

Chris came to supervise the construction of the building.
Chris는 그 건물의 공사를 감독하러 왔다.

Voca+ **super**(=over)+**vis(e)**(=see) → 위에서 지켜보다

⊜ **direct** ⓥ 감독하다, 지휘하다
⊕ **supervisor** ⓝ 감독관

0523 □□

specialize
[spéʃəlàiz]

ⓥ 전문적으로 하다, 전공하다

These courses are for students wishing to specialize in French cuisine. 교과서
이 강좌들은 프랑스 요리를 전문적으로 하고 싶어 하는 학생들을 위한 것이다.

⊕ **specialization** ⓝ 전문화

0524 □□

bond
[bɑ:nd]

ⓝ 유대, 결속, 채권

Carrying out a business deal according to terms agreed upon creates a bond of trust. 학평
합의된 조항에 따라서 그 상업 거래를 실행하는 것이 신뢰라는 결속을 만든다.

0525 □□

certificate
[sərtífikət]

ⓝ 증명서, 자격증

Every participant will receive a certificate for entry! 학평
모든 참가자는 참가 증명서를 받을 것입니다!

⊕ **certify** ⓥ 증명하다

0526 □□

chief
[tʃiːf]

ⓝ (단체의) 장(長), 우두머리 ⓐ 주요한, 최고의

Luckily, John's role as chief engineer was succeeded by his son, Washington Roebling. 교과서

다행히도, 최고 기술자로서의 John의 역할은 그의 아들 Washington Roebling에 의해 계승되었다.

⊞ **chiefly** ⓐⓓ 주로

0527 □□

collaborate
[kəlǽbərèit]

ⓥ 협력하다

We collaborate with local orphanages to protect unfortunate children. 교과서

우리는 불우한 아이들을 보호하기 위해서 현지 고아원과 협력한다.

⊞ **collaboration** ⓝ 협력, 공동 작업 **collaborative** ⓐ 협력적인

0528 □□

deprive
[dipráiv]

ⓥ 박탈하다, 빼앗다

Automobile companies may deprive drivers of the joy of driving by developing driverless cars.

자동차 회사들이 무인 자동차를 개발함으로써 운전자들에게서 운전의 기쁨을 박탈할지도 모른다.

⊟ **rob** ⓥ 빼앗다, 강탈하다
⊞ **deprivation** ⓝ 박탈, 상실 **deprive A of B** A에게서 B를 박탈하다

0529 □□

colleague
[káliːg]

ⓝ (직장) 동료

Ross and his colleagues carried out interesting experiments. EBS

Ross와 그의 동료들은 흥미로운 실험을 수행했다.

⊟ **coworker** ⓝ 동료, 협력자

0530 □□

shift
[ʃift]

ⓥ 바꾸다, 이동하다 ⓝ 변화, 이동, 교대

He shifts his attention back to his computer and opens an Internet search engine. 교과서

그는 자신의 관심을 다시 컴퓨터로 옮기고 인터넷 검색 엔진을 연다.

0531 □□

outcome
[áutkʌ̀m]

ⓝ 결과, 성과

Good decisions do not always lead to good outcomes. 학평
좋은 결정이 항상 좋은 결과로 이어지는 것은 아니다.

= **consequence** ⓝ 결과
↔ **reason** ⓝ 이유, 동기

0532 □□

exceed
[iksíːd]

ⓥ 넘어서다, 초과하다

The female adult unemployment rate exceeded the male adult rate in Sweden. 학평
스웨덴에서 성인 여성 실업률은 성인 남성 실업률을 초과했다.

+ **excess** ⓝ 초과 ⓐ 초과한 **excessive** ⓐ 지나친, 과도한

0533 □□

procedure
[prəsíːdʒər]

ⓝ 절차, 수순

It is a legal requirement that every business must have a formal grievance procedure.
모든 회사가 공식적인 고충 처리 절차를 가져야 하는 것은 법률 요건이다.

+ **proceed** ⓥ 계속하다, 나아가다

0534 □□

attendant
[əténdənt]

ⓝ 종업원, 수행원

What would the attendant tell us? EBS
그 종업원은 우리에게 어떤 말을 할까?

+ **attend** ⓥ 참석하다, 시중들다 **attendance** ⓝ 출석

0535 □□

negotiation
[nigòuʃiéiʃən]

ⓝ 협상

Earning a reputation for being tough doesn't serve you well at the negotiation table. EBS
강경하다는 평판을 얻는 것이 협상 테이블에서 여러분에게 도움이 되는 것은 아니다.

+ **negotiate** ⓥ 협상하다 **negotiator** ⓝ 협상자

0536 □□

incentive
[inséntiv]

ⓝ 동기, 유인, 장려(책)

We provide them strong financial incentives. 학평

우리는 그들에게 강력한 금전적 동기를 제공한다.

= **inducement** ⓝ 유인, 동기, 자극

0537 □□

strategy
[strǽtədʒi]

ⓝ 전략

Kogi's marketing strategy uses social networking to announce where it will turn up next. 교과서

Kogi의 마케팅 전략은 그것이 다음에 어디에서 나타날지를 알리기 위해 소셜 네트워킹을 사용한다.

+ **strategic** ⓐ 전략적인

0538 □□

challenge
[tʃǽlindʒ]

ⓝ 도전, 난관 ⓥ 도전하다

Look for an early childhood education program that challenges your child's intellect and creativity.

여러분의 자녀의 지적 능력과 호기심에 도전하는 유아 교육 프로그램을 찾아라.

+ **challenger** ⓝ 도전자 **challenging** ⓐ 도전적인

일상

0539 □□

routine
[ruːtíːn]

ⓝ 일과, 늘 하던 방식 ⓐ 일상적인

Try to stick to your routine no matter what happens. 교과서

무슨 일이 있더라도 네가 늘 하던 방식을 지키기 위해 노력해라.

+ **routinely** ad 일상적으로

0540 □□

shelter
[ʃéltər]

ⓝ 피난처, 주거지, 보호소 ⓥ 보호하다, 피하다

They gained the ability to come out on land and enjoy the opportunities for food and shelter there. 학평

그들은 육지로 나와 그곳에서 먹을 것과 주거지에 대한 기회를 누릴 수 있는 능력을 얻었다.

0541 □□

withdraw [wiðdrɔ́ː]

ⓥ 인출하다, 철회하다

In the near future, it might be difficult to see people withdrawing money from a bank ATM.

가까운 미래에는 사람들이 은행 현금 인출기에서 돈을 인출하는 모습을 보기가 어려워질 수도 있다.

➕ **withdrawal** ⓝ 인출, 철회, 철수

0542 □□

↔ **deposit** [dipɑ́zit]

ⓥ 예금하다, 맡기다 ⓝ 예금, 보증금

My parents used to make me deposit whatever money I had.

나의 부모님께서는 내가 얼마를 가지고 있든 예금하게 만들곤 하셨다.

0543 □□

secure [sikjúər]

ⓐ 안전한, 안정된 ⓥ 안전하게 하다

People traded an insecure way of life for one that was more secure and satisfying. EBS

사람들은 불안정한 삶의 방식을 더 안전하고 만족스러운 것으로 바꾸었다.

↔ **insecure** ⓐ 불안전한, 불안정한
➕ **security** ⓝ 보안, 안전

0544 □□

chore [tʃɔːr]

ⓝ 허드렛일, 집안일

For chores children do, give them rewards, such as stickers, toys, and clothes. 학평

아이들이 하는 집안일에 대해 아이들에게 스티커, 장난감, 옷과 같은 보상을 해 주세요.

0545 □□

react [riǽkt]

ⓥ 반응하다, 반작용하다

People react far too quickly and emotionally over information without establishing context. 학평

사람들은 맥락을 규명하지 않은 채 정보에 대해 지나치게 성급하고 감정적으로 반응한다.

➕ **reaction** ⓝ 반응, 반작용

0546 □□

urban
[ə́ːrbən]

ⓐ 도시의

People do urban farming for personal, economic or environmental reasons. 교과서

사람들은 개인적, 경제적, 혹은 환경적 이유 때문에 도시 농사를 한다.

↔ **suburban** ⓐ 교외의
\+ **urbanize** ⓥ 도시화하다

0547 □□

rural
[rúrəl]

ⓐ 시골의

People in cities have depended on farmers in rural areas for fruits and vegetables. 교과서

도시에 있는 사람들은 과일과 채소를 시골 지역에 있는 농부들에게 의존해 왔다.

0548 □□

complicated
[kɑ́mpləkèitid]

ⓐ 복잡한

It looks like a complicated gadget, but actually it is really easy to use. EBS

그것은 복잡한 기계 장치처럼 보이지만, 실제로는 사용하기가 정말 쉽다.

= **complex** ⓐ 복잡한, 복합의
\+ **complicate** ⓥ 복잡하게 하다 **complication** ⓝ 복잡, 합병증

0549 □□

resident
[rézidənt]

ⓝ 거주자, 레지던트(수련의) ⓐ 거주하는

Residents of New Orleans were forced to evacuate with little notice. EBS

뉴올리언스 주민들은 별다른 통보 없이 대피해야 했다.

= **dweller** ⓝ 거주자, 주민
\+ **reside** ⓥ 거주하다, 속하다 **residence** ⓝ 거주지

0550 □□

familiar
[fəmíljər]

ⓐ 익숙한, 친숙한, 잘 아는

We are all familiar with environmental problems such as air, water and land pollution. 교과서

우리는 모두 공기, 물, 토양 오염과 같은 환경 문제들에 익숙하다.

= **intimate** ⓐ 친밀한, 친숙한
↔ **unfamiliar** ⓐ 생소한, 낯선
\+ **familiarity** ⓝ 익숙함, 친근함 **be familiar with** ~에 익숙하다

0551 □□

miracle
[mírəkl]

ⓝ 기적

We know about the digital miracles brought by the smartphone.

우리는 스마트폰이 가져온 디지털 기적에 대해 알고 있다.

+ **miraculous** ⓐ 기적적인

0552 □□

companion
[kəmpǽnjən]

ⓝ 동반자, 동행, 친구

Proximity to the owner and attention-getting behavior of dogs go into their being such fine companions for humans. EBS

개의 주인과 가깝게 지내고 주의를 끌려는 행동은 인간의 좋은 동반자로 존재할 수 있도록 해 준다.

0553 □□

keep up with

~에 뒤처지지 않다, ~을 따라가다

I waste too much time reading the latest gossip and keeping up with my friends' updates. 교과서

나는 최신 가십 기사를 읽고 친구들의 최신 정보를 따라가는 데 너무 많은 시간을 낭비한다.

0554 □□

make the most of

~을 최대한 활용하다

I hope it will help you make the most of your high school years. 교과서

나는 그것이 네가 너의 고등학교 시절을 최대한 활용하는 데 도움이 되길 바란다.

여행

0555 □□

exchange
[ikstʃéindʒ]

ⓝ 교환, 환전 ⓥ 교환하다, 환전하다

They provided me with money exchange at competitive rates.

그들은 나에게 경쟁력 있는 이율로 환전을 해 주었다.

= **trade** ⓥ 교환하다, 거래하다

0556 □□

strain
[strein]

ⓝ 긴장, 부담 ⓥ 긴장시키다, 혹사하다

They are under a lot of stress and strain at work.
그들은 직장에서 심한 스트레스와 중압감을 받고 있다.

0557 □□

adventure
[ədvéntʃər]

ⓝ 모험

We thought we would have many exciting adventures in India. 교과서
우리는 우리가 인도에서 많은 신나는 모험들을 할 수 있을 것이라고 생각했다.

+ **adventurous** ⓐ 모험적인

0558 □□

destination
[dèstənéiʃən]

ⓝ 목적지, 도착지, 목표

The transportation industry has always done more than carry travelers from one destination to another. 학평
운송 산업은 항상 한 목적지에서 다른 목적지로 이동하는 사람들을 실어 나르는 것 이상의 일을 해 왔다.

0559 □□

accompany
[əkʌ́mpəni]

ⓥ 동행하다, 수반하다

Experienced lifeguards accompany you throughout the activity. 학평
숙련된 안전 요원이 활동 내내 여러분과 동행합니다.

Voca+ **ac**(=to)+**company**(=fellow) → 일행이 되다

0560 □□

remote
[rimóut]

ⓐ 먼, 외진, 원격의

Many people in remote areas of the planet observe the night sky. 학평
지구의 외진 지역에 있는 많은 사람들이 밤하늘을 관찰한다.

= **distant** ⓐ 먼, 떨어진 **isolated** ⓐ 외딴, 고립된

DAY 14 REVIEW TEST

A 다음 단어에 해당하는 영어 단어 또는 우리말을 쓰시오.

01 절차, 수순 ____________
02 바꾸다, 교대 ____________
03 도시의 ____________
04 허드렛일, 집안일 ____________
05 전략 ____________
06 먼, 외진, 원격의 ____________
07 certificate ____________
08 chief ____________
09 outcome ____________
10 shelter ____________
11 bond ____________
12 colleague ____________

B 다음 우리말에 맞도록 주어진 철자로 시작하는 단어를 쓰시오.

01 사람들이 연료를 절약하는 장려책 — an i__________ for people to save fuel
02 다른 음악가들과 협력하다 — c__________ with other musicians
03 상황을 복잡하게 만들다 — make things c__________
04 친숙한 것에 집착하다 — stick to something f__________
05 승무원 — a flight a__________
06 의학을 전공하다 — s__________ in medicine
07 선물 교환 — an e__________ of gifts
08 난관에 부딪히다 — face a c__________

A 01 procedure 02 shift 03 urban 04 chore 05 strategy 06 remote 07 증명서, 자격증 08 (단체의) 장, 우두머리, 주요한, 최고의 09 결과, 성과 10 피난처, 주거지, 보호소, 보호하다, 피하다 11 유대, 결속, 채권 12 (직장) 동료

B 01 incentive 02 collaborate 03 complicated 04 familiar 05 attendant 06 specialize 07 exchange 08 challenge

DAY 15

Previous Check

- □ dominate
- □ govern
- □ domestic
- □ territory
- □ wield
- □ region
- □ immigration
- □ diplomat
- □ candidate
- □ compromise
- □ radical
- □ administration
- □ executive
- □ refuge
- □ authority
- □ democracy
- □ in charge of
- □ suspect
- □ sue
- □ violate
- □ patent
- □ equivalent
- □ witness
- □ priority
- □ ban
- □ imprison
- □ justify
- □ privilege
- □ dispute
- □ regardless of
- □ fund
- □ promote
- □ owe
- □ debt
- □ commission
- □ refund
- □ distribute
- □ property
- □ commodity
- □ industrialize

정치와 외교

0561 □□

dominate [dɑ́:minèit]

ⓥ 지배하다, 우세하다

In the 18th and 19th centuries, Great Britain dominated the world culturally, politically, and economically. EBS

18세기와 19세기에, 대영 제국이 문화적, 정치적, 그리고 경제적으로 세상을 지배했다.

+ **domination** ⓝ 지배, 통치 **dominant** ⓐ 우세한

0562 □□

= **govern** [gʌ́vərn]

ⓥ 통치하다, 지배[좌우]하다

The author's intentions can govern our readings of a text.

저자의 의도가 우리의 글 읽기를 좌우할 수 있다. EBS

+ **government** ⓝ 정부 **governor** ⓝ 주지사

0563 □□

domestic [dəméstik]

ⓐ 국내의, 가정의

Our government has taken measures to protect domestic industries from foreign competition.

우리 정부는 외국과의 경쟁으로부터 국내 산업을 지키기 위한 조치를 취해 왔다.

↔ **foreign** ⓐ 외국의

0564 □□

territory [térətɔ̀:ri]

ⓝ 영토, 세력권

They exercised all their power to make most of the settlers leave the territory. 교과서

그들은 자신들의 모든 권력을 행사하여 대부분의 정착민들이 그 영토를 떠나도록 만들었다.

0565 □□

wield [wi:ld]

ⓥ (권력을) 행사하다, (무기를) 휘두르다

Nobody can wield absolute power over you.

어느 누구도 너에게 절대적인 권력을 행사할 수는 없다.

0566 □□

region
[ríːdʒən]

ⓝ 지역, 지방, 영역

By 1998 the region was characterized by a strong private sector and relatively free markets. EBS

1998년까지 그 지역은 강력한 민간 부문과 비교적 자유로운 시장으로 특징지어졌다.

+ **regional** ⓐ 지역의, 지방의

0567 □□

immigration
[ìməgréiʃən]

ⓝ (입국) 이민, 이주

A variety of theoretical perspectives provide insight into immigration. EBS

다양한 이론적 관점이 이민에 대한 통찰을 제공한다.

↔ **emigration** ⓝ (출국) 이민
+ **immigrate** ⓥ (타국에) 이주해 오다, 이민 오다 **immigrant** ⓝ (입국) 이주민

0568 □□

diplomat
[dípləmæ̀t]

ⓝ 외교관

Almost all German diplomats before World War I gave false or misleading reports. EBS

제1차 세계 대전 전에 거의 모든 독일 외교관들이 거짓 또는 오해의 소지가 있는 보고를 했다.

+ **diplomacy** ⓝ 외교(술) **diplomatic** ⓐ 외교의

0569 □□

candidate
[kǽndidèit]

ⓝ 후보자

In the presidential debate, candidate Walter Mondale mentioned his diplomatic abilities. 교과서

대통령 선거 토론에서, 후보자 Walter Mondale은 자신의 외교적 능력에 관해 언급했다.

0570 □□

compromise
[kάmprəmàiz]

ⓥ 타협하다, 손상시키다 ⓝ 타협

I won't compromise in my work as well as in my love.

나는 내 사랑에서뿐만 아니라 내 일에 있어서도 타협하지 않겠다.

Voca+ com(=together)+promise(약속하다) → 함께 약속하다

0571 □□

radical
[rǽdikəl]

ⓐ 급진적인, 과격한 ⓝ 급진주의자

This was a radical change in perspective.
이것은 관점의 급격한 변화였다.

↔ gradual ⓐ 점차적인
+ radically ⓐⓓ 급진적으로

0572 □□

administration
[ədmìnistréiʃən]

ⓝ 관리, 경영, 행정부

His work has centered on the study of business administration.
그의 업무는 경영 관리 연구에 집중되어 왔다.

+ administer ⓥ 관리하다, 운영하다

0573 □□

executive
[igzékjutiv]

ⓝ 중역, 간부, 경영진 ⓐ 중역의, 실행하는

There are many talented executives with the ability to manage operations. EBS
기업을 경영하는 능력을 지닌 재능 있는 중역들이 많이 있다.

+ execute ⓥ 실행하다, 사형을 집행하다

0574 □□

refuge
[réfju:dʒ]

ⓝ 피난, 은신처, 위안

She was known as a woman who gave refuge to runaway slaves. EBS
그녀는 도망다니는 노예들에게 은신처를 제공한 여성으로 알려져 있었다.

+ refugee ⓝ 피난자, 망명자

0575 □□

authority
[əθɔ́:rəti]

ⓝ 권위, 당국

There is a proper way to make an appeal to people who are in authority over us. 학평
우리에 대한 권한이 있는 사람들에게 호소할 적절한 방법이 있다.

+ authorize ⓥ 인가하다, 위임하다

0576 □□

democracy
[dimάkrəsi]

ⓝ 민주주의, 민주 국가

The social outlook creates the circumstances conducive to republics, democracies, and communes. EBS

사회적 견해는 공화국, 민주 국가, 그리고 공동생활체에 도움이 되는 환경을 만들어 낸다.

Voca+ **demo**(=common people)+**crac**(=rule)+**y**(명사형 접미사) → 보통 사람들[민중]에 의한 통치

⊞ **democratic** ⓐ 민주주의의, 민주적인

0577 □□

in charge of

~할 책임이 있는, ~을 담당하는

They were officials in charge of writing down the kings' actions and words. 교과서

그들은 왕들의 행동과 말을 기록할 책임이 있는 관리들이었다.

법

0578 □□

suspect
ⓥ [səspékt]
ⓝ [sʌ́spekt]

ⓥ 의심하다 ⓝ 용의자

Police officers wear mirrored sunglasses to intimidate suspects for this very reason. EBS

경찰관들은 바로 이런 이유로 용의자들을 겁주기 위해 거울처럼 반사하는 선글라스를 착용한다.

⊞ **suspicion** ⓝ 의심, 혐의 **suspicious** ⓐ 의심스러운

0579 □□

sue
[su:]

ⓥ 고소하다, 소송을 제기하다

I never expected to sue anybody in my life.

내 인생에서 내가 누군가를 고소할 것이라고는 결코 예상하지 못했다.

0580 □□

violate
[váiəlèit]

ⓥ 위반하다, 침해하다

The map service has violated the nation's Internet privacy laws.

그 지도 서비스는 국내 인터넷 개인 정보 보호법을 위반해 왔다.

⊜ **disobey** ⓥ 따르지 않다, 어기다 **invade** ⓥ 침해하다
⊞ **violation** ⓝ 위반

DAY 15

0581 □□

patent [pǽtənt]

ⓝ 특허, 특허권 ⓥ 특허를 받다

Margaret Knight was awarded her first patent in 1871 for her invention. 학평

Margaret Knight는 1871년에 자신의 발명품에 대한 자신의 첫 특허를 받았다.

0582 □□

equivalent [ikwívələnt]

ⓐ 동등한, 상당하는 ⓝ 동등한 것

In general, ready meals are higher in fat than the homemade equivalents. EBS

대체로, 조리 가공된 식품은 집에서 만든 동등한 것보다 지방 함유량이 더 많다.

Voca+ **equ(i)**(=same)+**val**(=worth)+**ent**(형용사형 · 명사형 접미사) → 같은 가치의 (것)

⊕ **equivalently** ⓐⓓ 동등하게

0583 □□

witness [wítnis]

ⓝ 목격자, 증인 ⓥ 목격하다, 증언하다

I lost the same watch yesterday, and I have a witness. 교과서

나는 어제 똑같은 시계를 잃어버렸고, 목격자도 있다.

0584 □□

priority [praiɔ́ːrəti]

ⓝ 우선 사항, 우선권

The judge has placed a priority on security above privacy.

그 판사는 사생활보다 안전을 우선으로 두어 왔다.

⊕ **prior** ⓐ 앞의, (~보다) 앞선 **prioritize** ⓥ 우선순위를 매기다

0585 □□

ban [bæn]

ⓥ 금지하다 ⓝ 금지

Guns kill. Why would the government not ban their use? 교과서

총기가 사람의 목숨을 앗아간다. 왜 정부는 총기 사용을 금지하지 않는 것인가?

= **forbid** ⓥ 금(지)하다

↔ **permit** ⓥ 허락하다, 허용하다

0586 □□

imprison
[imprízən]

ⓥ 투옥하다, 감금하다

Such countries argue that liberty is relative and find reasons to imprison people without trial.
그러한 국가는 자유가 상대적이라고 주장하며 재판 없이 사람들을 감금할 이유를 찾는다.

0587 □□

justify
[dʒʌ́stəfài]

ⓥ 정당화하다

Those who have more resources tend to justify inequality.
자원을 더 많이 가진 사람들은 불평등을 정당화하는 경향이 있다. EBS

⊞ **justification** ⓝ 정당화

0588 □□

privilege
[prívəlidʒ]

ⓝ 특권, 특혜 ⓥ 특권을 주다

If the media were to have special privileges, it might also be expected to have special obligations. EBS
만일 언론이 특별한 특권을 갖게 된다면, 그것은 또한 특별한 의무를 지도록 기대될 수도 있다.

0589 □□

dispute
[dispjú:t]

ⓝ 논쟁, 분쟁 ⓥ 논쟁하다, 반박하다

Family feuds are more bitter and lasting than neighborly disputes. EBS
가정불화는 이웃 간의 분쟁보다 더욱 격렬하고 오래간다.

⊟ **argue** ⓥ 논쟁하다, 주장하다

0590 □□

regardless of

~에 상관없이

Everyone should be treated equally regardless of gender or race. 교과서
모든 사람들은 성별이나 인종에 상관없이 동등하게 대우받아야 한다.

경제

0591 □□

fund
[fʌnd]

ⓝ 기금, 자금 ⓥ 자금을 대다

I liked them so much that I decided to fund their entire trip.
나는 그들이 너무 좋아서 그들의 여행 전체에 자금을 대기로 결심했다.

0592 □□

promote
[prəmóut]

ⓥ 촉진하다, 홍보하다, 승진시키다

This program promotes eco-friendly cotton farming and is helping to lift farmers out of poverty. 교과서
이 프로그램은 친환경적인 목화 재배를 촉진하고 농부들이 빈곤으로부터 벗어나도록 도움을 주고 있다.

+ **promotion** ⓝ 승진, 조장, (판매) 촉진

0593 □□

owe
[ou]

ⓥ 빚지다, 신세지다

My uncle owed the bank a lot of money.
나의 삼촌은 은행에 많은 빚을 졌다.

0594 □□

debt
[det]

ⓝ 빚, 부채

With this aim, the government has to manage debts effectively.
이러한 목표를 가지고, 정부는 부채를 효율적으로 관리해야 한다.

0595 □□

commission
[kəmíʃən]

ⓝ 수수료, 위원회

The agent collected a four percent commission.
그 대리인은 4퍼센트의 수수료를 받았다.

0596 □□

refund
ⓝ [ríːfʌnd]
ⓥ [rifʌ́nd]

ⓝ 환불 ⓥ 환불하다

Contact the app developer directly and ask for a refund.
앱 개발업자에게 직접 연락하여 환불을 요청하세요.

+ **refundable** ⓐ 환불 가능한

0597 □□

distribute
[distríbjuːt]

ⓥ 배포하다, 분배하다

They want to distribute as many supplies as possible to people in poor countries. 교과서
그들은 가난한 국가의 사람들에게 가능한 한 많은 보급품을 배포하고 싶어 한다.

+ **distribution** ⓝ 분배, 분포

0598 □□

property
[prɑ́pərti]

ⓝ 재산, 특성

Some adults treat children as valuable property that must be carefully watched. EBS
일부 어른들은 자녀들을 주의해서 지켜봐야 하는 가치 있는 재산으로 취급한다.

= **asset** ⓝ 재산, 자산

0599 □□

commodity
[kəmɑ́dəti]

ⓝ 상품, 물품, 일용품

A sense of failure or dissatisfaction prompts the consumer to purchase new commodities. EBS
실패감이나 불만감이 소비자로 하여금 새로운 상품을 구매하도록 유도한다.

Voca+ com(=with)+mod(=measure)+ity(명사형 접미사) → 규격에 맞는 것

= **merchandise** ⓝ 상품, 제품

0600 □□

industrialize
[indʌ́striəlàiz]

ⓥ 산업화하다

People feel more and more isolated as countries industrialize.
나라가 산업화될수록 사람들은 더욱더 소외되고 있다고 느낀다.

+ **industry** ⓝ 산업 **industrialization** ⓝ 산업화

DAY 15

DAY 15 REVIEW TEST

A 다음 단어에 해당하는 영어 단어 또는 우리말을 쓰시오.

01 목격자, 증언하다 ________
02 빚지다, 신세지다 ________
03 중역, 간부, 실행하는 ________
04 고소하다, 소송을 제기하다 ________
05 후보자 ________
06 지역, 지방, 영역 ________
07 promote ________
08 territory ________
09 patent ________
10 ban ________
11 violate ________
12 authority ________

B 다음 우리말에 맞도록 주어진 철자로 시작하는 단어를 쓰시오.

01 사유 재산 — private p________
02 민주주의로 이행되어 가는 과도기 — the period of transition to d________
03 종교에서 위안을 찾다 — find a r________ in religion
04 국내 수요를 증진하다 — boost d________ demand
05 범죄 용의자 — a criminal s________
06 몇 가지 쟁점에 대해 타협하다 — c________ on several issues
07 해외에서 공부하는 특전 — the p________ of studying abroad
08 최우선 순위를 두다 — give top p________

A 01 witness 02 owe 03 executive 04 sue 05 candidate 06 region 07 촉진하다, 홍보하다, 승진시키다 08 영토, 세력권 09 특허, 특허권, 특허를 받다 10 금지하다, 금지 11 위반하다, 침해하다 12 권위, 당국

B 01 property 02 democracy 03 refuge 04 domestic 05 suspect 06 compromise 07 privilege 08 priority

DAY 16

Previous Check

- □ mixture
- □ burst
- □ method
- □ laboratory
- □ observation
- □ toxic
- □ vapor
- □ gas
- □ fluid
- □ liquid
- □ solid
- □ metal
- □ extract
- □ hypothesis
- □ gravity
- □ particle
- □ component
- □ molecule
- □ keep A from -ing
- □ habitat
- □ species
- □ mammal
- □ predator
- □ migrate
- □ survive
- □ skeleton
- □ nerve
- □ stem
- □ organism
- □ branch
- □ tissue
- □ come up with
- □ volcanic
- □ vibrate
- □ layer
- □ temperature
- □ glacier
- □ astronomy
- □ ray
- □ consist of

물리와 화학

0601 □□

mixture [míkstʃər]

ⓝ 혼합, 혼합물

Place the strawberries in a large bowl and wash them in a vinegar-water mixture. 학평

딸기를 큰 용기에 넣고 식초와 혼합한 물에 그것을 씻어라.

⊞ **mix** ⓥ 혼합하다

0602 □□

burst [bəːrst]

ⓥ 폭발하다, 터뜨리다 ⓝ 파열

Something burst inside the building, making the bedroom door shake.

건물 안에서 뭔가가 폭발해서 침실의 문이 흔들리게 만들었다.

⊜ **explode** ⓥ 폭발하다, 폭발시키다 **go off** 폭발하다, 발사되다
⊞ **burst into** 갑자기 ~하다

0603 □□

method [méθəd]

ⓝ 방법, 수단

In the 1980s, scientists developed methods to compare the DNA sequence of different individuals. 학평

1980년대에는 과학자들이 다른 개인들의 DNA 서열을 비교하는 방법을 개발했다.

0604 □□

laboratory [lǽbərətɔ̀ːri]

ⓝ 실험실 ⓐ 실험용의

In a laboratory setting, experiments are carefully designed to generate the needed data. EBS

실험실 환경에서, 실험은 그 필요한 데이터를 생성하기 위해 세심하게 설계된다.

0605 □□

observation [ɑ̀bzərvéiʃən]

ⓝ 관찰, 관측, (관찰에 따른) 의견

It is essential that the observation room remain dark. EBS

관찰실은 어두운 상태로 유지되는 것이 필수적이다.

⊞ **observe** ⓥ 관찰하다, 준수하다 **observatory** ⓝ 관측소, 천문대

0606 □□

toxic [tɑ́ksik]

ⓐ 독성의, 유독한

If you have been the victim of toxic exposure, please contact us for a free consultation.

만약 당신이 독성 노출의 피해자라면, 무료 상담을 위해 우리에게 연락하세요.

↔ **nontoxic** ⓐ 무독성의

\+ **toxin** ⓝ 독소

0607 □□

vapor [véipər]

ⓝ 증기, 수증기 ⓥ 증발하다

Evaporated from the oceans, water vapor forms clouds.

바다에서 증발된 수증기가 구름을 만든다.

\+ **evaporate** ⓥ 증발하다, 증발시키다

0608 □□

gas [gæs]

ⓝ 기체, 가솔린

The teacher has in mind the idea that a gas molecule is elastic. EBS

그 교사는 가스 분자가 탄성이 있다는 생각을 가지고 있다.

0609 □□

fluid [flúːid]

ⓝ 유체, 유동체 ⓐ 유동체의

Take plenty of fluids, especially fruit juices. EBS

마실 것, 특히 과일 주스를 많이 마셔라.

Voca+ **flu**(=flow)+**id**(명사형 접미사) → 흐르는 것

\+ **fluidity** ⓝ 유동성

0610 □□

liquid [líkwid]

ⓝ 액체 ⓐ 액체의, 유동체의

Do you know how many calories you consume from liquid?

당신은 자신이 액체로부터 얼마나 많은 열량을 섭취하는지 알고 있는가?

0611 □□

solid
[sálid]

ⓝ 고체 ⓐ 고체의, 견고한

The contact allows the atomic and molecular motion of one solid object to influence the other. EBS

그 접촉은 한 고체 물체의 원자 및 분자 운동이 다른 고체 물체에 영향을 미치게 한다.

+ **solidify** ⓥ 응고하다, 응고시키다

0612 □□

metal
[métəl]

ⓝ 금속

These new materials included pottery and various metals.

이 새로운 물질은 도자기와 다양한 금속을 포함했다.

0613 □□

extract
ⓥ [ikstrǽkt]
ⓝ [ékstrækt]

ⓥ 추출하다, 뽑아내다 ⓝ 추출물

It was used to extract antibiotics from water.

그것은 물에서 항생물질을 추출하는 데 사용되었다.

Voca+ **ex**(=out)+**tract**(=draw) → 밖으로 끌다

+ **extraction** ⓝ 추출, 뽑아냄

0614 □□

hypothesis
[haipáθəsis]

ⓝ 가설, 가정 (*pl.* hypotheses)

In the design plan, you clarify the issues you are trying to solve and state your hypotheses. 학평

그 설계 계획에서, 여러분은 해결하려는 문제를 분명히 하고 여러분의 가설을 진술한다.

Voca+ **hypo**(=under)+**thesis**(논제) → 논제의 밑바탕이 되는 것

0615 □□

gravity
[grǽvəti]

ⓝ 중력, 중대성

We found out how fire acts in zero gravity. EBS

우리는 무중력 상태에서 불이 어떻게 작용하는지를 알아냈다.

+ **grave** ⓐ 중대한, 엄숙한 ⓝ 무덤

0616 □□

particle
[pá:rtikl]

ⓝ 입자, 극소량

To a particle physicist, motion backward in time is not that confusing.
입자 물리학자에게 시간이 거꾸로 흐르는 것은 그렇게 혼란스러운 것이 아니다.

Voca+ part(=divide)+i+cle(=small) → 작게 나누어진 것

0617 □□

component
[kəmpóunənt]

ⓝ 성분, 구성 요소, 부품 ⓐ 구성하는

Fat stays in the stomach longer than other food components.
지방은 다른 음식 성분보다 더 오래 위에 머무른다. EBS

= **ingredient** ⓝ (혼합물의) 성분, (요리의) 재료

0618 □□

molecule
[máləkjù:l]

ⓝ 분자, 미량

No species can detect all the molecules that are present in the environment in which it lives. 학평
어떤 종도 그것이 살고 있는 환경에 존재하는 모든 분자들을 감지할 수는 없다.

+ **molecular** ⓐ 분자의

0619 □□

keep A from -ing

A가 ~하는 것을 막다

There are outside forces that keep a golf ball from moving in its original direction forever. EBS
골프공이 그것의 처음 방향으로 영원히 움직이는 것을 막는 외부의 힘이 있다.

Voca+ keep 대신에 prevent, stop, prohibit을 쓰기도 한다.

생명과학

0620 □□

habitat
[hǽbitæ̀t]

ⓝ 서식지, 주거지

Timber companies should pay for the environmental degradation and loss of wildlife habitat. EBS
목재 회사는 환경 악화와 야생 동물 서식지 손실에 대한 대가를 지불해야 한다.

+ **habitation** ⓝ 거주, 거주지

0621 □□

species
[spíːʃiːz]

ⓝ 종(種), 종류

Each species of animals can detect a different range of odors. 학평

각 종의 동물들은 서로 다른 범주의 냄새를 감지할 수 있다.

Voca+ species는 단수와 복수의 형태가 같습니다.

0622 □□

mammal
[mǽməl]

ⓝ 포유동물

All mammals need to leave their parents and set up on their own at some point. 학평

모든 포유동물은 어느 시점에서는 그들의 부모를 떠나 스스로 자립해야 한다.

0623 □□

predator
[prédətər]

ⓝ 포식자, 약탈자

The monkeys knew instinctively that predators were approaching. 학평

원숭이들은 본능적으로 포식자들이 접근하고 있다는 것을 알았다.

↔ **prey** ⓝ 먹이, 희생

0624 □□

migrate
[máigreit]

ⓥ 이주하다, (새·동물이) 이동하다

A countless number of birds migrate from one part of the world to another. EBS

셀 수 없이 많은 새들이 세계의 한 지역에서 다른 지역으로 이동한다.

+ **migration** ⓝ 이주, 이동 **migrant** ⓝ 이동하는 동물, 철새, 이주자

0625 □□

survive
[sərváiv]

ⓥ 살아남다, 생존하다, 견디다

Eggs laid in the water must develop into water creatures, if they are to survive. 학평

물속에 낳은 알이 살아남으려면, 물에 사는 생물로 발달해야 한다.

+ **survival** ⓝ 생존

0626 □□

skeleton
[skélitən]

ⓝ 해골, 뼈대

The skeleton turned out worthy of investigation.
그 해골은 조사할 만한 가치가 있는 것으로 밝혀졌다.

0627 □□

nerve
[nəːrv]

ⓝ 신경

He discovered a protein in nerve cells.
그는 신경 세포에서 단백질을 발견했다.

+ **nervous** ⓐ 긴장되는, 불안한, 신경질적인

0628 □□

stem
[stem]

ⓝ 줄기 ⓥ 유래하다

Many countries are putting more investment into stem cell research.
많은 국가들이 줄기세포 연구에 더 많은 투자를 하고 있다.

0629 □□

organism
[ɔ́ːrgənìzəm]

ⓝ 유기체, 생물

Some deep-sea organisms are known to use bioluminescence as a lure. 학평
일부 심해 생물은 생물 발광을 가짜 미끼로 사용하는 것으로 알려져 있다.

= **creature** ⓝ 창조물, 생물

0630 □□

branch
[bræntʃ]

ⓝ 나뭇가지, 지점, 분과

A bird perched on a thin branch.
새 한 마리가 가느다란 나뭇가지에 앉아 있었다.

= **bough** ⓝ (큰) 가지
+ **branchy** ⓐ 가지가 많은

0631 □□

tissue
[tíʃuː]

ⓝ 조직, 화장지

It is known that 85% of our brain tissue is water. 학평

우리의 뇌 조직의 85퍼센트는 물이라고 알려져 있다.

0632 □□

come up with

~을 생각해 내다

It set the stage for innovation and discovery, for coming up with something new. 학평

그것은 새로운 것을 생각해 내는 혁신과 발견의 장을 마련해 주었다.

지구과학

0633 □□

volcanic
[vɑlkǽnik]

ⓐ 화산의, 화산 작용에 의한

Volcanic eruptions can mask the true effects of climate change.

화산 폭발이 기후 변화의 실제 영향을 숨길 수 있다.

+ **volcano** ⓝ 화산

0634 □□

vibrate
[váibreit]

ⓥ 떨다, 진동하다, 울리다

The air seemed to vibrate with tension as it got close to the wire.

최후의 순간이 가까워지면서 분위기는 긴장으로 떨리는 것 같았다.

+ **vibration** ⓝ 진동, 떨림

0635 □□

layer
[léiər]

ⓝ 층 ⓥ 층층이 쌓다

Due to freezing cold, a thick layer of ice covered the river.

한파 때문에 두꺼운 얼음층이 강을 덮었다.

0636 □□

temperature
[témpərətʃər]

ⓝ 온도, 기온, 체온

There were clear skies and temperatures over 30℃ that first week. 교과서

그 첫 주에는 날이 맑았고 기온은 섭씨 30도가 넘었다.

0637 □□

glacier
[gléiʃər]

ⓝ 빙하

He began to study the movement and effects of glaciers. EBS

그는 빙하의 움직임과 영향을 연구하기 시작했다.

+ **glacial** ⓐ 빙하의

0638 □□

astronomy
[əstránəmi]

ⓝ 천문학

He began to come into the spotlight in the field of astronomy. 학평

그는 천문학 분야에서 주목을 받기 시작했다.

+ **astronomer** ⓝ 천문학자 **astronaut** ⓝ 우주 비행사

0639 □□

ray
[rei]

ⓝ 빛, 광선

The sensor ray was powered up.

감지기 광선의 출력이 높아졌다.

= **beam** ⓝ 광선, 전파

0640 □□

consist of

~으로 이루어지다[구성되다]

The atmosphere on Mars consists of 96% carbon dioxide and less than 0.2% oxygen. 교과서

화성의 대기는 96퍼센트의 이산화 탄소와 0.2퍼센트도 안 되는 산소로 이루어져 있다.

= **be composed[comprised] of** ~으로 구성되다
be made (up) of ~으로 구성되다

DAY 16

DAY 16

REVIEW TEST

A 다음 단어에 해당하는 영어 단어 또는 우리말을 쓰시오.

01 방법, 수단	______	07 temperature	______
02 수증기, 증발하다	______	08 solid	______
03 금속	______	09 particle	______
04 분자, 미량	______	10 mammal	______
05 서식지, 주거지	______	11 species	______
06 혼합, 혼합물	______	12 layer	______

B 다음 우리말에 맞도록 주어진 철자로 시작하는 단어를 쓰시오.

01 천연가스의 주요 성분	the main c______ of natural gas
02 유기체의 급속한 증가	rapid growth of the o______
03 근육 조직	muscle t______
04 중력의 법칙	the law of g______
05 줄기 세포 추출	s______ cell extraction
06 관측 기간	the o______ period
07 천적	a natural p______
08 가지를 꺾다	break a b______

A 01 method 02 vapor 03 metal 04 molecule 05 habitat 06 mixture 07 온도, 기온, 체온 08 고체(의), 견고한 09 입자, 극소량 10 포유동물 11 종, 종류 12 층, 층층이 쌓다

B 01 component 02 organism 03 tissue 04 gravity 05 stem 06 observation 07 predator 08 branch

DAY 17

Previous Check

- □ conquer
- □ heritage
- □ artificial
- □ conventional
- □ colonial
- □ noble
- □ ascend
- □ empower
- □ be derived from
- □ take ~ into account
- □ philosophy
- □ profound
- □ shallow
- □ oppose
- □ spirit
- □ ritual
- □ substance
- □ prejudice
- □ bias
- □ ultimate
- □ absolute
- □ humanity
- □ draft
- □ spell
- □ modify
- □ comic
- □ tragic
- □ simplify
- □ myth
- □ imply
- □ context
- □ inherent
- □ outline
- □ translate
- □ series
- □ plot
- □ paradoxically
- □ ironically
- □ metaphor
- □ fiction

역사

0641 □□

conquer
[ká:ŋkər]

ⓥ 정복하다, 극복하다, 이기다

Love will conquer hatred if you let it.
그렇게 하도록 두면 사랑은 증오를 정복할 것이다.

⊞ **conqueror** ⓝ 정복자 **conquest** ⓝ 정복, 점령지

0642 □□

heritage
[héritidʒ]

ⓝ 유산

Historical buildings are considered cultural heritage.
역사적인 건물은 문화유산으로 간주된다.

⊟ **legacy** ⓝ 유산, 유증

0643 □□

artificial
[à:rtəfíʃəl]

ⓐ 인공의, 인위적인, 인조의

Diet sodas replace the sugar with artificial sweeteners. 교과서
다이어트 탄산음료는 설탕을 인공 감미료로 대체한다.

0644 □□

conventional
[kənvénʃənl]

ⓐ 전통적인, 관습적인

All too often everything is ruled by conventional wisdom.
너무 비일비재하게 모든 것은 사회적 통념에 의해 규정된다.

⊟ **traditional** ⓐ 전통적인
⊞ **convention** ⓝ 관습, 대회

0645 □□

colonial
[kəlóuniəl]

ⓐ 식민지의

All the bad deeds committed by the country under its colonial rule were on display.
식민지 통치하에서 그 나라에 의해 자행된 모든 악행들이 전시되었다.

⊞ **colony** ⓝ 식민지

0646 □□

noble
[nóubl]

ⓐ 귀족의, 고귀한 ⓝ 귀족

It's a noble idea, but now isn't the moment.
그것은 고귀한 사상이지만, 지금은 때가 아니다.

⊕ **nobility** ⓝ 귀족, 고귀함

0647 □□

ascend
[əsénd]

ⓥ 오르다, 올라가다

When Queen Victoria ascended to the throne in 1837, she presided over the largest empire in history. EBS
빅토리아 여왕이 1837년에 왕좌에 올랐을 때, 그녀는 역사상 가장 큰 제국을 통솔했다.

↔ **descend** ⓥ 내려오다, 물려주다
⊕ **ascendant** ⓝ 조상

0648 □□

empower
[impáuər]

ⓥ 권능을 주다, 권한을 주다

As we look ahead into the next century, leaders will be those who empower others.
다음 세기를 내다볼 때, 다른 이들에게 권한을 주는 사람이 지도자가 될 것이다.

= **authorize** ⓥ 권한을 주다, 위임하다

0649 □□

be derived from

~에서 유래하다, ~에서 파생되다

The term is derived from the 15th-century Medici family, who helped usher in the Renaissance. 학평
그 용어는 15세기 메디치 가문에서 유래하는데, 그들은 르네상스 시대가 시작되도록 도왔다.

= **stem from** ~에서 유래하다

0650 □□

take ~ into account

~을 고려[참작]하다

Others claimed that the king should take every situation into account. 교과서
다른 사람들은 왕이 모든 상황을 고려해야 한다고 주장했다.

= **consider** ⓥ 고려하다 **take ~ into consideration** ~을 고려[참작]하다

종교와 철학

0651 □□

philosophy [filάsəfi]

ⓝ 철학

The director failed to show the philosophy behind the story.
그 감독은 이야기 뒤에 담긴 철학을 보여 주는 데 실패했다.

+ **philosophical** ⓐ 철학의 **philosopher** ⓝ 철학자

0652 □□

profound [prəfáund]

ⓐ 심오한, 깊은

To make profound changes in your life, you need either inspiration or desperation.
인생에서 심오한 변화를 만들어 내기 위해서는, 자극이나 절실함이 필요하다.

+ **profoundly** ad 심오하게

0653 □□

↔ **shallow** [ʃǽlou]

ⓐ 얕은, 피상적인, 천박한

That's a shallow idea, so I can't accept it.
그것은 얕은 생각이어서, 나는 그것을 받아들일 수 없다.

= **superficial** ⓐ 피상적인, 표면의

0654 □□

oppose [əpóuz]

ⓥ 반대하다, 방해하다, 대항하다

Lift is opposed by weight, which is the force of gravity that is constantly pulling the airplane down. 교과서
양력(상승력)은 무게에 반대되는데, 무게는 끊임없이 비행기를 아래로 끌어당기는 중력이다.

Voca+ op(=against)+pose(=put) → 반대쪽에 놓다

+ **opposite** ⓐ 정반대의, 마주보고 있는 ⓝ 상대, 정반대의 사람[사물]

0655 □□

spirit [spírit]

ⓝ 정신, 영혼

You should strengthen your spirit and develop an "Oh, yes!" attitude. 교과서
여러분은 자신의 정신을 강화하고 "그래, 좋아!"의 마음가짐을 발전시켜야 한다.

+ **spiritual** ⓐ 정신의, 영적인

0656 □□

ritual
[rítʃuəl]

ⓝ 의식 ⓐ 의식의, 의례적인

The dance was often performed as a ritual to protect the village. 교과서

그 춤은 마을을 보호하기 위한 의식으로 종종 수행되었다.

= **ceremony** ⓝ 의식, 의전

0657 □□

substance
[sʌ́bstəns]

ⓝ 물질, 실체, 본질

Indoor plants can filter harmful substances found in your home. 교과서

실내 식물은 여러분의 집에서 발견되는 해로운 물질을 걸러낼 수 있다.

+ **substantial** ⓐ 상당한, 실질적인 **substantially** ⓐⓓ 상당히

0658 □□

prejudice
[prédʒədis]

ⓝ 편견 ⓥ 편견을 갖게 하다

Kids get many of their early ideas and prejudices from us.

아이들은 그들의 어린 시절의 생각과 편견의 많은 부분을 우리에게서 얻는다. EBS

Voca+ pre(=before)+judice(=judge) → 미리 내린 판단

+ **prejudiced** ⓐ 편견이 있는

0659 □□

= **bias**
[báiəs]

ⓝ 편견, 편향 ⓥ 편견[선입견]을 갖게 하다

Every human being is affected by unconscious biases that lead us to make incorrect assumptions about other people. 학평

모든 인간은 다른 사람들에 대한 부정확한 추측을 하도록 이끄는 무의식적인 편견에 의해 영향을 받는다.

+ **biased** ⓐ 편향된, 선입견이 있는

0660 □□

ultimate
[ʌ́ltəmit]

ⓐ 궁극적인, 최고의, 최후의

The reality is you will likely not be living your ultimate day every day. EBS

현실은 여러분이 매일 최고의 날을 살아가지는 않을 것 같다는 것이다.

+ **ultimately** ⓐⓓ 최후로, 마침내

0661 □□

absolute
[ǽbsəlù:t]

ⓐ 절대적인, 완전한

There is no absolute time and space.
절대적인 시간과 공간은 없다.

+ **absolutely** ⓐⓓ 절대적으로, 정말로

0662 □□

humanity
[hju(:)mǽnəti]

ⓝ 인류, 인간성, 인간애

Perhaps my indoorsy self represents the future of humanity.
아마도 실내 생활을 좋아하는 내 모습은 인류의 미래를 대변할 것이다. 학평

문학

0663 □□

draft
[dræft]

ⓝ 초안, 밑그림 ⓥ 초안을 작성하다

Only the original author is able to edit the draft.
원저자만이 그 초고를 편집할 수 있다.

0664 □□

spell
[spel]

ⓥ 철자를 말하다[쓰다] ⓝ 마법, 한동안[잠깐]

To protect our language, we need to spell words correctly. 학평
우리의 언어를 보호하기 위해서, 우리는 단어의 철자를 정확하게 쓸 필요가 있다.

0665 □□

modify
[mádəfài]

ⓥ 수정하다, 변형하다

Modify everything in the way you want.
모든 것을 당신이 원하는 대로 수정하세요.

+ **modification** ⓝ 수정, 변경

0666 □□

comic [kámik]

ⓐ 희극의, 웃기는

I'd like to spend a whole day reading comic books.

나는 하루 종일 만화책을 읽으면서 보내고 싶다.

+ **comedy** ⓝ 희극

0667 □□

tragic [trǽdʒik]

ⓐ 비극의, 비참한

According to Aristotle, a tragic hero has to be someone of noble stature. EBS

아리스토텔레스에 따르면, 비극적 영웅은 고귀한 지위를 가진 사람이어야 한다.

+ **tragedy** ⓝ 비극

0668 □□

simplify [símpləfài]

ⓥ 단순화하다, 간소화하다

All you need to do is simplify your life.

당신이 해야 할 일은 당신의 삶을 단순화하는 것뿐이다.

↔ **complicate** ⓥ 복잡하게 하다, 까다롭게 하다

+ **simple** ⓐ 간단한, 단순한 **simplicity** ⓝ 간단함, 단순함

0669 □□

myth [miθ]

ⓝ 신화, (근거 없는) 사회적 통념

Our ancestors created myths and told legendary stories about the night sky. 학평

우리 선조들은 밤하늘에 관한 신화들을 창조했고 전설적인 이야기들을 말했다.

+ **mythology** ⓝ 신화(학) **mythical** ⓐ 신화 속에 나오는

0670 □□

imply [implái]

ⓥ 함축하다, 암시하다

Fees are simply prices that imply no moral judgment. 학평

요금은 도덕적인 판단을 수반하지 않는 그저 가격일 뿐이다.

+ **implication** ⓝ 함축, 영향

0671 □□

context
[kántekst]

ⓝ (글의) 맥락, (사건의) 정황

It is important to guess their meanings from the contexts in which idioms are used. 교과서

관용어는 그것들이 사용된 맥락을 통해 의미를 추측하는 것이 중요하다.

0672 □□

inherent
[inhíərənt]

ⓐ 내재하는, 고유의, 타고난

There exists an inherent logical inconsistency in cultural relativism. 학평

문화 상대주의에는 내재하는 논리적 모순이 존재한다.

= **intrinsic** ⓐ 내재하는, 본질적인, 고유의
\+ **inhere** ⓥ 본래 갖추어져 있다, 타고나다 **inherence** ⓝ 고유, 타고남

0673 □□

outline
[áutlàin]

ⓥ 윤곽을 그리다, 개요를 말하다 ⓝ 개요, 윤곽

I'm here to outline when to spend and when to save.

저는 언제 소비하고 언제 저축해야 할지 간략하게 설명하러 왔습니다.

0674 □□

translate
[trænsléit]

ⓥ 번역하다

Is there anybody who can translate this into Spanish?

이것을 스페인어로 번역할 수 있는 사람이 있나요?

\+ **translation** ⓝ 번역 **translator** ⓝ 번역가

0675 □□

series
[síəri:z]

ⓝ 연속, 시리즈

In addition to her mysteries, she also wrote a series of successful plays under another pen name.

자신의 미스터리 소설 이외에도, 그녀는 또한 다른 필명으로 일련의 성공적인 희곡을 썼다.

0676 □□

plot
[plɑt]

ⓝ 줄거리, 음모 ⓥ 음모를 꾸미다

The plot of the novel is based upon a true story told to James by his close friend.
그 소설의 줄거리는 James의 친한 친구가 그에게 들려준 실제 이야기에 근거를 두고 있다.

+ **plotless** ⓐ 줄거리가 없는

0677 □□

paradoxically
[pæ̀rədɑ́ksikəli]

ad 역설적으로

The mentally agile survivor paradoxically puts more energy into playing with the problem mentally. EBS
정신적으로 민첩한 생존자는 역설적으로 문제를 정신적으로 만지작거리는 데 더 많은 에너지를 쏟는다.

+ **paradox** ⓝ 역설, 모순 **paradoxical** ⓐ 역설의, 모순적인

0678 □□

= **ironically**
[airɑ́nikəli]

ad 반어적으로, 역설적으로

Ironically, the novel he felt was his worst sold more copies than any of his others.
역설적이게도, 그가 자신이 쓴 최악의 소설이라고 여기던 책이 그의 다른 어느 소설들보다 더 많이 팔렸다.

+ **irony** ⓝ 역설, 반어(법), 풍자 **ironic(al)** ⓐ 반어적인, 비꼬는

0679 □□

metaphor
[métəfɔ̀ːr]

ⓝ 비유, 은유

We don't send telegraphs to communicate anymore, but it's a great metaphor for giving advance notice. 학평
우리는 통신하기 위해 더 이상 전보를 보내지 않지만, 그것은 사전 통보를 하는 것에 대한 훌륭한 비유이다.

= **analogy** ⓝ 유사, 비유

0680 □□

fiction
[fíkʃən]

ⓝ 소설, 허구

Wilbur Smith was a South African novelist specializing in historical fiction. 학평
Wilbur Smith는 역사 소설을 전문으로 하는 남아프리카 소설가였다.

+ **fictional** ⓐ 허구의, 소설적인

DAY 17

REVIEW TEST

A 다음 단어에 해당하는 영어 단어 또는 우리말을 쓰시오.

01 식민지의	________	07 heritage	________
02 초안, 밑그림	________	08 empower	________
03 신화, 사회적 통념	________	09 prejudice	________
04 윤곽을 그리다	________	10 metaphor	________
05 맥락, 정황	________	11 ascend	________
06 얕은, 피상적인	________	12 fiction	________

B 다음 우리말에 맞도록 주어진 철자로 시작하는 단어를 쓰시오.

01 조화(造花)	a________ flowers
02 규정을 단순화하다	s________ regulations
03 비극적 죽음으로 끝나다	end with a t________ death
04 에베레스트산을 정복하다	c________ Mt. Everest
05 절대적인 권력	a________ power
06 종교적 의식	a religious r________
07 프랑스어를 영어로 번역하다	t________ French into English
08 외형보다 본질을 선호하다	prefer s________ to appearance

A 01 colonial 02 draft 03 myth 04 outline 05 context 06 shallow 07 유산 08 권능을 주다, 권한을 주다 09 편견, 편견을 갖게 하다 10 비유, 은유 11 오르다, 올라가다 12 소설, 허구

B 01 artificial 02 simplify 03 tragic 04 conquer 05 absolute 06 ritual 07 translate 08 substance

DAY

18

Previous Check

- □ creative
- □ abstract
- □ concrete
- □ masterpiece
- □ polish
- □ craft
- □ authentic
- □ precious
- □ proportion
- □ portrait
- □ play a role (in)
- □ elaborate
- □ external
- □ internal
- □ memorial
- □ differ
- □ distinguish
- □ contrast
- □ architect
- □ institute
- □ coordinate
- □ collapse
- □ amuse
- □ entertain
- □ compose
- □ orchestra
- □ rehearse
- □ popularity
- □ perform
- □ impressive
- □ flash
- □ harmonize
- □ encounter
- □ socialize
- □ imaginative
- □ magical
- □ theme
- □ entrance
- □ classical
- □ be associated with

미술

0681 □□

creative
[kriéitiv]

ⓐ 창의적인

To develop your creative thinking skills, try to look at things from a new perspective. 교과서

창의적인 사고 능력을 계발하기 위해서는, 새로운 관점으로 사물을 보도록 노력하라.

+ **creativity** ⓝ 창의성

0682 □□

abstract
ⓐ, ⓝ [ǽbstrækt]
ⓥ [æbstrǽkt]

ⓐ 추상적인 ⓝ 개요 ⓥ 추출하다, 요약하다

Color and memory combine and inspire the abstract paintings in the exhibition.

색과 기억은 결합하여 그 전시회의 추상화에 영감을 준다.

Voca+ **abs**(=away from)+**tract**(=draw) → ~에서 분리하여 끌어내다

0683 □□

↔ **concrete**
[kánkriːt]

ⓐ 구체적인 ⓝ 콘크리트

In general, movies are known to give the viewer concrete, realistic images of the characters. 교과서

일반적으로, 영화는 보는 사람에게 등장인물에 대한 구체적이고 사실적인 이미지를 제공하는 것으로 알려져 있다.

0684 □□

masterpiece
[mǽstərpìs]

ⓝ 걸작, 명작

Many of his masterpieces were painted from what he saw in his gardens at Giverny. 교과서

그의 걸작 중 다수는 Giverny에 있는 자신의 정원에서 그가 본 것들을 그린 것이다.

0685 □□

polish
[páliʃ]

ⓥ 닦다, 윤[광]내다, 다듬다 ⓝ 광택제

The Italian ice sculptor uses iron to polish his sculpture made from ice.

이탈리아의 얼음 조각가는 얼음으로 만들어진 자신의 조각품을 윤내기 위해 철을 사용한다.

+ **polished** ⓐ 광이 나는 **polisher** ⓝ 광을 내는 기구

0686 □□

craft
[kræft]

ⓝ 공예, 기술 ⓥ 공들여 만들다

They developed their craft skills over generations, demonstrating mastery of both tools and materials. 학평

그들은 여러 세대에 걸쳐 자신들의 공예 기술을 발전시켜, 도구와 재료 모두에 대한 숙달을 보여 주었다.

+ **crafty** ⓐ 솜씨 있는, 간교한 **craftsman** ⓝ 장인(匠人), 공예가

0687 □□

authentic
[ɔːθéntik]

ⓐ 진짜의, 진본[진품]인

Collectors seek authentic originals with provenance because they are more valuable. EBS

수집가들은 진짜 원본들이 더 가치 있기 때문에 출처가 있는 진짜 원본들을 찾는다.

0688 □□

precious
[préʃəs]

ⓐ 귀중한, 소중한

For her, there was nothing more precious than intelligence. 학평

그녀에게 지성보다 더 소중한 것은 없었다.

= **valuable** ⓐ 귀중한, 소중한

0689 □□

proportion
[prəpɔ́ːrʃən]

ⓝ 비율, 부분, 균형

Whatever the proportion of a work's showing to telling, there is always something for readers to interpret. 학평

작품의 보여 주기 대 말하기의 비율이 어떻든지 간에, 독자가 해석해야 하는 무언가가 항상 존재한다.

+ **proportional** ⓐ (~에) 비례하는

0690 □□

portrait
[pɔ́ːrtrit]

ⓝ 초상화

Mike is a self-taught artist specializing in portrait drawings.

Mike는 초상화 그림을 전문으로 하는 독학한 화가이다.

+ **portray** ⓥ 묘사하다, 그리다

DAY 18

0691 □□

play a role (in)

(~에서) 역할을 하다

The colors in those places play a role in how you feel. 교과서

그 장소들의 색은 당신이 어떻게 느끼는지에 역할을 한다.

건축

0692 □□

elaborate
[ilǽbərət]

ⓐ 정교한, 공들인

His attempt turned out to be a very elaborate one.

그의 시도는 매우 공을 들인 것으로 밝혀졌다.

Voca+ e(=thoroughly)+labor(=work)+ate(형용사형 접미사) → 철저히 일하는

+ elaborately ad 공들여서, 정교하게

0693 □□

external
[ikstə́:rnəl]

ⓐ 외부의

The external walls of the building are covered with ivy.

그 건물의 외벽들은 담쟁이덩굴로 덮여 있다.

Voca+ ex(밖으로)+turn(향하다)+al(형용사형 접미사) → 밖으로 향하는

+ externally ad 외부에, 외적으로

0694 □□

↔ **internal**
[intə́:rnəl]

ⓐ 내부의

We need to take measures to defend the internal market.

우리는 국내 시장을 지키기 위한 조치를 취해야 할 필요가 있다.

Voca+ in(안으로)+turn(향하다)+al(형용사형 접미사) → 안으로 향하는

+ internally ad 내부에, 내적으로

0695 □□

memorial
[məmɔ́:riəl]

ⓝ 기념물 ⓐ 기념의, 추도의

A lot of people offer prayers in front of the memorial.

많은 사람들이 그 기념물 앞에서 기도를 한다.

= monument ⓝ 기념물, 기념비

+ memorable ⓐ 기억할 만한

0696 □□

differ
[dífər]

ⓥ 다르다

The two structures look alike but, in fact, they totally differ in style. EBS

그 두 구조물은 아주 비슷해 보이지만, 사실상 스타일은 완전히 다르다.

+ **different** ⓐ 다른 **difference** ⓝ 다름, 차이점

0697 □□

distinguish
[distíŋgwiʃ]

ⓥ 구별하다, 식별하다

How can I learn to distinguish right from wrong?

어떻게 하면 제가 옳고 그름을 구별하는 법을 배울 수 있을까요?

= **differentiate** ⓥ 구별하다

+ **distinct** ⓐ 뚜렷한, 별개의 **distinguished** ⓐ 유명한, 뛰어난

0698 □□

contrast
ⓝ [kάntræst]
ⓥ [kəntrǽst]

ⓝ 대조, 대비 ⓥ 대조를 이루다

Stones take on new life through sharp color contrast.

돌들이 강렬한 색채 대비를 통해 새로운 생기를 띤다.

Voca+ **contra**(=opposite)+**st**(=stand) → 반대에 서다

0699 □□

architect
[άːrkitèkt]

ⓝ 건축가

Bramante's buildings influenced other architects for centuries. EBS

Bramante의 건물들은 수 세기 동안 다른 건축가들에게 영향을 미쳤다.

+ **architecture** ⓝ 건축 **architectural** ⓐ 건축의

0700 □□

institute
[ínstitjùːt]

ⓝ 연구소, 협회 ⓥ 설립하다

The Art Institute of INC is hosting the "2020 Korean Dish Competition." 학평

INC 예술 협회에서 '2020 한식 경연 대회'를 개최합니다.

0701 □□

coordinate
ⓥ [kouɔ́:rdənèit]
ⓐ [kouɔ́:rdənət]

ⓥ 조정하다 ⓐ 동등한

Let's coordinate with local police to address the problem.
그 문제를 처리하기 위해 현지 경찰과 조정을 합시다.

+ **coordination** ⓝ 일치, 조화

0702 □□

collapse
[kəlǽps]

ⓥ 무너지다, 붕괴하다

How they caused the building to collapse remains unknown at this time.
그것들이 어떻게 그 건물이 무너지게 만들었는지는 이 시점에서 알려지지 않고 있다.

공연

0703 □□

amuse
[əmjú:z]

ⓥ 즐겁게 하다

Amusing yourself is more difficult than amusing others.
다른 사람을 즐겁게 하는 것보다 자신을 즐겁게 하는 것이 더 어렵다.

+ **amusement** ⓝ 즐거움

0704 □□

entertain
[èntərtéin]

ⓥ 즐겁게 하다

If you want to be entertained, go and see Hanson. 교과서
즐거워지고 싶다면, 가서 Hanson을 만나세요.

+ **entertainment** ⓝ 오락, 연예 **entertaining** ⓐ 재미있는

0705 □□

compose
[kəmpóuz]

ⓥ 구성하다, 작곡하다, 조정하다

Mussorgsky composed a piano suite in 10 movements to describe each of Hartmann's paintings. 교과서
Mussorgsky는 Hartmann의 그림들 각각을 묘사하기 위해 10개의 악장으로 된 피아노 모음곡을 작곡했다.

Voca+ **com**(=together)+**pose**(=put) → 함께 놓다

+ **composer** ⓝ 작곡가 **composition** ⓝ 작곡, 구성, 작품

0706 □□

orchestra
[ɔ́ːrkəstrə]

ⓝ 오케스트라, 관현악단

There is neither an orchestra nor an audience. 교과서

관현악단도 청중도 없다.

0707 □□

rehearse
[rihə́ːrs]

ⓥ 연습[시연]하다, 리허설을 하다

These orchestras usually rehearse intensively for only a few days before a concert.

이런 오케스트라는 대개 공연 전 단 며칠 동안 집중적으로 연습을 한다.

＋ **rehearsal** ⓝ 예행연습, 리허설

0708 □□

popularity
[pὰpjulǽrəti]

ⓝ 인기

Seek respect rather than popularity; quality rather than luxury.

인기보다는 존경을, 화려함보다는 내실을 추구하라.

＋ **popular** ⓐ 인기 있는

0709 □□

perform
[pərfɔ́ːrm]

ⓥ 공연하다, 실행하다

It was his first time to perform before a large audience.

그가 많은 관중 앞에서 공연한 것은 그때가 처음이었다.

＋ **performance** ⓝ 공연, 성과　**performer** ⓝ 실행자, 연기자

0710 □□

impressive
[imprésiv]

ⓐ 인상적인, 감동적인

A crowded room will seem more impressive than an empty hall. EBS

붐비는 방이 텅 빈 홀보다 더 인상적이게 보일 것이다.

＝ **striking** ⓐ 두드러진, 인상적인

＋ **impression** ⓝ 인상　**impressively** ⓐⓓ 인상적으로

0711 □□

flash
[flæʃ]

ⓥ 번쩍이다 ⓝ 번쩍임, 플래시

The flash of the camera can damage the artwork. 학평
카메라 플래시가 작품에 손상을 줄 수 있다.

+ **flashlight** ⓝ 손전등

0712 □□

harmonize
[hɑ́:rmənàiz]

ⓥ 조화를 이루다, 화음을 넣다

Wherever you belong, nothing is more important than harmonizing with people there.
당신이 어디에 소속되어 있든지 간에, 그곳 사람들과 조화를 이루는 것보다 더 중요한 것은 없다.

+ **harmony** ⓝ 조화, 화음

0713 □□

encounter
[inkáuntər]

ⓥ (우연히) 만나다, 마주치다 ⓝ 마주침

When people encounter a new culture, they can experience culture shock. 교과서
사람들이 새로운 문화를 만날 때, 그들은 문화 충격을 경험할 수 있다.

0714 □□

socialize
[sóuʃəlàiz]

ⓥ 사회화하다, 교제하다

Exercise can be a fun time to socialize with friends.
운동은 친구들과 어울리는 재미있는 시간이 될 수 있다.

+ **socialization** ⓝ 사회화

0715 □□

imaginative
[imǽdʒənətiv]

ⓐ 상상력이 풍부한, 상상의

An imaginative idea might rise to the surface in only a second.
상상력이 풍부한 아이디어는 단 1초 만에 수면 위로 올라올 수도 있다.

+ **imagine** ⓥ 상상하다 **imagination** ⓝ 상상력

0716 □□

magical
[mǽdʒikəl]

ⓐ 마법의

There's something magical about sport that inspires you to try harder. 교과서

스포츠에는 여러분이 더 열심히 노력하도록 격려하는 마법 같은 것이 있다.

+ **magic** ⓝ 마법 ⓐ 마법의 ⓥ 마법을 걸다

0717 □□

theme
[θiːm]

ⓝ 주제, 테마

Many theme parks try to come up with a way to avoid the wait.

많은 테마파크에서는 대기를 피하기 위한 방안을 생각해 내려고 노력한다.

0718 □□

entrance
[éntrəns]

ⓝ 입장, 입구, 입학

No one could block my entrance.

누구도 나의 입장을 막을 수 없었다.

↔ **exit** ⓝ 출구, (배우의) 퇴장

+ **enter** ⓥ 들어가다, 입장하다 **entry** ⓝ 출품작

0719 □□

classical
[klǽsikəl]

ⓐ 고전의, 클래식의

Why don't you listen to classical music? It relieves stress.

클래식 음악을 들어 보는 게 어때? 그것은 스트레스를 완화시켜 줘. 학평

0720 □□

be associated with

~와 관련[연관]되다

The word *magic* has always been associated with the film industry. EBS

'마법'이라는 단어는 항상 영화 산업과 연관되어 왔다.

DAY 18

REVIEW TEST

A 다음 단어에 해당하는 영어 단어 또는 우리말을 쓰시오.

01 윤내다, 광택제	________	07 contrast	________
02 초상화	________	08 coordinate	________
03 무너지다, 붕괴하다	________	09 flash	________
04 건축가	________	10 impressive	________
05 다르다	________	11 theme	________
06 인기	________	12 entrance	________

B 다음 우리말에 맞도록 주어진 철자로 시작하는 단어를 쓰시오.

01 정교한 그림들	e________ drawings
02 창의적인 사고 능력	c________ thinking ability
03 마법과도 같은 일	something m________
04 선과 악을 구별하다	d________ good from evil
05 고전적 양식의 건축물	a building in the c________ style
06 무대에서 공연하다	p________ on the stage
07 오페라를 작곡하다	c________ operas
08 외부 스트레스 요인들	e________ stress factors

A 01 polish 02 portrait 03 collapse 04 architect 05 differ 06 popularity 07 대조, 대비, 대조를 이루다 08 조정하다, 동등한 09 번쩍이다, 번쩍임, 플래시 10 인상적인, 감동적인 11 주제, 테마 12 입장, 입구, 입학

B 01 elaborate 02 creative 03 magical 04 distinguish 05 classical 06 perform 07 compose 08 external

DAY 19

Previous Check

- □ electronic
- □ multiply
- □ upload
- □ download
- □ virtual
- □ activate
- □ nuclear
- □ install
- □ maximize
- □ minimize
- □ circuit
- □ sort
- □ automatic
- □ manual
- □ visual
- □ recharge
- □ numerous
- □ statistics
- □ angle
- □ equation
- □ ride
- □ crash
- □ rush
- □ bump
- □ aircraft
- □ astronaut
- □ mechanical
- □ loosen
- □ spare
- □ rough
- □ transport
- □ passenger
- □ commute
- □ inspect
- □ accelerate
- □ navigate
- □ shipment
- □ assemble
- □ have A in common
- □ turn A into B

컴퓨터

0721 □□

electronic
[ilektrá:nik]

ⓐ 전자의

Unplug electronic devices when they're not in use. 학평

전자 기기를 사용하지 않을 때에는 플러그를 빼라.

+ **electronics** ⓝ 전자 공학

0722 □□

multiply
[mʌ́ltəplài]

ⓥ 곱하다, 크게 증가시키다

Think of a number and multiply it by three.

숫자 하나를 생각하고 그것에 3을 곱해라.

+ **multiplication** ⓝ 곱셈, 증식

0723 □□

upload
[ʌ́plòud]

ⓥ 업로드하다 ⓝ 업로드

Upload a maximum of 20 photos onto our website. 학평

우리의 웹사이트로 최대 20장의 사진을 업로드하십시오.

0724 □□

↔ **download**
[dáunlòud]

ⓥ 다운로드하다 ⓝ 다운로드

I was daydreaming about all of the cool apps and games I was going to download. 학평

나는 내가 다운로드할 모든 멋진 앱과 게임에 대해 상상에 잠겨 있었다.

0725 □□

virtual
[və́:rtʃuəl]

ⓐ 가상의, 사실상의

Physical bookstores simply could not stock as many titles as a virtual bookstore could. 학평

물리적인 서점은 결코 가상 서점이 할 수 있는 만큼 많은 서적을 구비할 수 없었다.

+ **virtually** ⓐⓓ 사실상, 거의 **virtualize** ⓥ 가상 현실로 바꾸다

0726 □□

activate
[ǽktəvèit]

ⓥ 작동시키다, 활성화시키다

When we listen to words conveying painful thoughts, our brains activate to feel that pain. 학평

우리가 고통스러운 생각을 전달하는 말을 들었을 때, 우리의 뇌는 그 고통을 느끼는 것을 활성화시킨다.

➕ active ⓐ 활동적인 activity ⓝ 움직임, 활동 activation ⓝ 활성화

0727 □□

nuclear
[njúːkliər]

ⓐ 원자력의, 핵의

An earthquake and its accompanying tsunami destroyed Japan's Fukushima nuclear power plant. 교과서

지진과 그에 수반되는 쓰나미로 인해 일본의 후쿠시마 원자력 발전소가 파괴되었다.

0728 □□

install
[instɔ́ːl]

ⓥ 설치하다, 설비하다

The software can't be installed on computers using Windows 10.

그 소프트웨어는 Windows 10을 사용하는 컴퓨터에 설치될 수 없다.

Voca+ in(안에)+stall(=stand) → 안에 세우다

= set up ~을 설치하다, ~을 세우다

➕ installation ⓝ 설치, 설비

0729 □□

maximize
[mǽksəmàiz]

ⓥ 최대화하다

Here are simple tips that can help you maximize the small space you have. 교과서

당신이 가진 작은 공간을 최대화하는 데 도움을 줄 수 있는 간단한 조언이 있다.

➕ maximum ⓝ 최대 ⓐ 최대의, 최고의

0730 □□

minimize
↔ [mínəmàiz]

ⓥ 최소화하다

I just tried to minimize the loss.

나는 단지 손실을 최소화하려고 노력했을 뿐이다.

➕ minimum ⓝ 최소 ⓐ 최소한의, 최저의

0731 □□

circuit [sə́ːrkit]

ⓝ 회로, 순환

I can help you find the circuit board.

나는 네가 회로 기판을 찾는 것을 도와줄 수 있어.

+ **circular** ⓐ 원의, 순환의

0732 □□

sort [sɔːrt]

ⓝ 종류, 부류 ⓥ 분류하다

Your brain reviews, sorts and stores the knowledge you gained during the day while you sleep. 교과서

당신의 뇌는 당신이 수면을 취하는 동안 그날 하루 습득한 지식을 검토하고 분류하고 저장한다.

= **classify** ⓥ 분류하다

0733 □□

automatic [ɔ̀ːtəmǽtik]

ⓐ 자동의, 무의식적인

Experiencing physical warmth promotes interpersonal warmth, which happens in an automatic way. 학평

신체적인 따뜻함을 경험하는 것은 대인 관계의 따뜻함을 증진시키며, 이는 자동적인 방식으로 발생한다.

+ **automatically** ⓐⓓ 자동적으로 **automation** ⓝ 자동화

0734 □□

↔ **manual** [mǽnjuəl]

ⓐ 수동의, 육체노동의 ⓝ 설명서

Professionals' focus is often on streamlining manual or administrative work. EBS

전문가들의 초점은 흔히 수작업이나 관리상의 업무를 효율화하는 데 맞추어져 있다.

Voca+ manu(=hand)+al(=형용사형 접미사) → 손의

+ **manually** ⓐⓓ 손으로

0735 □□

visual [víʒuəl]

ⓐ 시각의, 눈에 보이는 ⓝ 시각 자료

Using visual communication instead of words saves time. 교과서

말 대신 영상 통신을 사용하는 것은 시간을 절약한다.

+ **visualization** ⓝ 시각화

0736 □□

recharge
[riːtʃáːrdʒ]

ⓥ 충전하다, 재충전하다

I recharged my cell phone several times.
나는 내 휴대 전화를 여러 차례 재충전했다.

+ **rechargeable** ⓐ 재충전할 수 있는

0737 □□

numerous
[njúːmərəs]

ⓐ 다수의, 수많은

They gave him numerous warnings to drop it and get down.
그들은 그에게 그것을 내려놓고 엎드리라고 수차례 경고했다. 학평

= **countless** ⓐ 무수한, 셀 수 없이 많은

0738 □□

statistics
[stətístiks]

ⓝ 통계, 통계 자료, 통계학

Statistics show that about one out of five Korean households currently keeps pets.
통계는 한국의 약 다섯 가구 중 한 가구가 현재 반려동물을 키우고 있다고 보여 준다.

+ **statistical** ⓐ 통계적인, 통계학상의

0739 □□

angle
[ǽŋgl]

ⓝ 각도

Hold it at that angle whenever possible.
가능할 때마다 그것을 그 각도로 유지하세요.

0740 □□

equation
[ikwéiʒən]

ⓝ 방정식

What answer did you get for this equation?
이 방정식의 답이 무엇으로 나왔니?

Voca+ equ(=same)+ation(명사형 접미사) → 같게 하다

+ **equate** ⓥ 동일시하다 **equational** ⓐ 균등한, 방정식의

교통

0741 □□

ride
[raid]

ⓥ (탈것을) 타다, 승마하다 ⓝ 타고 가기

If I ride a bus for too long, I get car sickness. 학평
나는 버스를 너무 오랫동안 타면, 차멀미를 한다.

+ **rider** ⓝ 타는 사람

0742 □□

crash
[kræʃ]

ⓥ 추락하다, 충돌하다 ⓝ 추락, 충돌

The only way to keep from crashing was to put extra space between our car and the car in front of us. EBS
충돌하는 것을 막는 유일한 방법은 우리 차와 우리 앞에 있는 차 사이에 여분의 공간을 두는 것이었다.

0743 □□

rush
[rʌʃ]

ⓥ 서두르다, 돌진하다

I rushed to catch a taxi and headed back to the store. 학평
나는 서둘러 택시를 잡아타고 그 가게로 다시 향했다.

0744 □□

bump
[bʌmp]

ⓥ 부딪치다 ⓝ 혹

You may become angry on a crowded bus if people bump into you.
혼잡한 버스에서 사람들이 당신과 부딪친다면, 당신은 화가 나게 될지도 모른다.

+ **bump into** ~와 부딪치다, ~와 우연히 만나다

0745 □□

aircraft
[ɛ́ərkræ̀ft]

ⓝ 항공기

Thomas built a new aircraft that looks like a goose for Amy. 교과서
Thomas는 Amy를 위해서 거위를 닮은 새로운 항공기를 만들었다.

0746 □□

astronaut
[ǽstrənɔ̀:t]

ⓝ 우주 비행사

Mae C. Jemison was named the first black woman astronaut in 1987. 학평

Mae C. Jemison은 1987년에 최초의 흑인 여성 우주 비행사로 임명되었다.

Voca+ astro(=star)+naut(=sailor) → 별[우주] 항해자

0747 □□

mechanical
[məkǽnikəl]

ⓐ 기계의, 역학의, (행동이) 기계적인

A loud engine noise filled the air with its heavy mechanical sounds. EBS

시끄러운 엔진 소리가 그것의 거대한 기계음으로 대기를 채웠다.

+ **machine** ⓝ 기계 **mechanic** ⓝ 정비공

0748 □□

loosen
[lú:sən]

ⓥ 풀다, 느슨하게 하다

You need to loosen up a little bit.

너는 긴장을 좀 풀어야 한다.

↔ **tighten** ⓥ 죄다, 팽팽하게 하다

+ **loose** ⓐ 느슨한, 헐거운

0749 □□

spare
[spɛər]

ⓐ 여분의, 예비의 ⓥ 할애하다, 아끼다

How do you spend your spare time?

당신은 여가 시간을 어떻게 보냅니까?

= **extra** ⓐ 여분의, 임시의

0750 □□

rough
[rʌf]

ⓐ 거친, 대강의

I would like to make a rough estimate of the shopping distance.

나는 쇼핑 거리에 대한 대강의 추정치를 만들어 보고 싶다.

= **uneven** ⓐ 울퉁불퉁한 **approximate** ⓐ 대략의, 가까운

+ **roughly** ad 대략, 거의

0751 □□

transport
ⓥ [trænspɔ́ːrt]
ⓝ [trǽnspɔːrt]

ⓥ 수송하다, 운반하다 ⓝ 수송

Millions of gallons of gas are used to transport bottled water.
수백만 갤런의 휘발유가 병에 든 생수를 수송하는 데 사용된다. 학평

Voca+ trans(=across)+port(=carry) → 가로질러 운반하다

⊕ **transportation** ⓝ 수송, 운송

0752 □□

passenger
[pǽsəndʒər]

ⓝ 승객

Many airline passengers are waiting in line to check their luggage.
많은 항공사 승객들이 그들의 수화물을 확인하려고 줄 서서 기다리고 있다.

0753 □□

commute
[kəmjúːt]

ⓥ 통근하다 ⓝ 통근, 통근 거리[시간]

I prefer to commute to work by bus.
나는 버스로 통근하는 것을 선호한다.

⊕ **commuter** ⓝ 통근하는 사람

0754 □□

inspect
[inspékt]

ⓥ (세밀히) 조사하다

The factory was inspected by a team from the Netherlands in October last year. EBS
그 공장은 작년 10월에 네덜란드에서 온 한 팀에 의해 세밀한 조사를 받았다.

⊜ **investigate** ⓥ (세밀히) 조사하다, 검사하다
⊕ **inspection** ⓝ 조사, 검사

0755 □□

accelerate
[əksélərèit]

ⓥ 가속하다, 촉진하다

I think we need to accelerate the site loading speed.
내 생각에 우리는 사이트 로딩 속도를 높여야 할 것 같다.

↔ **decelerate** ⓥ 속도를 줄이다
⊕ **acceleration** ⓝ 가속, 촉진

0756 □□

navigate
[nǽvəgèit]

ⓥ 항해하다, 조종하다, 길을 찾다

Countless species of animals manage to navigate the world, solve problems, and learn without using language. 학평

수많은 종의 동물들이 언어를 사용하지 않고도 용케 세계를 항해하고, 문제를 해결하며, 학습해 낸다.

Voca+ nav(=ship)+ig(=drive)+ate(동사형 접미사) → 배를 몰다

➕ **navigation** ⓝ 항해

0757 □□

shipment
[ʃípmənt]

ⓝ 수송, 선적, 수송품

The shipment was delivered on time and in good condition.

그 수송품은 제시간에 양호한 상태로 배달되었다.

0758 □□

assemble
[əsémbl]

ⓥ 조립하다, 모으다

She assembled a dream team of women to campaign. EBS

그녀는 캠페인을 하기 위해 여성으로 구성된 드림 팀을 결성했다.

➕ **assembly** ⓝ 조립, 의회, 집회

0759 □□

have A in common

A를 공통점으로 가지다

Have you ever wondered what a kite and an airplane have in common? 교과서

연과 비행기가 무엇을 공통으로 갖고 있는지 궁금해한 적이 있는가?

0760 □□

turn A into B

A를 B로 바꾸다

The brake systems turned some drivers into markedly inferior drivers. EBS

그 브레이크 시스템은 일부 운전자들을 눈에 띄게 열등한 운전자들로 바꾸었다.

DAY 19 # REVIEW TEST

A 다음 단어에 해당하는 영어 단어 또는 우리말을 쓰시오.

01 작동시키다	________	07 electronic	________
02 회로, 순환	________	08 astronaut	________
03 거친, 대강의	________	09 accelerate	________
04 서두르다, 돌진하다	________	10 passenger	________
05 시각의, 눈에 보이는	________	11 recharge	________
06 수송, 선적, 수송품	________	12 loosen	________

B 다음 우리말에 맞도록 주어진 철자로 시작하는 단어를 쓰시오.

01 기계 장치	a m________ device
02 가상의 세계에서 살다	live in the v________ world
03 통계에 따르면	according to s________
04 나를 집까지 태워 주다	give me a r________ home
05 혜택을 극대화하다	m________ the benefit
06 그의 여가 시간에	in his s________ time
07 안전하게 항해하다	n________ safely
08 일종의 오만함	a s________ of arrogance

A 01 activate 02 circuit 03 rough 04 rush 05 visual 06 shipment 07 전자의 08 우주 비행사 09 가속하다, 촉진하다 10 승객 11 충전하다, 재충전하다 12 풀다, 느슨하게 하다

B 01 mechanical 02 virtual 03 statistics 04 ride 05 maximize 06 spare 07 navigate 08 sort

DAY 20

Previous Check

- □ physical
- □ opponent
- □ target
- □ posture
- □ track
- □ row
- □ stretch
- □ extreme
- □ flexible
- □ muscle
- □ surgery
- □ cure
- □ heal
- □ symptom
- □ immune
- □ therapy
- □ faint
- □ stroke
- □ breath
- □ bleed
- □ diagnose
- □ prescribe
- □ chronic
- □ obesity
- □ pregnant
- □ fatigue
- □ digestion
- □ have an effect on
- □ suffer from
- □ scent
- □ flavor
- □ nutrient
- □ fiber
- □ stir
- □ edible
- □ spill
- □ recipe
- □ portion
- □ dietary
- □ starve

스포츠

0761 □□

physical
[fízikəl]

ⓐ 신체의, 물질[물리]적인

Parents' physical touch was not related to children's emotion understanding. 학평

부모의 신체적 접촉은 아이들의 정서 이해와는 관련이 없었다.

↔ **mental** ⓐ 마음의, 정신적인
\+ **physically** ad 신체적으로, 물질적으로

0762 □□

opponent
[əpóunənt]

ⓝ 반대자, 경기 상대

He hoped his opponent would make mistakes. 교과서

그는 자신의 상대 선수가 실수하기를 바랐다.

= **competitor** ⓝ 경쟁자, 경쟁 상대
\+ **oppose** ⓥ 반대하다

0763 □□

target
[tá:rgit]

ⓝ 목표, 과녁 ⓥ 목표로 삼다, 겨냥하다

We can forgo temptations until we reach our target weight. EBS

우리는 우리의 목표 체중에 도달할 때까지 유혹을 포기할 수 있다.

= **aim** ⓝ 목적, 과녁

0764 □□

posture
[pástʃər]

ⓝ 자세 ⓥ 자세를 취하다

Increased muscle strength will improve your balance when maintaining difficult yoga postures. 학평

증가된 근력은 어려운 요가 자세를 유지할 때 균형을 향상시킬 것이다.

0765 □□

track
[træk]

ⓝ (경기용) 트랙, 자국 ⓥ 추적하다

They will use anybody to track what they need.

그들은 자신들이 필요로 하는 것을 추적하기 위해 누구든지 이용할 것이다.

0766 □□

row
[rou]

ⓝ 줄, 열 ⓥ 노를 젓다

Can I choose the seats in the center of the 3rd row? 학평

제가 세 번째 줄의 가운데 좌석을 선택할 수 있나요?

+ **in a row** 연달아

0767 □□

stretch
[stretʃ]

ⓥ (팔다리 등을) 뻗다, 늘리다 ⓝ 뻗기, 스트레칭, 신축성

They found half of the court occupied by girls who danced, then stretched. EBS

그들은 코트의 절반이 춤을 추고 스트레칭을 하는 소녀들에 의해 점유되고 있음을 발견했다.

0768 □□

extreme
[ikstríːm]

ⓐ 극심한, 극단의 ⓝ 극도, 극단

Sometimes, their works confuse us with their extreme reality. 학평

때때로 그들의 작품은 그것이 가진 극도의 현실성으로 우리를 혼란스럽게 한다.

+ **extremely** ⓐⓓ 극단적으로

0769 □□

flexible
[fléksəbl]

ⓐ 구부릴 수 있는, 유연한, 융통성 있는

Young children are generally very flexible. 학평

어린아이들은 일반적으로 유연성이 매우 좋다.

Voca+ **flex**(=bend)+**ible**(형용사형 접미사) → 구부릴 수 있는

+ **flexibility** ⓝ 유연성

0770 □□

muscle
[mʌ́sl]

ⓝ 근육, 근력

Bodybuilders have a lot of muscle. 교과서

보디빌더들은 근육이 많다.

+ **muscular** ⓐ 근육의, 근육이 발달한

질병과 의학

0771 □□

surgery
[sə́ːrdʒəri]

ⓝ 수술, 외과

Someone who performs surgery should obtain consent. EBS

외과 수술을 하는 사람은 동의를 얻어야 한다.

+ **surgical** ⓐ 외과의, 수술의 **surgeon** ⓝ 외과 의사

0772 □□

cure
[kjuər]

ⓥ 치료하다, 고치다 ⓝ 치유(법)

Modern medicine will never cure chronic disease. EBS

현대 의학은 만성 질환을 절대 고치지 못할 것이다.

+ **curable** ⓐ 치료할 수 있는

0773 □□

= **heal**
[hiːl]

ⓥ 치료하다, 치유되다

They become doctors who heal their patients without fighting to fix the broken systems. EBS

그들은 엉망인 체계를 고치려고 분투하지 않고서 자신들의 환자를 치료하는 의사가 된다.

+ **healing** ⓝ 치유, 치료

0774 □□

symptom
[símptəm]

ⓝ 증상, 징후

Colds and related symptoms are usually of no serious concern. EBS

감기와 관련 증상은 대개 심각하게 걱정할 바는 아니다.

0775 □□

immune
[imjúːn]

ⓐ 면역성의

Music can help improve the functioning of your immune system. 교과서

음악은 여러분의 면역 체계의 기능을 향상시키는 데 도움을 줄 수 있다.

+ **immunity** ⓝ 면역(성)

0776 □□

therapy
[θérəpi]

ⓝ 치료, 요법

Exercise is great for prevention, but it can be lousy for therapy. 학평

운동은 예방에는 좋지만, 치료에는 좋지 않을 수 있다.

+ **therapist** ⓝ 치료사, 치료 전문가

0777 □□

faint
[feint]

ⓥ 기절하다 ⓐ 희미한

She fainted when she heard the terrible news.

그녀는 그 끔찍한 소식을 듣고 기절했다.

= **pass out** 기절하다, 의식을 잃다
+ **faintly** ⓐⓓ 희미하게, 어렴풋이

0778 □□

stroke
[strouk]

ⓝ 타격, 뇌졸중

Getting emergency care is critical for a stroke victim.

응급 처치를 받는 것이 뇌졸중 환자에게 대단히 중요하다.

0779 □□

breath
[breθ]

ⓝ 숨, 호흡

I took a deep breath and threw myself into the pool. 학평

나는 심호흡을 하고 수영장으로 몸을 던졌다.

+ **breathe** ⓥ 숨쉬다 **breathtaking** ⓐ 숨 막히는

0780 □□

bleed
[bliːd]

ⓥ 피를 흘리다, 출혈하다

She might bleed to death in an hour if she doesn't get medical attention.

그녀는 치료를 받지 못하면 한 시간 이내에 출혈이 심해 사망할지도 모른다.

+ **blood** ⓝ 피, 혈통

0781 □□

diagnose
[dáiəgnòus]

ⓥ 진단하다

She was diagnosed as having a brain tumor in August 2022.
그녀는 2022년 8월에 뇌종양이 있는 것으로 진단을 받았다.

Voca+ dia(=through)+gno(=know)+se(동사형 접미사) → 꿰뚫어 알다

+ diagnosis ⓝ 진단

0782 □□

prescribe
[priskráib]

ⓥ 처방하다, 규정하다

He'll prescribe some medicine for you.
그가 당신을 위해서 약을 처방해 줄 것이다.

+ prescription ⓝ 처방

0783 □□

chronic
[krá:nik]

ⓐ 만성적인, 장기간의

These children face a significantly greater risk of developing chronic health problems. EBS
이러한 아이들은 만성적인 건강 문제로 발전할 위험이 상당히 크다.

↔ acute ⓐ 급성의 temporary ⓐ 일시적인

0784 □□

obesity
[oubí:səti]

ⓝ 비만

The rise in childhood obesity in poor countries is an alarming trend. EBS
가난한 국가에서 아동 비만의 증가는 놀라운 추세이다.

+ obese ⓐ 비만의

0785 □□

pregnant
[prégnənt]

ⓐ 임신한

She never thought she was pregnant.
그녀는 자신이 임신했다고 결코 생각지 못했다.

Voca+ pre(=before)+gn(=birth)+ant(형용사형 접미사) → 태어나기 전의 상태의

+ pregnancy ⓝ 임신

0786 □□

fatigue
[fətíːg]

ⓝ 피로

Viewing natural scenes helps us to recover from the mental fatigue. EBS

자연 경관을 보는 것은 우리가 정신적 피로에서 회복하도록 도움을 준다.

⊞ **fatigued** ⓐ 심신이 지친, 피로한

0787 □□

digestion
[daidʒéstʃən, di-]

ⓝ 소화, 소화력

Ginger has been used to help digestion and treat stomach upset.

생강은 소화를 돕고 배탈을 치료하는 데 사용되어 왔다.

⊞ **digest** ⓥ 소화하다, 완전히 이해하다 **digestive** ⓐ 소화의

0788 □□

have an effect on

~에 영향을 미치다

Moderate exercise has no effect on the duration or severity of the common cold. 학평

적당한 운동은 일반적인 감기의 지속 기간이나 심각성에 영향을 미치지 않는다.

⊜ **have an influence[impact] on** ~에 영향을 미치다

0789 □□

suffer from

~으로 고통받다, ~을 앓다

Monet suffered from cataracts for much of his later life. 교과서

Monet는 그의 말년의 많은 시간을 백내장으로 고통받았다.

DAY 20

음식과 영양

0790 □□

scent
[sent]

ⓝ 향기, 냄새

The scent of peppermint can help to convince the body that it is no longer hungry.

박하향은 더 이상 배고프지 않다는 것을 몸에 확신시키는 데 도움을 줄 수 있다.

0791 □□

flavor
[fléivər]

ⓝ 맛, 풍미, 향미(료)

When added to water, it produces a sharp flavor. 교과서

물에 더해지면 그것은 톡 쏘는 맛을 만들어 낸다.

= **taste** ⓝ 맛, 풍미

0792 □□

nutrient
[njúːtriənt]

ⓝ 영양소, 영양분

Those foods rarely contain the nutrients needed to support body functions. EBS

그런 음식들은 몸의 기능을 지탱하는 데 필요한 영양소를 거의 포함하고 있지 않다.

+ **nutrition** ⓝ 영양 **nutritious** ⓐ 영양분이 많은

0793 □□

fiber
[fáibər]

ⓝ 섬유, 섬유질

By increasing magazine recycling, we can reduce the amount of new fiber that must be obtained from wood. 학평

잡지 재활용을 늘림으로써, 우리는 나무에서 얻어야만 하는 새로운 섬유의 양을 줄일 수 있다.

0794 □□

stir
[stəːr]

ⓥ 휘젓다, 자극하다 ⓝ 휘젓기, 동요

Stir vinegar into the syrup.

식초를 시럽에 넣고 저어라.

0795 □□

edible
[édəbl]

ⓐ 먹을 수 있는, 식용의

Cherries on trees growing in public parks are picked when they are barely sweet enough to be edible. EBS

공원에서 자라는 나무의 체리는 그것이 먹을 수 있기에 충분히 달지 않을 때 채집된다.

↔ **inedible** ⓐ 먹을 수 없는

0796 □□

spill
[spil]

ⓥ 쏟다, 흘리다 ⓝ 유출

"I didn't mean to spill it!" she cried.
"그것을 일부러 쏟은 게 아니야!"라고 그녀가 소리쳤다.

0797 □□

recipe
[résəpìː]

ⓝ 조리법, 비법, 비결

I helped prepare the ingredients for the recipes. 교과서
나는 그 조리법에 필요한 재료를 준비하는 것을 도왔다.

0798 □□

portion
[pɔ́ːrʃən]

ⓝ 일부, 1인분 ⓥ 분배하다

Most of us don't find it easy to eat the right sized portion of food. EBS
우리들 대부분은 적절한 양의 음식을 먹는 것이 쉽지 않다는 것을 안다.

0799 □□

dietary
[dáiətèri]

ⓐ 음식물의, 식이요법의 ⓝ 규정식

Dietary supplements are products designed to give you nutrients that might be missing from your diet.
음식[식이] 보충제는 여러분의 식단에서 빠질 수 있는 영양소를 여러분에게 주기 위해 고안된 제품이다.

+ **diet** ⓝ 식사, 식습관, 규정식

0800 □□

starve
[stɑːrv]

ⓥ 굶주리다, 굶기다, 갈망하다

In the modern age you do not starve because you have no food, you starve because you have no money. 학평
현대에는 여러분이 식량이 없어서 굶주리는 것이 아니라, 돈이 없어서 굶주리는 것이다.

+ **starvation** ⓝ 기아

DAY 20

REVIEW TEST

A 다음 단어에 해당하는 영어 단어 또는 우리말을 쓰시오.

01 반대자, 경기 상대 __________
02 영양소, 영양분 __________
03 굶주리다, 갈망하다 __________
04 구부릴 수 있는, 유연한 __________
05 수술, 외과 __________
06 소화, 소화력 __________
07 fiber __________
08 pregnant __________
09 portion __________
10 stroke __________
11 row __________
12 stir __________

B 다음 우리말에 맞도록 주어진 철자로 시작하는 단어를 쓰시오.

01 극한 스포츠에 빠지다 be into e__________ sports
02 피로 회복 recovery from f__________
03 만성 질환들 c__________ disorders
04 음악 치료 요법을 사용하다 use music t__________
05 신체적 건강 p__________ health
06 감기의 가장 흔한 증상 the most common s__________ of a cold
07 성공의 비결 the r__________ of success
08 면역 체계를 강화하다 strengthen the i__________ system

A 01 opponent 02 nutrient 03 starve 04 flexible 05 surgery 06 digestion 07 섬유, 섬유질 08 임신한 09 일부, 1인분, 분배하다 10 타격, 뇌졸중 11 줄, 열, 노를 젓다 12 휘젓다, 자극하다, 휘젓기, 동요

B 01 extreme 02 fatigue 03 chronic 04 therapy 05 physical 06 symptom 07 recipe 08 immune

DAY 21

Previous Check

- □ instruct
- □ academic
- □ gratitude
- □ score
- □ pupil
- □ enroll
- □ discipline
- □ strict
- □ interact
- □ argue
- □ bother
- □ guidance
- □ collective
- □ admire
- □ intellectual
- □ result from
- □ evaluate
- □ assess
- □ presentation
- □ range
- □ formal
- □ intermediate
- □ attempt
- □ assist
- □ aid
- □ explanation
- □ grant
- □ award
- □ typical
- □ inevitable
- □ get rid of
- □ policy
- □ trigger
- □ disguise
- □ isolate
- □ invade
- □ captive
- □ command
- □ recruit
- □ voluntary

학교와 수업

0801 □□

instruct
[instrʌ́kt]

ⓥ 가르치다, 지시하다

I was instructed not to make any objection.
나는 어떤 이의도 제기하지 말라는 지시를 받았다.

Voca+ in(위에)+struct(=build) → 쌓아 올리다

+ instruction ⓝ 교육, 지시, 설명 instructive ⓐ 교육적인

0802 □□

academic
[ækədémik]

ⓐ 학업의, 학구적인

I'm not the academic type in terms of personality.
성격으로 보건대 나는 학구적인 유형은 아니다.

+ academy ⓝ 학원, 학회

0803 □□

gratitude
[grǽtətjùːd]

ⓝ 감사

I want to extend my gratitude to my parents for their love and sacrifice.
나는 부모님의 사랑과 희생에 대해 그분들께 감사를 드리고 싶다.

= appreciation ⓝ 감사, 감상

0804 □□

score
[skɔːr]

ⓝ 점수, 악보 ⓥ 득점하다

In contrast, those who were able to delay gratification had higher SAT scores. EBS
대조적으로 만족을 지연시킬 수 있었던 어린이들은 더 높은 SAT 점수를 받았다.

0805 □□

pupil
[pjúːpəl]

ⓝ 학생, 눈동자

They administered IQ tests to California pupils in grades one through six. EBS
그들은 1학년부터 6학년까지의 캘리포니아주 학생들에게 IQ 테스트를 실시했다.

0806 □□

enroll
[inróul]

ⓥ 등록하다

Whether to enroll your child in preschool can be a big decision.
당신의 자녀를 유치원에 등록시킬지 여부는 중요한 결정일 수 있다.

Voca+ en(=in)+roll(명부) → 명부에 넣다

= **register** ⓥ 등록하다
\+ **enrollment** ⓝ 등록

0807 □□

discipline
[dísəplin]

ⓥ 훈육하다 ⓝ 규율, 훈육, 학과

We all have unpleasant memories of being disciplined when we were children.
우리 모두는 어렸을 때 훈육을 받은 유쾌하지 않은 기억을 가지고 있다.

0808 □□

strict
[strikt]

ⓐ 엄격한

Teachers must work on a strict and limited time schedule.
교사들은 엄격하고 제한된 시간표에 따라 일해야 한다. EBS

\+ **strictly** ⓐⓓ 엄격하게, 엄밀히

0809 □□

interact
[ìntərǽkt]

ⓥ 상호 작용하다, 교류하다

When you interact with other people, there are times when we need to use humor. 교과서
여러분이 다른 사람들과 교류할 때, 우리는 유머를 사용해야 할 때도 있다.

Voca+ inter(=each other)+act(행동하다) → 서로 간에 행동하다

\+ **interaction** ⓝ 상호 작용

0810 □□

argue
[áːrgjuː]

ⓥ 주장하다, 논쟁하다

The man argues that he should pay only a small fee as the job took the engineer only a few moments. 학평
남자는 기사가 그 일을 하는 데 약간의 시간만 걸렸기 때문에 단지 약간의 요금만 지불해야 한다고 주장한다.

\+ **argument** ⓝ 주장, 논쟁, 논의

DAY 21

0811 □□

bother [bɑ́:ðər]

ⓥ 괴롭히다, 성가시게 하다 ⓝ 성가심

Is there anything bothering you?
뭔가 너를 성가시게 하는 일이 있니?

= disturb ⓥ 방해하다
+ bothersome ⓐ 성가신

0812 □□

guidance [gáidns]

ⓝ 지도, 안내

Focusing strictly on results does not provide guidance on how to improve. EBS
결과에만 오로지 초점을 맞추는 것은 개선 방안에 대해서는 안내를 제공하지 못한다.

+ guide ⓥ 안내하다 ⓝ 안내자

0813 □□

collective [kəléktiv]

ⓐ 집단의, 공동의 ⓝ 집단

He was speaking about the collective unconscious when I entered the classroom. EBS
내가 교실에 들어갔을 때 그는 집단 무의식에 관해 이야기하고 있었다.

↔ individual ⓐ 개개의, 개별의
+ collect ⓥ 모으다 collectivity ⓝ 집단성

0814 □□

admire [ədmáiər]

ⓥ 존경하다, 감탄하다

While others work, you do little but admire yourself. 교과서
다른 사람들이 일하는 동안, 당신은 자만하는 것 말고는 하는 일이 거의 없다.

= respect ⓥ 존경하다
+ admiration ⓝ 감탄, 존경

0815 □□

intellectual [ìntəléktʃuəl]

ⓐ 지적인, 지성의 ⓝ 지식인

He took a special interest in his son's intellectual development. EBS
그는 자신의 아들의 지적 발달에 특별한 관심을 가졌다.

+ intellectually ⓐⓓ 지적으로

0816 □□

result from

~에서 기인하다, ~에서 비롯되다

We see lots of casualties every day, worldwide, resulting from the lack of education. 학평

우리는 매일, 전 세계에서 교육의 부족에서 비롯된 수많은 피해자들을 본다.

평가와 발표

0817 □□

evaluate
[ivǽljuèit]

ⓥ 평가하다

Children can explore ideas and evaluate their skills. EBS

아이들은 생각을 탐색해 보고 자신의 기술을 평가할 수 있다.

+ **evaluation** ⓝ 평가

0818 □□

assess
[əsés]

ⓥ 평가하다, 산정하다

In assessing the issue of pollution, the costs as well as the benefits must be considered. EBS

오염 문제를 평가할 때, 혜택뿐만 아니라 비용도 고려되어야 한다.

= **estimate** ⓥ 평가하다, 추산하다
+ **assessment** ⓝ 평가, 판단

0819 □□

presentation
[prìːzəntéiʃən]

ⓝ 발표, 설명, 제출

Each of you will have 4 minutes to prepare for the presentation. 학평

여러분 각자에게는 4분간의 발표 준비 시간이 주어질 것입니다.

+ **present** ⓐ 출석한, 현재의 ⓝ 선물, 현재 ⓥ 제시하다, 보여 주다

0820 □□

range
[reindʒ]

ⓝ 범위, 폭, 영역 ⓥ (~에) 이르다

The course enables students to explore a wide range of career opportunities. 교과서

그 강좌는 학생들로 하여금 폭넓은 직업 기회를 탐색해 볼 수 있게 한다.

0821 □□

formal
[fɔ́ːrməl]

ⓐ 공식적인, 형식적인, 정규적인

Children should be given formal instruction in literacy skills at a young age.

아이들은 나이가 어릴 때 읽고 쓰기 기능에 있어 정규 교육을 받아야 한다.

↔ **informal** ⓐ 비공식적인
+ **formally** ⓐⓓ 공식적으로

0822 □□

intermediate
[ìntərmíːdiət]

ⓐ 중간의, 중급의

I was ready for the intermediate swimming class after months of taking the beginner courses.

나는 초급 코스를 몇 개월 동안 수강한 후 중급 수영반에 들어갈 준비가 되었다.

Voca+ **inter**(=between)+**medi**(=middle)+**ate**(형용사형 접미사) → 둘의 중간에 놓인

0823 □□

attempt
[ətémpt]

ⓥ 시도하다 ⓝ 시도

Be courageous enough to attempt what others think impossible. 학평

남들이 불가능하다고 생각하는 것을 시도해 볼 만한 용기를 가져라.

0824 □□

assist
[əsíst]

ⓥ 돕다 ⓝ 조력

She assisted me in many ways.

그녀는 여러모로 나를 도와주었다.

+ **assistant** ⓝ 조수 **assistance** ⓝ 지원, 도움

0825 □□

aid
[eid]

ⓥ 돕다, 조력하다 ⓝ 지원, 도움

At this moment, spiritual assistance is more important than material aid.

지금 이 순간에는 정신적인 도움이 물질적인 지원보다 더 중요하다.

0826 □□

explanation
[èksplənéiʃən]

ⓝ 설명, 해명

At the end of the presentation the teacher gave an explanation of the material.
발표의 마지막에 선생님은 그 자료에 관한 설명을 했다.

= **excuse** ⓝ 변명, 해명 **interpretation** ⓝ 해석, 설명
\+ **explain** ⓥ 설명하다, 해명하다

0827 □□

grant
[grænt]

ⓥ 수여하다, 인정하다 ⓝ 보조금

The Vietnamese student has been granted a full scholarship to study at Stanford University.
그 베트남 학생은 Stanford 대학에서 공부할 수 있는 전액 장학금을 받아 왔다.

0828 □□

= **award**
[əwɔ́ːrd]

ⓥ 수여하다 ⓝ 상, 상금

The National Science Foundation awarded a $2 million grant to the university.
국립 과학 재단은 그 대학에 2백만 달러의 보조금을 수여했다.

0829 □□

typical
[típikəl]

ⓐ 전형적인, 보통의

There is not a typical response to loss as there is no typical loss.
전형적인 상실이 없기 때문에 상실에 대한 전형적인 반응은 없다.

\+ **typically** ad 보통, 일반적으로

0830 □□

inevitable
[inévitəbl]

ⓐ 피할 수 없는, 당연한

Plan ahead for those inevitable times when you will be forced to wait. 학평
여러분이 어쩔 수 없이 기다려야 하는 그 피할 수 없는 시간에 대해 미리 계획하라.

Voca+ **in**(=not)+**evitable**(=avoidable) → 피할 수 없는

= **inescapable** ⓐ 피할 수 없는 **unavoidable** ⓐ 피할 수 없는
\+ **inevitably** ad 반드시

DAY 21

0831 □□

get rid of

~을 제거하다, ~을 처리하다

Experts on writing say, "Get rid of as many words as possible." 학평

글쓰기 전문가들은 "가능한 한 많은 단어를 제거하라."라고 말한다.

= **eliminate** ⓥ 제거하다, 배제하다

군사 훈련

0832 □□

policy
[páləsi]

ⓝ 정책, 방침

Both players and audiences often brought complaints about this policy. 교과서

선수와 관중 모두가 이 방침에 대해 종종 불만을 토로했다.

0833 □□

trigger
[trigər]

ⓥ 방아쇠를 당기다, 유발하다 ⓝ 방아쇠

We can trigger emotion by suppressing its opposite emotion. 교과서

우리는 그것의 반대 감정을 억눌러서 감정을 유발할 수 있다.

0834 □□

disguise
[disgáiz]

ⓥ 위장하다, 변장하다 ⓝ 위장

She disguised herself as her daughter with a wig. 교과서

그녀는 가발을 쓰고 자신의 딸로 변장했다.

0835 □□

isolate
[áisəlèit]

ⓥ 고립시키다, 격리하다

Isolate the area where the spill has occurred.

유출이 발생한 지역을 고립시켜라.

+ **isolated** ⓐ 고립된, 외딴 **isolation** ⓝ 고립

0836 □□

invade
[invéid]

ⓥ 침략하다, 침입하다

Your smartphone apps can invade your privacy.
여러분의 스마트폰 앱이 여러분의 사생활을 침해할 수 있다.

Voca+ in + vade(= go) → 안으로 들어가다

⊞ **invasion** ⓝ 침략, 침입

0837 □□

captive
[kǽptiv]

ⓐ 사로잡힌, 감금된 ⓝ 포로

While I was held captive, I prayed nearly every day.
포로로 잡혀 있는 동안에 나는 거의 매일 기도했다.

⊞ **capture** ⓥ 붙잡다 ⓝ 포착, 포획

0838 □□

command
[kəmǽnd]

ⓥ 명령하다, 지휘하다 ⓝ 명령, 통솔

Odysseus commanded the rest of his crew to put beeswax in their ears. EBS
Odysseus는 나머지 선원들에게 귀에 밀랍을 넣으라고 명령했다.

⊜ **order** ⓥ 명령하다, 주문하다 ⓝ 명령, 순서, 주문

0839 □□

recruit
[rikrúːt]

ⓥ 모집하다, 징집하다 ⓝ 신병, 신입사원

She recruited and trained lots of women as sales agents for a share of the profits. 학평
그녀는 수익금의 할당을 위해 많은 여성을 판매 대리인으로 모집하고 교육했다.

⊜ **gather** ⓥ 모으다 **assemble** ⓥ 소집하다, 집합시키다
⊞ **recruitment** ⓝ 채용, 징병

0840 □□

voluntary
[vάləntèri]

ⓐ 자발적인, 자원봉사의

I'd like to do voluntary work with animals.
나는 동물을 위한 자원봉사를 하고 싶다.

⊞ **volunteer** ⓝ 자원봉사자, 지원자 ⓥ 봉사하다, 자원하다

DAY 21 REVIEW TEST

A 다음 단어에 해당하는 영어 단어 또는 우리말을 쓰시오.

01 주장하다, 논쟁하다	______	07 academic	______
02 존경하다, 감탄하다	______	08 invade	______
03 범위, (~에) 이르다	______	09 voluntary	______
04 발표, 설명, 제출	______	10 intellectual	______
05 훈육하다, 규율, 훈육	______	11 assess	______
06 전형적인, 보통의	______	12 command	______

B 다음 우리말에 맞도록 주어진 철자로 시작하는 단어를 쓰시오.

01 필요에서 비롯되다	r______ f______ necessity
02 상을 받다	win an a______
03 단체 행동을 하다	take c______ action
04 불가피한 변경	i______ changes
05 엄격한 규칙들	s______ rules
06 당신의 아이들을 가르치는 방법	how to i______ your children
07 정규 교육	a f______ education
08 적을 도발하려는 시도	an a______ to provoke the enemy

A 01 argue 02 admire 03 range 04 presentation 05 discipline 06 typical 07 학업의, 학구적인 08 침략하다, 침입하다 09 자발적인, 자원봉사의 10 지적인, 지성의, 지식인 11 평가하다, 산정하다 12 명령하다, 지휘하다, 명령, 통솔

B 01 result from 02 award 03 collective 04 inevitable 05 strict 06 instruct 07 formal 08 attempt

DAY 22

Previous Check

□ psychology	□ anxiety	□ interfere
□ relief	□ burden	□ intervene
□ mental	□ complex	□ exclude
□ manipulate	□ intend	□ persuade
□ uneasy	□ sudden	□ convince
□ frightened	□ favorable	□ ensure
□ afraid	□ curiosity	□ cheat
□ illusion	□ innate	□ boost
□ undergo	□ ignorant	□ attribute
□ identify	□ associate	□ skeptical
□ stress	□ assumption	□ optimistic
□ desperate	□ distraction	□ out of place
□ stable	□ subjective	
□ overwhelm	□ end up -ing	

심리

0841 □□

psychology [saikάlədʒi]

ⓝ 심리, 심리학

He has set his mind on studying psychology in college. 교과서

그는 대학에서 심리학을 공부하겠다고 마음을 정했다.

⊕ **psychological** ⓐ 심리학적인, 심리학의

0842 □□

relief [rilí:f]

ⓝ 안도, 구조, 완화

When you wake up suddenly from a nightmare, you may let out a sigh of relief. 교과서

악몽을 꾸다가 갑자기 깨어나면, 당신은 안도의 한숨을 쉴 것이다.

⊕ **relieve** ⓥ 경감하다, 안심시키다 **relieved** ⓐ 안도한

0843 □□

mental [méntl]

ⓐ 정신의, 마음의, 지적인

The CEO has eliminated the mental cost involved in planning the meeting. 학평

그 최고경영자는 회의를 계획하는 것과 관련된 정신적 비용을 없앴다.

⊜ **psychological** ⓐ 정신적인, 심리의

⊕ **mentality** ⓝ 정신력, 정신 구조 **mentally** ad 정신적으로

0844 □□

manipulate [mənípjulèit]

ⓥ 조종하다, (능숙하게) 다루다

How do you know if someone is manipulating you?

누군가가 당신을 교묘히 조종하고 있는지 아닌지를 어떻게 알겠는가?

⊜ **operate** ⓥ 가동[조작]하다 **control** ⓥ 통제하다

⊕ **manipulation** ⓝ 조작

0845 □□

uneasy [ʌní:zi]

ⓐ 불안한, 불편한

They all looked as pale and uneasy as herself. 학평

그들은 모두 그녀만큼 창백하고 불안해 보였다.

⊜ **uncomfortable** ⓐ 불편한, 불쾌감을 주는

0846 □□

frightened
[fráitnd]

ⓐ 깜짝 놀란, 겁먹은

He was terribly frightened and he ran away. 학평

그는 몹시 겁을 먹고 달아나 버렸다.

+ **frighten** ⓥ 두려워하게 하다 **fright** ⓝ 공포, 경악

0847 □□

afraid
[əfréid]

ⓐ 두려워하는

These are the people who avoid trying new activities because they are afraid that someone will judge their effort. EBS

이들은 누군가가 그들의 노력을 판단할 것을 두려워해서 새로운 활동을 시도하기를 피하는 사람들이다.

= **scared** ⓐ 겁먹은 **terrified** ⓐ 겁먹은

0848 □□

illusion
[ilú:ʒən]

ⓝ 환영, 환상, 착각

You'll find out that was just an illusion. EBS

너는 그것이 단지 환영이었음을 알게 될 것이다.

+ **illusionist** ⓝ 마술사

0849 □□

undergo
[ʌ̀ndərgóu]

ⓥ 경험하다, 겪다

Because of the anesthetic, the person undergoing surgery ceases to feel. EBS

마취제 때문에, 수술을 받는 사람은 더 이상 감각을 느끼지 못한다.

Voca+ **under**(=below)+**go**(가다) → 아래로 가다 → 겪다

= **experience** ⓥ 경험하다 **go through** ~을 겪다

0850 □□

identify
[aidéntəfài]

ⓥ 확인하다, 식별하다, 동일시하다

The rhythm that frequency generates allows stressors to be identified. 학평

맥박수가 만들어 내는 리듬은 스트레스 원인들을 확인할 수 있게 한다.

+ **identity** ⓝ 신원, 정체 **identification** ⓝ 신분 증명(서)

0851 □□

stress
[stres]

ⓝ 스트레스, 강조 ⓥ 강조하다, 압박하다

Napping can even reduce stress and improve productivity.
낮잠을 자는 것은 스트레스도 줄여 주고 생산성을 향상시킬 수 있다. 학평

+ **stressful** ⓐ 스트레스가 많은

0852 □□

desperate
[déspərit]

ⓐ 절박한, 필사적인, 자포자기한

The elderly woman was desperate and could not find any other means of transport. EBS
그 할머니는 절박했고 다른 운송 수단을 찾을 수가 없었다.

+ **desperately** ad 필사적으로, 절망적으로

0853 □□

stable
[stéibl]

ⓐ 안정된, 견고한

Expert intuition can be trusted only when the environment is stable and regular. EBS
전문가의 직관은 환경이 안정적이고 규칙적일 경우에만 신뢰할 수 있다.

↔ **unstable** ⓐ 불안정한, 변하기 쉬운
+ **stability** ⓝ 안정, 안정성

0854 □□

overwhelm
[òuvər*h*wélm]

ⓥ 압도하다, 사로잡다

The resource is overwhelmed and competitors are excluded by sheer weight of numbers. EBS
순전히 수적 우위에 의해 자원이 압도되고 경쟁자들이 배제된다.

Voca+ over(=above)+whelm(짓누르다) → 위에서 짓누르다

+ **overwhelming** ⓐ 압도적인, 저항할 수 없는

0855 □□

anxiety
[æŋzáiəti]

ⓝ 불안, 걱정, 염려

The noise a puppy is making is an expression of the anxiety he feels at being alone. EBS
강아지가 내는 소리는 혼자 남겨졌을 때 그것이 느끼는 불안감의 표현이다.

= **worry** ⓝ 불안, 걱정　**concern** ⓝ 염려, 관심
+ **anxious** ⓐ 불안한, 걱정스러운, 염려되는

0856 □□

burden
[bə́ːrdn]

ⓝ 짐, 부담 ⓥ ~에게 짐을 지우다

You also won't have the burden of remembering all of them. 학평

여러분은 또한 그 모든 것을 기억하는 부담을 갖지 않을 것이다.

0857 □□

complex
ⓐ [kəmpléks]
ⓝ [kámpleks]

ⓐ 복잡한 ⓝ 콤플렉스, 복합체

A symphony is a very complex musical form. 교과서

교향곡은 매우 복잡한 음악 형태이다.

↔ **simple** ⓐ 간단한

0858 □□

intend
[inténd]

ⓥ ~할 작정이다, 의도하다

This product is not intended for use by children under age five. 교과서

이 제품은 5세 미만의 어린이들이 사용하도록 의도되지 않았다.

Voca+ in+tend(=stretch) → 안으로 뻗다

+ **intention** ⓝ 의도, 목적 **intentional** ⓐ 의도적인, 고의의

0859 □□

sudden
[sʌ́dn]

ⓐ 갑작스러운

Almost immediately after the vibrations began, they heard a sudden huge explosion. 교과서

진동이 시작한 후 거의 즉시 그들은 갑작스러운 큰 폭발음을 들었다.

= **abrupt** ⓐ 갑작스러운, 퉁명스러운
+ **suddenly** ad 갑자기

0860 □□

favorable
[féivərəbl]

ⓐ 호의적인, 우호적인

You'll be able to project a favorable image more easily with more people. EBS

여러분은 더 많은 사람들에게 호의적인 이미지를 더 쉽게 보여 줄 수 있을 것이다.

= **friendly** ⓐ 친절한, 우호적인
↔ **hostile** ⓐ 적대적인, 반대하는
+ **favor** ⓝ 호의, 친절

0861 □□

curiosity
[kjù:əriɑ́səti]

ⓝ 호기심

Curiosity makes us much more likely to view a tough problem as an interesting challenge to take on. 학평

호기심은 우리로 하여금 어려운 문제를 맡아야 할 흥미로운 도전으로 훨씬 더 여기게 한다.

+ curious ⓐ 호기심이 많은, 궁금한

0862 □□

innate
[inéit]

ⓐ 타고난, 선천적인, 고유의

Emotions are an acquired innate characteristic of being human. EBS

감정은 인간이 선천적으로 타고난 특성이다.

Voca+ in + nate(= born) → 태어날 때부터 안에 있는

= inborn ⓐ 타고난, 천부의

0863 □□

ignorant
[ígnərənt]

ⓐ 무지한, 무식한

I have never met a man so ignorant that I couldn't learn something from him.

나는 그에게서 무언가를 배울 수 없을 정도로 무지한 사람을 만난 적이 없다.

+ ignorance ⓝ 무지, 무시

0864 □□

associate
ⓥ [əsóuʃièit]
ⓝ [əsóuʃiət]

ⓥ 연상하다, 연관 짓다 ⓝ 동료

We tend to associate tasty food with positive feelings or happy memories. 교과서

우리는 맛있는 음식을 긍정적 감정 혹은 행복한 기억과 연관시키는 경향이 있다.

+ association ⓝ 협회, 연계, 연관(성)

0865 □□

assumption
[əsʌ́mpʃən]

ⓝ 가정, 추측, 인수

Assumptions can simplify the complex world and make it easier to understand. 학평

가정은 복잡한 세상을 단순화하며 그것을 이해하는 것을 더 쉽게 만들 수 있다.

+ assume ⓥ 가정하다, 떠맡다

0866 □□

distraction
[distrǽkʃən]

ⓝ 집중을 방해하는 것, 주의 산만

Classrooms with too much decoration are a source of distraction for young children. 학평

너무 많은 장식이 있는 교실이 어린이들의 주의 산만의 원인이다.

Voca+ dis(=away)+tract(=draw)+ion(명사형 접미사) → (주의나 관심을) 멀리 끌고 가는 것

0867 □□

subjective
[səbdʒéktiv]

ⓐ 주관적인, 주관의

Most of the differences between our experiences of time are subjective. EBS

우리의 시간 경험 간 차이의 대부분은 주관적이다.

↔ **objective** ⓐ 객관적인

0868 □□

end up -ing

결국 ~이 되다, 결국 ~하다

You can end up overdoing a happy habit to the point of unhappiness. EBS

여러분은 결국 불행해질 정도로 행복 습관을 과용하게 될 수도 있다.

대인 관계

0869 □□

interfere
[ìntərfíər]

ⓥ 간섭하다, 방해하다

Not getting enough sleep can interfere with growth, memory and health. 학평

충분한 수면을 취하지 않는 것은 성장, 기억력, 그리고 건강을 방해할 수 있다.

+ **interference** ⓝ 간섭, 방해

0870 □□

= **intervene**
[ìntərvíːn]

ⓥ 간섭하다, 개입하다, 중재하다

It is often best not to intervene when there is no danger or a possibility of a serious outcome.

위험이나 심각한 결과의 가능성이 없으면 간섭하지 않는 것이 종종 최선이다.

+ **intervention** ⓝ 간섭, 개입

0871 □□

exclude
[iksklúːd]

ⓥ 제외하다, 배제하다

The feeling of being excluded can become a recurring thing in one's life.
배제되고 있다는 느낌은 누군가의 삶에서 반복되어 나타나는 것이 될 수 있다.

Voca+ ex(=out)+clud(e)(=close) → 밖에 두고 닫다

↔ include ⓥ 포함하다
+ exclusion ⓝ 배척, 제외 exclusive ⓐ 배타적인, 독점적인

0872 □□

persuade
[pərswéid]

ⓥ 설득하다

Advertising is a form of communication used to persuade consumers to buy products. 교과서
광고는 소비자들을 설득하여 물건을 구입하도록 하는 데 사용되는 의사소통의 한 형태이다.

Voca+ per(완전히)+suade(=urge) → 완전히 촉구하다

+ persuasive ⓐ 설득력 있는

0873 □□

= **convince**
[kənvíns]

ⓥ 설득하다, 확신시키다

She convinced me to wait in line for over twenty minutes saying that it would be worth it. 교과서
그녀는 그럴 만한 가치가 있을 거라고 말하면서 20분 넘게 줄을 서서 기다리라고 나를 설득했다.

+ convinced ⓐ 확신하는

0874 □□

ensure
[inʃúər]

ⓥ 보장하다, 확보하다

Gone are the days when the theme park line ensured profits. 학평
테마파크에 늘어선 줄이 수익을 보장해 주던 시절은 갔다.

0875 □□

cheat
[tʃiːt]

ⓥ 속이다, 부정행위를 하다

He's cheated us a few times before, but now he promises not to. 교과서
그는 전에 몇 차례 우리를 속인 적이 있지만, 이제는 그러지 않겠다고 약속한다.

0876 □□

boost
[buːst]

ⓥ 북돋우다, 증가시키다 ⓝ 향상, 증가, 격려

Coaches should come up with ways to boost the fighting spirit of players.

감독은 선수들의 투지를 끌어올릴 방법들을 생각해 내야 한다.

0877 □□

attribute
ⓥ [ətríbjuːt]
ⓝ [ǽtrəbjùːt]

ⓥ ~의 탓[덕분]으로 돌리다 ⓝ 속성, 자질

Healthy people attribute what they are feeling to the facts.

건전한 사람들은 자신이 느끼고 있는 바를 사실에 기인한다고 생각한다.

Voca+ at(=to)+tribut(e)(=allot) → ~에게 할당하다

= **ascribe** ⓥ ~의 탓으로 돌리다
\+ **attribution** ⓝ 귀속

0878 □□

skeptical
[sképtikəl]

ⓐ 회의적인, 의심 많은

Remember that being skeptical does you no good.

회의적인 것이 당신에게 아무런 득이 되지 않는다는 것을 기억하라.

\+ **skeptic** ⓝ 회의론자, 의심 많은 사람

0879 □□

↔ **optimistic**
[àptəmístik]

ⓐ 낙관적인, 낙관하는

Compared to my previous two works, I feel this collection is more light-hearted and optimistic.

나의 이전의 두 작품과 비교할 때, 나는 이 수집품이 더 마음이 가볍고 낙관적이라는 기분이 든다.

↔ **pessimistic** ⓐ 비관적인, 비관하는
\+ **optimist** ⓝ 낙천주의자 **optimism** ⓝ 낙천주의

0880 □□

out of place

상황에 맞지 않은, 제자리에 있지 않은

It appears awkward and out of place, because it violates the normal relationship between supervisor and trainee. 학평

그것은 어색하고 상황에 맞지 않아 보이는데, 관리자와 수습 직원 사이의 일반적인 관계를 위반하기 때문이다.

DAY 22

REVIEW TEST

A 다음 단어에 해당하는 영어 단어 또는 우리말을 쓰시오.

01 확인하다, 식별하다	________	07 assumption	________
02 호의적인	________	08 stable	________
03 속이다	________	09 desperate	________
04 제외하다, 배제하다	________	10 distraction	________
05 연관 짓다, 동료	________	11 ignorant	________
06 짐, 부담	________	12 subjective	________

B 다음 우리말에 맞도록 주어진 철자로 시작하는 단어를 쓰시오.

01 수술을 받다[겪다] — u________ surgery

02 역사적 사실을 조작하다 — m________ historical facts

03 두 사람을 중재하다 — i________ between two people

04 갑작스러운 변화 — the s________ change

05 직원들의 사기를 진작시키다 — b________ the morale of employees

06 정신적 활동 — m________ activities

07 열등감 — an inferiority c________

08 타고난 능력의 부족 — a lack of i________ ability

A 01 identify 02 favorable 03 cheat 04 exclude 05 associate 06 burden 07 가정, 추측, 인수 08 안정된, 견고한 09 절박한, 필사적인, 자포자기한 10 집중을 방해하는 것, 주의 산만 11 무지한, 무식한 12 주관적인, 주관의

B 01 undergo 02 manipulate 03 intervene 04 sudden 05 boost 06 mental 07 complex 08 innate

DAY 23

Previous Check

- □ column
- □ announce
- □ union
- □ convey
- □ leak
- □ affair
- □ brief
- □ enhance
- □ verbal
- □ medium
- □ signal
- □ transmit
- □ broadcast
- □ audience
- □ viewer
- □ commercial
- □ appealing
- □ evident
- □ obscure
- □ limitation
- □ visible
- □ compelling
- □ illustrate
- □ diminish
- □ lessen
- □ informative
- □ satellite
- □ mobile
- □ portable
- □ collect
- □ variable
- □ pile
- □ wrap
- □ deliver
- □ envelope
- □ stamp
- □ respondent
- □ transaction
- □ feel free to *do*
- □ get in touch with

미디어와 방송

0881 □□

column
[kɑ́ləm]

ⓝ 칼럼, 기둥

I just read the financial column linked in the article.
나는 단지 그 기사에 연결된 경제 칼럼을 읽었을 뿐이다.

➕ **columnist** ⓝ 칼럼니스트

0882 □□

announce
[ənáuns]

ⓥ 발표하다, 알리다

We are so sad to announce that the LA show is to be cancelled.
LA 쇼가 취소될 것이라는 소식을 알리게 되어 정말 유감입니다.

Voca+ **an**(=to)+**nounce**(=report) → ~에게 보고하다

➕ **announcement** ⓝ 발표 **announcer** ⓝ 아나운서, 발표자

0883 □□

union
[jú:njən]

ⓝ 조합, 연합, 동맹

The labor union didn't go on strike right away.
노동조합은 즉시 파업에 들어가지는 않았다.

= **alliance** ⓝ 동맹, 연합

0884 □□

convey
[kənvéi]

ⓥ 전(달)하다, 운반하다

I hope the new logo will convey our brand message and capture the values of KHJ. 학평
새로운 로고가 우리 브랜드의 메시지를 전달하고 KHJ의 가치를 담기를 바란다.

= **communicate** ⓥ 전하다, 의사소통하다 **transport** ⓥ 수송하다

0885 □□

leak
[li:k]

ⓥ 누설하다, 새다 ⓝ 새는 곳, 누출

Many online social networking sites leak personal information.
온라인상의 많은 소셜 네트워킹 사이트가 개인 정보를 누설한다.

➕ **leakage** ⓝ 누출

0886 □□

affair
[əfɛ́ər]

ⓝ 일, 문제, 사건

An invention that is not widely used is irrelevant to human affairs. EBS

널리 사용되지 않는 발명품은 인간사와 무관하다.

0887 □□

brief
[briːf]

ⓐ 간결한, 잠시의 ⓝ 짧은 보고 ⓥ 요약하다

Ted gave him brief instructions in English.

Ted는 그에게 영어로 간단한 지시를 내렸다.

+ **briefly** ⓐⓓ 잠시, 간단히 **in brief** 간단히 말해서

0888 □□

enhance
[inhǽns]

ⓥ 높이다, 향상시키다

Our daily goal should be to enhance the quality of our lives. EBS

우리의 하루 목표는 우리 삶의 질을 높이는 것이어야 한다.

= **improve** ⓥ 향상하다, 개선하다 **increase** ⓥ 증가[인상]시키다

0889 □□

verbal
[vɚ́ːrbəl]

ⓐ 말의, 언어의, 구두의

He thought nonverbal and verbal skills might retain their strong ties. EBS

그는 비언어적 기술과 언어적 기술이 그들의 강한 유대감을 유지할 수 있을 거라고 생각했다.

= **oral** ⓐ 구두의 **spoken** ⓐ 구어의

↔ **nonverbal** ⓐ 비언어적인

0890 □□

medium
[míːdiəm]

ⓝ 매체, 수단, 방법 (*pl*. media) ⓐ 중간의

Air is not the only medium through which sound is carried.

공기는 소리가 전달되는 유일한 매체는 아니다.

0891 □□

signal
[sígnəl]

ⓥ 신호를 보내다, 암시하다 ⓝ 신호

I would signal my readiness with a whistle. EBS

나는 휘파람을 불어 내가 준비됐다는 신호를 보내곤 했다.

+ **sign** ⓝ 표시, 징후, 표지판 **signature** ⓝ 서명

0892 □□

transmit
[trænsmít]

ⓥ 보내다, 전송하다, 전염시키다

A one-way mirror transmits half the light and reflects the other half. EBS

단방향 거울은 절반의 빛은 투과시키고 나머지 반은 반사시킨다.

Voca+ **trans**(=across)+**mit**(=send) → 가로질러 보내다

0893 □□

broadcast
[brɔ́:dkæ̀st]

ⓥ 방송하다, 널리 알리다

It is not easy to broadcast for seven days a week.

일주일 내내 방송하는 것은 쉽지 않다.

+ **broadcasting** ⓝ 방송, 방송업

0894 □□

audience
[ɔ́:diəns]

ⓝ 청중, 관중, 시청자

While magicians hide their mistakes from the audience, in science you make your mistakes in public. 학평

마술사들은 자신들의 실수를 관중에게 숨기는 반면, 과학에서 여러분은 공공연히 실수를 한다.

Voca+ **aud(i)**(=listen)+**ence**(명사형 접미사) → 듣는 사람

+ **audible** ⓐ 들리는, 들을 수 있는

0895 □□

= **viewer**
[vjú:ər]

ⓝ 관객, 시청자

Most times a foreign language is spoken in film, subtitles are used to translate the dialogue for the viewer. 학평

영화에서 외국어가 사용되는 대부분의 경우, 관객을 위해 대화를 통역하려고 자막이 사용된다.

광고

0896 □□

commercial
[kəmə́ːrʃəl]

ⓝ 광고 ⓐ 상업의

Advertisements cover cars and buildings and TV commercials shout slogans. 교과서

광고들이 자동차와 건물을 덮고 TV 광고들은 슬로건을 외친다.

+ **commerce** ⓝ 상업

0897 □□

appealing
[əpíːliŋ]

ⓐ 매력적인, 흥미를 끄는

Here are some tricks that will make vegetables more appealing to your children. 학평

여러분의 아이들에게 채소가 더 매력적이도록 만들어 줄 몇 가지 요령들이 있다.

= **attractive** ⓐ 매력적인

+ **appeal** ⓝ 호소, 항소, 매력 ⓥ 간청하다, 관심을 끌다

0898 □□

evident
[évidənt]

ⓐ 분명한, 눈에 띄는

The effect of eating frequency was evident only in boys. 학평

자주 먹는 것의 효과는 남자아이들에게서만 분명했다.

+ **evidence** ⓝ 증거 **evidently** ad 분명히

0899 □□

↔ **obscure**
[əbskjúər]

ⓐ 분명치 않은, 모호한 ⓥ 모호하게 하다

These essays are incomplete, and some of the explanations are obscure.

이 에세이들은 불완전하고, 일부 설명은 분명치 않다.

+ **obscurity** ⓝ 불분명, 무명

0900 □□

limitation
[lìmətéiʃən]

ⓝ 제한, 한계

He is not blind to the limitations of democracy.

그가 민주주의의 한계를 모르는 것은 아니다.

= **restriction** ⓝ 제한, 한정

+ **limit** ⓥ 제한하다 **limited** ⓐ 제한된

0901 □□

visible
[vízəbl]

ⓐ (눈에) 보이는

Food packaging is a visible form of the food supply's waste.
식품 포장재는 식품 공급에서 생기는 쓰레기 중 눈에 보이는 형태의 것이다. 학평

↔ **invisible** ⓐ 보이지 않는
\+ **vision** ⓝ 시력, 통찰력

0902 □□

compelling
[kəmpéliŋ]

ⓐ 설득력 있는, 강력한

We will hardly notice those advertisements that seemed so compelling just moments earlier. 학평
우리는 바로 조금 전에 매우 강력해 보였던 광고들을 거의 알아차리지 못할 것이다.

\+ **compel** ⓥ 억지로 ~하게 만들다

0903 □□

illustrate
[íləstrèit]

ⓥ 설명하다, 삽화를 넣다

He illustrated the point from his own experience.
그는 자신의 경험을 바탕으로 요점을 설명했다.

= **explain** ⓥ 설명하다
\+ **illustration** ⓝ 삽화, 예

0904 □□

diminish
[dimíniʃ]

ⓥ 감소하다, 약화시키다

Age and illnesses have diminished his strength.
나이와 질병이 그의 힘을 약화시켜 왔다.

= **decrease** ⓥ 감소하다

0905 □□

lessen
[lésən]

ⓥ 줄다, 완화시키다

This policy would lessen the income of the private companies.
이 정책으로 인해 사기업의 수입은 줄어들 것이다.

= **shrink** ⓥ 줄다, 오그라들다, 수축하다

정보 통신

0906 □□

informative
[infɔ́ːrmətiv]

ⓐ 정보를 주는, 유익한

We will try to make something informative and fun to watch.
우리는 보기에 유익하면서 재미있는 것을 만들려고 노력할 것이다.

Voca+ in+form(=make)+ative(형용사형 접미사) → 안에서 만들어 내는

= instructive ⓐ 유익한
\+ inform ⓥ 알리다 information ⓝ 정보

0907 □□

satellite
[sǽtəlàit]

ⓝ (인공)위성

The first artificial satellite, Sputnik I, was launched on Oct. 4, 1957.
최초의 인공위성인 스푸트니크 1호는 1957년 10월 4일에 발사되었다.

0908 □□

mobile
[móubəl]

ⓐ 움직이기 쉬운, 기동성의

Mobile phones are now used to monitor drug distribution.
현재 휴대 전화는 의약품 유통을 모니터하는 데 사용되고 있다. 학평

↔ stationary ⓐ 정지된, 고정된
\+ mobility ⓝ 기동성, 가동성

0909 □□

portable
[pɔ́ːrtəbl]

ⓐ 휴대용의, 이동이 쉬운

A portable app is a computer program that you can carry around with you.
휴대용 앱은 휴대하고 돌아다닐 수 있는 컴퓨터 프로그램이다.

0910 □□

collect
[kəlékt]

ⓥ 수집하다, 모으다 ⓐ 수신자 부담의

I need to collect some objective data to prove my case. 교과서
나는 내 주장을 입증하기 위해 몇 가지 객관적인 자료를 수집할 필요가 있다.

= gather ⓥ 모으다, 수집하다
\+ collection ⓝ 수집, 수집품

DAY 23

0911 □□

variable
[vɛ́(ː)əriəbl]

ⓝ 변수 ⓐ 변하기 쉬운

Scientists can change the satellites' orbital positions by taking all variables into account.

과학자들은 모든 변수를 고려하여 위성의 궤도 위치를 변경할 수 있다.

0912 □□

pile
[pail]

ⓝ 더미, 쌓아 놓은 것 ⓥ 쌓다

Social media is like a lit match in a pile of newspaper. 학평

소셜 미디어는 신문 더미 위의 불붙은 성냥개비와 같다.

0913 □□

wrap
[ræp]

ⓥ 싸다, 포장하다

My mother used paper fabric to wrap this chair.

나의 어머니는 이 의자를 싸기 위해 종이 천을 사용하였다.

+ **wrapping** ⓝ 포장, 포장지

0914 □□

deliver
[dilívər]

ⓥ 배달하다, 연설하다, 분만하다

We can deliver it no later than tomorrow afternoon.

늦어도 내일 오후까지는 그것을 배달해 드릴 수 있습니다.

+ **delivery** ⓝ 배달, 강연, 분만

0915 □□

envelope
[énvəlòup]

ⓝ 봉투

There was a check for $50,000 in the envelope. 학평

봉투 안에는 5만 달러짜리 수표 한 장이 있었다.

+ **envelop** ⓥ 감싸다, 뒤덮다

0916 □□

stamp
[stæmp]

ⓝ 우표, 도장 ⓥ 날인하다, 발을 구르다

The company was a Royal Post Office in Europe and the product was a stamp. 학평

그 회사는 유럽에 있는 Royal Post Office였고 상품은 우표였다.

0917 □□

respondent
[rispάndənt]

ⓝ 응답자

Two-thirds of respondents feel creativity is valuable to society. EBS

응답자 중 3분의 2가 창의력이 사회에 소중하다고 느끼고 있다.

Voca+ **re**(=again)+**spond**(=answer)+**ent**(행위자 접미사) → 다시 대답하는 사람

⊕ **respond** ⓥ 응답하다, 반응하다

0918 □□

transaction
[trænsǽkʃən]

ⓝ 거래, 매매, 처리 (과정)

Consider retail or bank transactions, telephone call detail records, or product shipments. EBS

소매 또는 은행 거래, 전화 통화의 세부 내용 기록 또는 제품 발송을 생각해 보라.

⊜ **deal** ⓝ 거래, 관계
⊕ **transact** ⓥ 거래하다, 처리하다

0919 □□

feel free to *do*

자유롭게[마음대로] ~하다

Feel free to email me with more questions! 교과서

질문이 더 있으시면 제게 자유롭게 이메일을 보내 주세요!

0920 □□

get in touch with

~와 연락[접촉]하다

I still get in touch with Kumari through email. 교과서

나는 여전히 이메일로 Kumari와 연락한다.

⊜ **keep in touch with** ~와 연락[접촉]하다

DAY 23

REVIEW TEST

A 다음 단어에 해당하는 영어 단어 또는 우리말을 쓰시오.

01 변수, 변하기 쉬운 ________

02 정보를 주는, 유익한 ________

03 높이다, 향상시키다 ________

04 신호를 보내다, 신호 ________

05 설득력 있는, 강력한 ________

06 전(달)하다, 운반하다 ________

07 transmit ________

08 medium ________

09 affair ________

10 verbal ________

11 broadcast ________

12 union ________

B 다음 우리말에 맞도록 주어진 철자로 시작하는 단어를 쓰시오.

01 단기간의 방문 — a b________ visit

02 거래의 당사자들 — the parties to a t________

03 세계 최초의 인공위성 — the world's first artificial s________

04 가스 누출 신호 — the sign of a gas l________

05 모호한 언급을 하다 — make an o________ reference

06 가시광선 — v________ light

07 엄격한 제한 — strict l________s

08 상업의 중심지 — a c________ hub

A 01 variable 02 informative 03 enhance 04 signal 05 compelling 06 convey 07 보내다, 전송하다, 전염시키다 08 매체, 수단, 방법, 중간의 09 일, 문제, 사건 10 말의, 언어의, 구두의 11 방송하다, 널리 알리다 12 조합, 연합, 동맹

B 01 brief 02 transaction 03 satellite 04 leak 05 obscure 06 visible 07 limitation 08 commercial

DAY 24

Previous Check

- □ cherish
- □ rainforest
- □ landscape
- □ surface
- □ peak
- □ steep
- □ incline
- □ cliff
- □ suitable
- □ atmosphere
- □ endangered
- □ pollution
- □ fossil
- □ ecosystem
- □ pesticide
- □ landfill
- □ purify
- □ sweep
- □ litter
- □ acid
- □ threaten
- □ resource
- □ raw
- □ wasteful
- □ straw
- □ remain
- □ utilize
- □ recycle
- □ conserve
- □ filter
- □ generate
- □ convert
- □ transform
- □ reduce
- □ fragile
- □ fabric
- □ accumulate
- □ discard
- □ dispose of
- □ (the) chances are (that)

환경

0921 □□

cherish
[tʃériʃ]

ⓥ 소중히 하다
Unsurprisingly, he cherishes his own work.
당연하게도, 그는 자신의 일을 소중히 여긴다.

0922 □□

rainforest
[réinfɔ:rist]

ⓝ 열대 우림
There are many unique animals and plants in the rainforest.
열대 우림에는 많은 특이한 동식물이 있다.

0923 □□

landscape
[lǽndskèip]

ⓝ 풍경, 경치
Algeria has a diverse landscape that contains some very well-kept tourist attractions.
알제리는 몇몇 잘 보존된 관광 명소를 포함한 다양한 풍경을 가지고 있다.

= **scenery** ⓝ 풍경

0924 □□

surface
[sə́:rfis]

ⓝ 표면, 외관 ⓥ 수면으로 올라오다, (갑자기) 드러나다
Seawater covers about 70 percent of the Earth's surface.
바닷물은 지구 표면의 약 70퍼센트를 덮는다.

Voca+ **sur**(=above)+**face**(얼굴) → 얼굴 위

= **exterior** ⓝ 외부, 겉모습 **emerge** ⓥ 나타나다

0925 □□

peak
[pi:k]

ⓝ 산봉우리, 정상, 정점 ⓥ 절정에 이르다
You might feel as if you were flying among the peaks. 교과서
당신은 마치 산봉우리 사이를 날고 있는 것처럼 느낄지도 모른다.

= **summit** ⓝ 산꼭대기, 정점, 정상 회담

0926 □□

steep
[stiːp]

ⓐ 가파른, 급격한

A walk down a steep slope can be hard on the knees.
가파른 경사를 따라 걷는 것은 무릎에 안 좋을 수 있다.

↔ **gentle** ⓐ (경사 등이) 완만한

0927 □□

incline
[inkláin]

ⓝ 경사 ⓥ 경사지다, (마음이) 기울다

The road is a popular tourist attraction due to its steep incline.
그 길은 그것의 가파른 경사 때문에 인기 있는 관광 명소이다.

= **decline** ⓥ (아래로) 기울다, 감소하다
\+ **be inclined to *do*** ~하는 경향이 있다

0928 □□

cliff
[klif]

ⓝ 절벽

Hidden away among red sandstone hills and surrounded by cliffs, it was the perfect desert hideaway. EBS
붉은 사암 언덕 사이에 숨겨지고 절벽에 둘러싸였기 때문에, 그곳은 완벽한 사막의 은신처였다.

0929 □□

suitable
[súːtəbl]

ⓐ 적절한, 적합한

We helped her family to find a more suitable education environment for her.
우리는 그녀의 가족이 그녀에게 더 적절한 교육 환경을 찾는 것을 도왔다.

= **appropriate** ⓐ 적절한, 적합한

0930 □□

atmosphere
[ǽtməsfiər]

ⓝ 대기(권), 분위기

They become pollutants only when the coal is burned and the combustion products are released into the atmosphere.
그것들은 석탄이 타고 연소 생성물이 대기에 배출될 때만 오염 물질이 된다. EBS

0931 □□

endangered
[indéindʒərd]

ⓐ 멸종 위기에 처한, 위험에 빠진

Three countries claimed success in efforts to save endangered species.

세 나라가 멸종 위기에 처한 종을 구해 내려는 노력에서의 성공을 주장했다.

+ **endanger** ⓥ 위험에 빠뜨리다

오염

0932 □□

pollution
[pəljúːʃən]

ⓝ 오염

Light pollution is generally defined as the misuse or overuse of artificial lighting. 교과서

빛 공해는 일반적으로 인공조명의 오용이나 남용으로 정의된다.

= **contamination** ⓝ 오염

+ **pollute** ⓥ 오염시키다 **pollutant** ⓝ 오염 물질

0933 □□

fossil
[fásl]

ⓝ 화석

Burning fossil fuels leads to the release of pollution into the atmosphere.

화석 연료를 태우는 것은 대기권으로의 오염 물질 방출을 초래한다.

0934 □□

ecosystem
[ékousìstəm]

ⓝ 생태계

Man-made disasters have destroyed vital ecosystems.

인간이 만든 재앙들이 핵심 생태계를 파괴해 왔다.

0935 □□

pesticide
[péstisàid]

ⓝ 살충제

Excessive use of pesticides causes soil and water pollution.

살충제의 과도한 사용은 토양 오염과 수질 오염을 야기한다.

0936 □□

landfill
[lǽndfil]

ⓝ 쓰레기 매립지

A stray dog was found alive in a landfill.

길 잃은 개 한 마리가 쓰레기 매립지에서 살아 있는 채로 발견되었다.

Voca+ land(=earth)+fill(채우기) → 땅에 채우기

0937 □□

purify
[pjúərəfài]

ⓥ 깨끗이 하다, 정화하다

It is true that keeping houseplants helps purify the air. 교과서

실내용 화초를 기르는 것이 공기를 정화하는 데 도움이 된다는 것은 사실이다.

↔ pollute ⓥ 오염시키다 contaminate ⓥ 오염시키다

+ purifier ⓝ 정화 장치 purification ⓝ 정화

0938 □□

sweep
[swiːp]

ⓥ 쓸다, 휩쓸다 ⓝ 쓸기

All you have to do is sweep the floor.

네가 해야 할 일은 바닥을 쓰는 것뿐이다.

0939 □□

litter
[lítər]

ⓝ 쓰레기 ⓥ 버리다, 어지럽히다

Plastic litter is floating around choking, trapping, and poisoning wildlife. EBS

플라스틱 쓰레기는 여기저기 떠다니며 야생 동물을 질식시키고, 꼼짝 못 하게 하며, 독살한다.

= garbage ⓝ 쓰레기 waste ⓝ 쓰레기

0940 □□

acid
[ǽsid]

ⓝ 산(酸) ⓐ 산성의

Most soda contains several types of acids. 교과서

대부분의 탄산음료는 여러 종류의 산을 함유하고 있다.

0941 □□

threaten
[θrétən]

ⓥ 위협하다, 협박하다

The startling growth of jellyfish populations threatens to upset marine food webs. EBS

해파리 개체 수의 놀라운 증가는 해양 먹이 사슬을 교란하려 위협한다.

= **endanger** ⓥ 위험에 빠뜨리다
+ **threat** ⓝ 위협, 협박 **threatening** ⓐ 협박하는

자원과 재활용

0942 □□

resource
[ríːsɔːrs, riːsɔ́ːrs]

ⓝ 자원, 물자

Wood is a natural, renewable resource that has played a crucial role in shaping human history.

나무는 인간사를 형성하는 데 중요한 역할을 수행해 온 천연의 재생 가능한 자원이다.

0943 □□

raw
[rɔː]

ⓐ 날것의, 가공하지 않은

What is the best way to protect a raw egg when dropped from a higher place?

날달걀을 더 높은 곳에서 떨어뜨렸을 때 보호하는 가장 좋은 방법은 무엇인가?

↔ **processed** ⓐ 가공(처리)한

0944 □□

wasteful
[wéistfəl]

ⓐ 낭비하는, 헛된

The idea turned out to be a wasteful one.

그 아이디어는 헛된 것으로 드러났다.

+ **waste** ⓥ 낭비하다 ⓝ 낭비

0945 □□

straw
[strɔː]

ⓝ 빨대, 짚, 지푸라기

Surprisingly, the cat in this clip drank juice from a straw!

놀랍게도, 이 동영상의 고양이는 빨대로 주스를 마셨다!

0946 □□

remain
[riméin]

ⓥ 남아 있다, 여전히 ~인 채로 있다

I never expected to remain a graduate student in my early thirties.

나는 내가 30대 초반에 대학원생으로 남아 있을 것이라고는 전혀 예상하지 못했다.

+ **remaining** ⓐ 남아 있는, 남은

0947 □□

utilize
[jú:təlàiz]

ⓥ 활용하다, 이용하다

Many resources are acquired to satisfy infrequent demand but are otherwise poorly utilized. EBS

빈번하지 않은 수요를 충족시키기 위해 많은 자원이 획득되지만, 그 외에는 저조하게 활용된다.

= **make use of** ~을 활용[이용]하다
+ **utility** ⓝ 공익 사업, 유용성

0948 □□

recycle
[ri:sáikl]

ⓥ 재활용하다

This is why it is important to recycle old cell phones.

그렇기 때문에 낡은 휴대 전화를 재활용하는 것이 중요하다.

Voca+ **re**(=again)+**cycle**(순환하다) → 다시 순환하다

+ **recycling** ⓝ 재활용

0949 □□

conserve
[kənsə́:rv]

ⓥ 보존[보호]하다, 아끼다

We can reduce the amount of trash thrown away and conserve natural resources by recycling. 교과서

우리는 재활용을 통해 버려지는 쓰레기의 양을 줄일 수 있고, 천연자원을 보존할 수 있다.

= **preserve** ⓥ 보존하다, 보호하다 **protect** ⓥ 보호하다
+ **conservation** ⓝ 보존, 보호, 유지 **conservative** ⓐ 보수적인

0950 □□

filter
[fíltər]

ⓝ 필터, 여과 장치 ⓥ 여과하다, 거르다

Water acts as a filter on the color spectrum of light. EBS

물은 빛의 색 스펙트럼에서 필터로 작동한다.

0951 □□

generate
[dʒénərèit]

ⓥ 발생시키다, 만들어 내다

Generate ads that are closely related to your blog's content. 교과서
너의 블로그 내용과 밀접한 관계가 있는 광고를 만들어라.

Voca+ gener(=birth)+ate(동사형 접미사) → 출생하게 하다

➕ generation ⓝ 세대, 발생 generator ⓝ 발전기

0952 □□

convert
[kənvə́ːrt]

ⓥ 전환하다, 바꾸다

Waste materials are converted into new products that are less harmful to the environment. 교과서
폐기물은 환경에 덜 해로운 새로운 제품으로 바뀌게 된다.

➕ converter ⓝ 변환기, 컨버터 conversion ⓝ 전환, 개조

0953 □□

transform
[trænsfɔ́ːrm]

(= convert)

ⓥ 변형시키다, 바꾸다

As it fought its drug wars, the city transformed itself. 교과서
마약과의 전쟁을 벌이면서, 그 도시는 스스로를 변화시켰다.

Voca+ trans(=across)+form(=shape) → 모양을 이리저리 바꾸다

0954 □□

reduce
[ridjúːs]

ⓥ 줄이다, 감소시키다

We cannot afford to reduce our expenditure on education.
우리는 우리의 교육비를 줄일 여유가 없다.

➕ reduction ⓝ 감소, 삭감

0955 □□

fragile
[frǽdʒəl]

ⓐ 부서지기 쉬운, 취약한

Stronger, taller vegetables grow above smaller, more fragile vegetables. 교과서
더 튼튼하고 키가 큰 채소들은 더 작고 연약한 채소들 위에서 자란다.

Voca+ frag(=break)+ile(~하기 쉬운) → 부서지기 쉬운

0956 □□

fabric
[fǽbrik]

ⓝ 직물, 천, (사회 · 건물 등의) 구조

We produce a wide range of woolen fabrics.
우리는 매우 다양한 모직물을 생산한다.

= **cloth** ⓝ 직물, 천
\+ **fabricate** ⓥ 제작하다, 날조[조작]하다

0957 □□

accumulate
[əkjúːmjəlèit]

ⓥ 축적하다, 축적되다, 모으다

Microplastics that accumulate in the body are a source of chemical contamination to tissues and fluids.
몸에 축적되는 미세 플라스틱은 조직과 체액에 화학적 오염의 원천이다.

\+ **accumulation** ⓝ 축적, 누적 **accumulative** ⓐ 축적하는

0958 □□

discard
[diskáːrd]

ⓥ 버리다, 폐기하다

As a result, the plans were discarded.
결과적으로 그 계획들은 폐기되었다.

= **throw away** ~을 버리다

0959 □□

= **dispose of**

~을 버리다, ~을 처리하다[없애다]

Koreans dispose of over 15 billion cups each year. 교과서
한국인들은 매년 150억 개가 넘는 컵을 버린다.

= **get rid of** ~을 없애다[처리하다]

0960 □□

(the) chances are (that)

아마 ~일 것이다, ~할 가능성이 충분하다

Chances are that you are already greener than you think. 교과서
아마도 여러분은 이미 자신이 생각하는 것보다 더 친환경적일 것이다.

DAY 24

DAY 24

REVIEW TEST

A 다음 단어에 해당하는 영어 단어 또는 우리말을 쓰시오.

01 경사, 경사지다	________	07 endangered	________
02 낭비하는, 헛된	________	08 ecosystem	________
03 열대 우림	________	09 raw	________
04 오염	________	10 peak	________
05 직물, 천	________	11 recycle	________
06 자원, 물자	________	12 surface	________

B 다음 우리말에 맞도록 주어진 철자로 시작하는 단어를 쓰시오.

01 숨이 멎을 듯한 풍경	a breathtaking l________
02 가파른 경사	a s________ slope
03 허가받은 매립지	an authorized l________ site
04 유리처럼 깨지기 쉬운	as f________ as glass
05 재활용으로 폐기물을 처리하다	d________ of waste through recycling
06 현존하는 기술을 활용하다	u________ an existing technology
07 기술과 경험을 축적하다	a________ technology and experience
08 지구의 상층 대기	the Earth's upper a________

A 01 incline 02 wasteful 03 rainforest 04 pollution 05 fabric 06 resource
07 멸종 위기에 처한, 위험에 빠진 08 생태계 09 날것의, 가공하지 않은 10 산봉우리, 정상, 정점, 절정에 이르다
11 재활용하다 12 표면, 외관, 수면으로 올라오다

B 01 landscape 02 steep 03 landfill 04 fragile 05 dispose 06 utilize 07 accumulate
08 atmosphere

DAY

25

Previous Check

- □ climate
- □ freeze
- □ melt
- □ wave
- □ humid
- □ temperate
- □ sufficient
- □ tropical
- □ intense
- □ fierce
- □ light
- □ phenomenon
- □ creature
- □ tide
- □ shadow
- □ float
- □ earthquake
- □ eruption
- □ drought
- □ originate
- □ hatch
- □ agriculture
- □ ripe
- □ cultivate
- □ crop
- □ harvest
- □ annual
- □ folk
- □ native
- □ resistant
- □ durable
- □ transplant
- □ enrich
- □ fertile
- □ barren
- □ drain
- □ pest
- □ weed
- □ take over
- □ take advantage of

날씨와 기후

0961

climate [kláimit]

ⓝ 기후

This leafy tree is native to a tropical climate. 학평

잎이 무성한 이 나무는 열대 기후 지역이 원산지이다.

0962

freeze [fri:z]

ⓥ 얼다, 동결시키다

These pipes wouldn't have frozen if you had run them through the walls. EBS

이 파이프들은 당신이 벽을 통해 연결했다면 얼지 않았을 것이다.

+ **freezing** ⓐ 몹시 추운, 영하의

0963

↔ **melt** [melt]

ⓥ 녹다, 녹이다

As the glaciers melt and the seas rise, gravity forces more water toward the equator. 학평

빙하가 녹고 바다가 높아지면서, 중력이 적도를 향해 더 많은 물을 밀어 넣는다.

0964

wave [weiv]

ⓝ 파도, 물결 ⓥ 파도치다, 흔들다

The biggest wave I had ever seen in my life was headed toward our ship. EBS

내 인생에서 본 것 중 가장 큰 파도가 우리의 배로 향했다.

0965

humid [hjú:mid]

ⓐ 습한, 습기 찬

Try wearing a couple of extra jackets on a hot humid day and run a mile. 학평

덥고 습한 날에 여분의 재킷 두 개를 입는 것을 시도하고 1마일을 뛰어라.

+ **humidity** ⓝ 습도, 습기

0966 □□

temperate
[témpərət]

ⓐ (기후가) 온화한, (행동이) 차분한

It can be tough living in a temperate climate.
온화한 기후에서 사는 것이 힘들 수 있다.

= **mild** ⓐ (기후가) 온화한, 포근한

0967 □□

sufficient
[səfíʃənt]

ⓐ 충분한

El Niño failed to bring sufficient rain and snow to California over the winter.
엘니뇨 현상은 겨울 동안 캘리포니아에 충분한 비와 눈을 가져오지 못했다.

= **adequate** ⓐ 충분한
\+ **sufficiently** ⓐⓓ 충분히

0968 □□

tropical
[trápikəl]

ⓐ 열대의, 열대 지방의

This fierce fish is usually found in warm, tropical seas. EBS
이 사나운 물고기는 대개 따뜻한 열대 바다에서 발견된다.

0969 □□

intense
[inténs]

ⓐ 극심한, 치열한

She knows that intense pain will follow her pleasure.
그녀는 즐거움 뒤에 극심한 고통이 따르리라는 것을 알고 있다.

= **extreme** ⓐ 극심한, 강렬한 **severe** ⓐ 극심한, 가혹한
\+ **intensity** ⓝ 강렬함, 강도 **intensely** ⓐⓓ 격렬하게

0970 □□

= **fierce**
[fiərs]

ⓐ 사나운, 극심한

The fierce storm on Friday night ripped off the roof of a school.
금요일 밤에 불어닥친 사나운 폭풍이 한 학교의 지붕을 떨어져 나가게 했다.

\+ **fiercely** ⓐⓓ 사납게, 모질게

0971 □□

light
[lait]

ⓐ 가벼운, 밝은 ⓥ 밝히다 ⓝ 빛

This is something lighter than a feather, but you can't hold it for even a second.
이것은 깃털보다 더 가벼운 것이지만, 당신은 그것을 심지어 일 초 동안도 잡고 있을 수 없다.

+ **lighting** ⓝ 조명 **lightly** ad 가볍게, 부드럽게

생명과 자연 현상

0972 □□

phenomenon
[finámənàn]

ⓝ 현상 (*pl.* phenomena)

This phenomenon causes the stem to bend and appear to be growing towards the light. 학평
이 현상은 줄기가 휘어지게 하고 빛을 향하여 성장하는 것처럼 보이게 한다.

Voca+ **phen(o)**(=appear)+**menon**(명사형 접미사) → 나타나는 것

0973 □□

creature
[kríːtʃər]

ⓝ 창조물, 생물

It's probably because we are very empathetic creatures.
그것은 아마도 우리가 감정 이입을 매우 잘 하는 창조물이기 때문일 것이다. 학평

+ **create** ⓥ 창조하다 **creation** ⓝ 창조

0974 □□

tide
[taid]

ⓝ 조수(潮水), 조류, 흐름

Gravity is one major force that creates tides.
중력은 조수를 발생시키는 한 가지 주요한 힘이다.

0975 □□

shadow
[ʃǽdou]

ⓝ 그림자, 그늘 ⓥ 그늘지게 하다

Even in the shadow of the big tree I was lying under, it was still too hot.
내가 누워 있는 큰 나무의 그늘 속에서조차 여전히 너무 더웠다.

0976 □□

float
[flout]

ⓥ 뜨다, 떠다니다

The warmer water would float on the surface of the cold water because of its lighter weight. 학평

더 따뜻한 물은 그것의 더 가벼운 무게 때문에 찬물의 표면에 떠 있을 것이다.

↔ **sink** ⓥ 가라앉다

0977 □□

earthquake
[ə́ːrθkweik]

ⓝ 지진

She handled fire, earthquake, and flood insurance almost exclusively. EBS

그녀는 화재, 지진, 그리고 홍수에 관한 보험을 거의 독점적으로 처리했다.

0978 □□

eruption
[irʌ́pʃən]

ⓝ 폭발, 분화

Volcanic eruptions and earthquakes occur very often in Indonesia.

인도네시아에서는 화산 폭발과 지진이 매우 자주 발생한다.

Voca+ **e**(=out)+**rupt**(=break)+**ion**(명사형 접미사) → 밖으로 깨고 나옴

+ **erupt** ⓥ 분출하다, 폭발하다

0979 □□

drought
[draut]

ⓝ 가뭄

Different species of plants respond to the drought differently. 학평

다양한 종의 식물들이 가뭄에 다르게 반응한다.

0980 □□

originate
[ərídʒənèit]

ⓥ 유래하다, 발생하다, 고안하다

There are many proverbs that originated from ancient superstitions. 교과서

고대의 미신에서 유래한 많은 속담들이 있다.

Voca+ **orig**(=rise)+**in**(명사형 접미사)+**ate**(동사형 접미사) → 떠오르게 하다

= **derive** ⓥ 유래하다, ~에서 비롯되다

+ **original** ⓐ 최초의, 원래의 **originally** ⓐⓓ 원래

0981 □□

hatch
[hætʃ]

ⓥ 부화하다

More eggs will hatch in a dark environment than in a light environment.

밝은 주변 환경에서보다 어두운 주변 환경에서 더 많은 달걀이 부화할 것이다.

농업

0982 □□

agriculture
[ǽgrikʌ̀ltʃər]

ⓝ 농업

The government should encourage agriculture.

정부는 농업을 장려해야 한다.

Voca+ agri(=field)+cult(=cultivate)+ure(명사형 접미사) → 밭을 경작하기

⊕ **agricultural** ⓐ 농업의

0983 □□

ripe
[raip]

ⓐ 익은, 숙성한

Steve looked at the ripe field, being all smiles.

Steve는 활짝 웃으며 잘 익은 들판을 바라보았다.

⊜ **mature** ⓐ 익은, 숙성한

⊕ **ripen** ⓥ 익다, 익히다

0984 □□

cultivate
[kʌ́ltəvèit]

ⓥ 경작하다, (작물을) 재배하다, 기르다

Korowai families cultivate vegetables in their own gardens nearby. 학평

Korowai 족은 가까이에 있는 자신들의 뜰에 채소를 재배한다.

⊜ **plow** ⓥ 갈다, 경작하다 ⓝ 쟁기

⊕ **cultivation** ⓝ 경작, 양성 **cultivated** ⓐ 경작된, 교양 있는

0985 □□

crop
[krɑp]

ⓝ 농작물, 수확물

Insects can damage crops and reduce yields. EBS

벌레들이 농작물을 손상시켜서 수확량을 줄일 수 있다.

0986 □□

harvest
[há:rvist]

ⓥ 수확하다 ⓝ 수확, 수확물

Every fall, the owners of the orchard harvest a delicious crop of apples.
매년 가을 과수원 주인들은 맛있는 사과 농작물을 수확한다.

= **reap** ⓥ 수확하다, 거두다

0987 □□

annual
[ǽnjuəl]

ⓐ 연례의, 연간의

India's increase in annual water demand is expected to lead the other regions'. EBS
인도의 연간 물 수요의 증가량이 다른 지역의 증가량을 앞설 것으로 예상된다.

+ **annually** ⓐⓓ 해마다, 1년에 한 번

0988 □□

folk
[fouk]

ⓐ 민속의, 민간의 ⓝ 사람들

Farmers dance and sing a folk song while weeding a rice field.
농부들은 논의 잡초를 제거하면서 춤을 추고 민요를 부른다.

0989 □□

native
[néitiv]

ⓐ 토착의, 원산의 ⓝ 원주민

Most of the food crops grown in America are not native to the region. 학평
미국에서 재배되는 대부분의 곡물은 미국이 원산지가 아니다.

DAY 25

0990 □□

resistant
[rizístənt]

ⓐ 저항력이 있는, 저항하는, 잘 견디는

These crops are resistant to some of the major infectious diseases.
이 작물들은 몇 가지 주요 전염병에 저항력이 있다.

+ **resist** ⓥ 저항하다, 견디다, 참다 **resistance** ⓝ 저항, 반대, 면역

0991 □□

durable
[djúərəbl]

ⓐ 내구성이 있는

The pine tree is one of the most durable timbers you can get.
소나무는 당신이 얻을 수 있는 가장 내구성이 있는 목재 중 하나이다.

↔ **delicate** ⓐ 연약한, 부서지기 쉬운 **fragile** ⓐ 부서지기 쉬운, 취약한
\+ **durability** ⓝ 내구성, 오래 견딤

0992 □□

transplant
ⓥ [trænsplǽnt]
ⓝ [trǽnsplænt]

ⓥ 옮겨 심다, 이식하다 ⓝ 이식

In transplanting, care should always be taken not to transplant in improper weather.
옮겨 심기를 할 때, 적절하지 않은 날씨에 옮겨 심지 않도록 항상 주의를 기울여야 한다.

Voca+ **trans**(=across)+**plant**(심다) → 여기저기 심다

0993 □□

enrich
[inrítʃ]

ⓥ 비옥하게 하다, 풍요롭게 하다

They turn to organic matter to enrich their soil.
그들은 땅을 비옥하게 하기 위해서 유기 물질에 의존한다.

Voca+ **en**(=make)+**rich** → 부유하게 만들다

\+ **enriched** ⓐ 풍부한 **enrichment** ⓝ 풍부, 농축

0994 □□

fertile
[fə́ːrtəl]

ⓐ 비옥한, 번식력이 있는

The province is famous for its fertile fields and its traditional cuisine.
그 지방은 비옥한 땅과 전통 음식으로 유명하다.

\+ **fertility** ⓝ 비옥함, 번식력

0995 □□

↔ **barren**
[bǽrən]

ⓐ 척박한, 결실이 없는

At the beginning the land was extremely barren.
처음에 그 땅은 매우 척박했다.

0996 □□

drain
[drein]

ⓥ 물을 빼내다, 배수하다, 소모시키다 ⓝ 배수관, 소모

They learned how to drain the swamps to get more land for crops.

그들은 수확물을 위한 더 많은 땅을 얻기 위해 늪지에서 물을 빼내는 방법을 배웠다.

⊕ **drainage** ⓝ 배수, 배수 시설

0997 □□

pest
[pest]

ⓝ 해충, 골칫거리

To control this serious pest, farmers spray insecticides two to three times a week.

이 심각한 해충을 통제하기 위해 농부들은 일주일에 두세 번 살충제를 뿌린다.

0998 □□

weed
[wi:d]

ⓝ 잡초 ⓥ 잡초를 제거하다

Weeds are the major pest in agriculture.

잡초는 농업에서 심각한 골칫거리이다.

0999 □□

take over

~을 차지하다, ~을 인계받다, ~을 인수하다

The mussels took over the area and left little room for other species. 교과서

홍합들이 그 지역을 차지했고 다른 종을 위한 공간을 거의 남겨두지 않았다.

1000 □□

take advantage of

~을 이용하다, ~을 활용하다

Ecologists were able to take advantage of quolls' natural imitative instincts. 학평

생태학자들은 주머니고양이의 타고난 모방 본능을 이용할 수 있었다.

⊜ **make use of** ~을 이용하다

DAY 25 REVIEW TEST

A 다음 단어에 해당하는 영어 단어 또는 우리말을 쓰시오.

01 현상	________	07 drought	________
02 뜨다, 떠다니다	________	08 temperate	________
03 창조물, 생물	________	09 eruption	________
04 부화하다	________	10 tropical	________
05 습한, 습기 찬	________	11 shadow	________
06 해충, 골칫거리	________	12 drain	________

B 다음 우리말에 맞도록 주어진 철자로 시작하는 단어를 쓰시오.

01 사람들의 삶을 풍요롭게 하다	e________ people's lives
02 나무의 연간 성장 속도	the tree's a________ growth rate
03 극심한 압박하에	under i________ pressure
04 아프리카에서 기원하다	o________ from Africa
05 익은 과일의 달콤한 냄새	the sweet smell of r________ fruit
06 물에 잘 견디는(방수의)	water-r________
07 풍작을 기념하다	celebrate the good h________
08 비옥한 토양	f________ soil

A 01 phenomenon 02 float 03 creature 04 hatch 05 humid 06 pest 07 가뭄
08 (기후가) 온화한, (행동이) 차분한 09 폭발, 분화 10 열대의, 열대 지방의 11 그림자, 그늘, 그늘지게 하다
12 물을 빼내다, 배수하다, 소모시키다, 배수관, 소모

B 01 enrich 02 annual 03 intense 04 originate 05 ripe 06 resistant 07 harvest 08 fertile

Word BASIC
∞ master

Word
∞ master

STEP 3

다의어 · 혼동어로 실력 높이기

Word BASIC
∞ master

DAY 26

Previous Check

- □ account
- □ correct
- □ charge
- □ check
- □ air
- □ tip
- □ still
- □ custom
- □ regard
- □ develop
- □ object
- □ yield
- □ sacred
- □ scared
- □ vain
- □ vein
- □ cite
- □ site
- □ mass
- □ mess
- □ expand
- □ expend
- □ literal
- □ literate
- □ literary
- □ considerable
- □ considerate
- □ optical
- □ optional
- □ optimal
- □ vague
- □ vogue
- □ extinct
- □ instinct
- □ wander
- □ wonder
- □ famine
- □ feminine
- □ be known for
- □ be known as

• 다의어 •

1001 □□

account
[əkáunt]

ⓝ 예금, 은행 계좌

I decided to **open an account** at the bank.
나는 그 은행에 **계좌를 개설하기**로 결정했다.

ⓝ 이유, 근거

Jane doesn't like him **on this account**.
Jane은 **이런 이유로** 그를 좋아하지 않는다.

ⓥ 설명하다, 해명하다, 책임지다 (for) ⓝ 설명, 이야기

The lawyer will **account for the case** at the trial this Monday.
이번 월요일 재판에서 변호사가 **그 사건에 대해 설명할** 것이다.

ⓥ 차지하다 (for)

In both export and import shares, Canada ranked fifth, **accounting for only 3.1 percent** in the export and 5.1 percent in the import. EBS
수출과 수입 점유율 둘 다에서 캐나다는 5위였는데, 수출에서는 **단지 3.1퍼센트를 차지했고**, 수입에서는 5.1퍼센트를 차지했다.

1002 □□

correct
[kərékt]

ⓐ 맞는, 올바른

He gave **the correct answer** to the question. 교과서
그는 그 질문에 대해 **올바른 답**을 했다.

ⓥ 정정하다, 바로잡다

The editor **corrected a lot of mistakes** in the article.
그 편집자는 그 기사에서 **많은 오류를 정정했다.**

1003 □□

charge
[tʃɑːrdʒ]

ⓥ 요금을 청구하다 ⓝ 요금

The store **charges $50** for the leather wallet. 교과서

그 상점은 그 가죽 지갑의 값으로 **50달러를 받는다.**

ⓥ (일을) 맡기다 ⓝ 책임, 담당

He put Emma **in charge of the project** a year later. EBS

그는 1년 후에 Emma에게 **그 프로젝트에 대한 책임을** 맡겼다.

ⓥ 비난하다, 고발하다 ⓝ 혐의, 고발

The man **was charged with wasting public money**.

그 남자는 **공금을 낭비한 혐의로 고발당했다.**

ⓥ 충전하다, 채우다 ⓝ 충전

The green light means **the battery has been fully charged**.

녹색 불은 **배터리가 완전히 충전되었다**는 것을 의미한다.

1004 □□

check
[tʃek]

ⓥ 확인하다, 검사하다 ⓝ 검사

The factory manager conducts **regular checks** on some products.

공장장은 몇몇 상품에 대한 **정기 검사**를 실시한다.

ⓝ 수표

She **gave me a check** instead of cash.

그녀는 현금 대신에 **수표를 내게 주었다.**

ⓝ 계산서

An easy way to calculate a tip is to look for the sales tax amount **on the check** and double it. EBS

팁을 계산하는 쉬운 방법은 **계산서에서** 판매세 금액을 찾고 그것을 2배하는 것이다.

1005 □□

air
[ɛər]

ⓝ 공기

The jar was filled with food and **a small air space** was left at the top. EBS

그 병은 음식으로 채워졌고 맨 위에는 **공기를 위한 작은 공간**이 남겨졌다.

ⓝ 공중

A blue balloon is floating **in the air**.

파란색 풍선 한 개가 **공중에** 떠 있다.

ⓝ 항공

He doesn't want to **travel by air** because he is scared of heights.

그는 고소 공포증이 있기 때문에 **항공기로 여행을 하고** 싶어 하지 않는다.

ⓥ 방송하다

The debate on the issue **will be aired tonight**.

그 쟁점에 대한 토론회가 **오늘 밤 방송될 것이다**.

1006 □□

tip
[tip]

ⓝ (뾰족한) 끝

The Republic of South Africa is a country located at **the southern tip of Africa**. 학평

남아프리카 공화국은 **아프리카의 남쪽 끝**에 위치한 나라이다.

ⓝ 조언

Could you give me **some tips on how to save money**?

돈을 절약하는 방법에 대한 몇 가지 조언을 해 주시겠습니까?

ⓝ 팁, 사례금

Restaurant menus indicate prices **without sales taxes and tips**. EBS

음식점 메뉴는 **판매세와 팁이 없는** 가격을 표시하고 있다.

1007 □□

still
[stil]

ⓐ 조용한

The night was so still that you could hear a pin drop. 교과서

그날 밤은 너무 조용해서 핀이 떨어지는 소리까지 들을 수 있었다.

ⓐ 정지한

Stay still while the music is being played.

음악이 연주되고 있는 동안에는 **가만히 있어라.**

ⓐⓓ 〈비교급 강조〉 훨씬, 더욱

He practiced more, and his performance **improved still further**. EBS

그는 더 연습을 했고, 그의 성과는 **훨씬 더 향상되었다.**

Voca+ 비교급을 강조하는 부사로 **much, even, far, a lot** 등이 있다.

ⓐⓓ 그럼에도 불구하고

The weather was very bad. **Still**, we went out for a walk.

날씨가 매우 나빴다. **그럼에도 불구하고**, 우리는 산책하러 나갔다.

1008 □□

custom
[kʌ́stəm]

ⓝ 관습, 풍습

We were unfamiliar with **the language and customs of Taiwan**. 교과서

우리는 **대만의 언어와 관습**에 익숙하지 않았다.

ⓝ 관세, 세관 (~s)

A customs officer is busy examining suitcases of passengers.

세관 직원은 승객들의 여행 가방을 조사하느라 바쁘다.

ⓐ 맞춘, 주문 제작한

He enjoys riding **a custom motorcycle**.

그는 **주문 제작한 오토바이**를 타는 것을 즐긴다.

1009 □□

regard
[rigɑ́ːrd]

ⓝ 존경, 존중

The statesman always **pays deep regard** to public opinion.
그 정치인은 항상 여론을 **매우 존중한다.**

ⓝ 관련

The report **has no special regard** to the matter. 교과서
그 보고서는 그 문제와 **특별한 관련이 없다.**

ⓝ 안부

Please give my regards to your parents.
당신의 부모님께 **제 안부를 전해 주세요.**

ⓥ ~으로 간주하다[여기다] (as)

Math problem solving **is generally regarded as** the area of individual intellect. 학평
수학 문제 풀기는 **일반적으로** 개인적인 지적 능력의 영역**으로 간주된다.**

1010 □□

develop
[divéləp]

ⓥ 발달하다, 발달시키다

The fishing industry **is highly developed** in the country.
그 나라는 어업이 **매우 발달했다.**

ⓥ 개발하다

Around 3,000 B.C., ancient Egyptians **developed the cubit system of measurement.** 학평
기원전 3,000년경에, 고대 이집트인들은 **큐빗 측정 체계를 개발했다.**

ⓥ (병·문제가) 생기다, 발생하다

Tom **developed the disease** when he was very young.

Tom은 아주 어렸을 때 **그 병에 걸렸다.**

ⓥ (필름을) 현상하다

We **had the film developed** yesterday.

우리는 어제 **그 필름을 현상했다.**

1011 □□

object

ⓝ [ábdʒikt]
ⓥ [əbdʒékt]

ⓝ 사물, 물체

Every day, children explore and construct **relationships among objects.** 학평

매일, 아이들은 **사물 사이의 관계들**을 탐구하고 구성한다.

ⓝ 목표, 목적

His object in life is to become the hero of a romance.

그의 인생의 목표는 로맨스의 주인공이 되는 것이다.

ⓝ 대상

Her objects of study are not living beings.

그녀의 연구 대상은 살아 있는 것이 아니다.

ⓥ 반대하다 (to)

All of them don't **object to the building of the new airport**.

그들 모두가 **신공항 건설에 반대하는** 것은 아니다.

1012 □□

yield
[ji:ld]

ⓥ 내다, 산출하다 ⓝ 산출량

Successive rock layers **yield fossils** of increasingly larger horse species. EBS

연속하는 암석층들은 점점 더 커다란 말의 종의 **화석을 낸다**.

ⓥ 양도하다

We had to **yield control of the river area**.

우리는 **강 지역의 통제권을 양도해야**만 했다.

ⓥ 굴복하다 (to)

The little girl **yielded to temptation** and had a candy.

그 어린 소녀는 **유혹에 굴복하여** 사탕을 하나 먹었다.

• 혼동어 •

1013 □□

sacred
[séikrid]

ⓐ 신성한, 성스러운

In ancient Egypt, **cats were considered sacred**, and the punishment for killing one was death. EBS

고대 이집트에서, **고양이들은 신성하게 여겨졌으며**, 고양이를 죽이는 것에 대한 벌은 사형이었다.

1014 □□

scared
[skεərd]

ⓐ 무서워하는

Kevin was scared to be left at home alone.

Kevin은 집에 홀로 남겨지는 것이 **무서웠다**.

1015 □□

vain
[vein]

ⓐ 헛된, 허영심이 많은

They tried **in vain** to persuade her to join the club.
그들은 그녀를 동아리에 가입하도록 설득하려 했지만 **허사였다**.

1016 □□

vein
[vein]

ⓝ 정맥, 맥락

This medicine has to be injected directly **into the vein**.
이 약은 **정맥에** 직접 주사를 놓아야 한다.

1017 □□

cite
[sait]

ⓥ 인용하다

The lawyer **cited persuasive examples** to support his opinion.
그 변호사는 자신의 의견을 뒷받침하는 **설득력 있는 사례들을 인용했다**.

1018 □□

site
[sait]

ⓝ 장소, 위치, 현장

The **camping site** is located near a beautiful lake. 교과서
그 **야영장**은 아름다운 호수 근처에 위치해 있다.

1019 □□

mass
[mæs]

ⓝ 덩어리, 집단, 부피, 질량 ⓐ 대량의, 대중의

The human brain **has shrunk in mass** by about 10 percent.
인간의 뇌는 **부피가** 약 10퍼센트만큼 **줄어들었다**. 학평

+ **massive** ⓐ 부피가 큰, 육중한

1020 □□

mess
[mes]

ⓝ 엉망, 혼란한 상태 ⓥ 더럽히다

The data were a mess — there wasn't a pattern. EBS
자료가 엉망이었고 양식이 없었다.

+ **messy** ⓐ 어질러진

1021 □□

expand
[ikspǽnd]

ⓥ 확대하다, 확장하다

The study of viruses **must be expanded** as a primary objective of science. EBS

바이러스에 대한 연구는 과학의 주요 목표로 **확대되어야 한다**.

Voca+ ex(=out)+pand(=spread) → 밖으로 펼쳐지다

1022 □□

expend
[ikspénd]

ⓥ 소비하다, 쓰다

He **expends most of his energy** on creating literature.

그는 **자신의 에너지 대부분을** 문학 창작에 **쓴다**.

Voca+ spend(소비하다)와 함께 외우면 철자를 혼동하지 않을 수 있다.

1023 □□

literal
[lítərəl]

ⓐ 문자 그대로의, 문자(상)의

In a literal sense we create the worlds in which we live. EBS

문자 그대로의 의미로 우리는 우리가 사는 세상을 창조한다.

⊕ literally ⓐⓓ 문자 그대로

1024 □□

literate
[lítərit]

ⓐ 읽고 쓸 수 있는

Ninety-two percent of the people in the country **are literate**.

그 나라의 92퍼센트의 사람들이 **읽고 쓸 수 있다**.

↔ illiterate ⓐ 읽고 쓸 수 없는, 문맹의

⊕ literacy ⓝ 읽고 쓰는 능력

1025 □□

literary
[lítərèri]

ⓐ 문학의, 문학적인

The mind of the author provides the raw material for **all literary and artistic work**. EBS

작가의 정신은 **모든 문학 작품과 미술 작품**을 위한 원재료를 제공한다.

⊕ literature ⓝ 문학

1026 □□

considerable
[kənsídərəbl]

ⓐ 상당한, 꽤 많은

After considerable argument, they convinced Zelter that their plan would work. EBS

상당한 논쟁 후에, 그들은 자신들의 계획이 효과가 있을 것이라고 Zelter를 납득시켰다.

1027 □□

considerate
[kənsídərit]

ⓐ 사려 깊은, 배려하는

The clerk is always **polite and considerate**.

그 점원은 항상 **공손하고 사려 깊다**.

1028 □□

optical
[áptikəl]

ⓐ 시각적인, 광학의

Other phenomena are simply interesting aspects of **optical effects**.

다른 현상들은 단순히 **시각 효과**의 흥미로운 측면들이다.

1029 □□

optional
[ápʃənəl]

ⓐ 선택적인

Some people claim that education is **an optional extra**.

어떤 사람들은 교육이 **선택적인 부가 항목**이라고 주장한다.

1030 □□

optimal
[áptəməl]

ⓐ 최적의, 최상의

Instead, we are likely to choose an **"optimal level" of pollution**. EBS

대신에, 우리는 **오염의 '최적 수준'**을 선택할 것 같다.

1031 □□

vague [veig]

ⓐ 모호한

The message was too vague to understand.
그 메시지는 너무 모호해서 이해할 수 없었다.

1032 □□

vogue [voug]

ⓝ 유행

Short skirts **are in vogue** all over the world.
전 세계적으로 짧은 치마가 **유행이다.**

1033 □□

extinct [ikstíŋkt]

ⓐ 멸종한, 사라진

Most insect species would have long since **become extinct.** EBS
대부분의 곤충 종은 오래전에 **멸종했을** 것이다.

+ **extinction** ⓝ 멸종, 소멸

1034 □□

instinct [instíŋkt]

ⓝ 본능

Overcoming your instinct to avoid uncomfortable things at first is essential. 학평
처음에는 불편한 것을 피하고자 하는 **당신의 본능을 극복하는 것**이 필요하다.

1035 □□

wander [wándər]

ⓥ (이리저리) 돌아다니다, 배회하다

She **wandered aimlessly**, more dead than alive.
그녀는 **정처 없이 배회했**는데, 살아 있다기보다는 죽어 있는 듯했다.

1036 □□

wonder [wʌ́ndər]

ⓥ 궁금해하다, 놀라다 ⓝ 놀라운 것

For just an instant he **wondered what had wakened him.**
잠시 동안 그는 **무엇이 그를 깨웠는지 궁금했다.**

1037 □□

famine
[fǽmin]

ⓝ 기근, 기아

A severe famine in Africa drove many Africans to relief camps throughout the continent. EBS

아프리카의 **극심한 기근**은 많은 아프리카인들을 대륙 전역에 걸쳐 있는 구호 수용소로 이동하게 했다.

1038 □□

feminine
[fémənin]

ⓐ 여성의, 여성스러운

This skirt will make you **look very feminine**.

이 치마는 당신을 **매우 여성스러워 보이게** 만들어 줄 것이다.

1039 □□

be known for

〈이유〉 ~으로[때문에] 유명하다

Antonie van Leeuwenhoek **was known for his cell research.** 학평

Antonie van Leeuwenhoek는 **그의 세포 연구로 유명했다.**

1040 □□

be known as

〈자격·별칭〉 ~으로 알려져 있다

A log chapel **is known as the "Indians Chapel."** EBS

어떤 통나무 예배당은 **'Indians Chapel'로 알려져 있다.**

DAY 26 REVIEW TEST

A 다음 밑줄 친 단어의 문맥상 적절한 뜻을 고르시오.

01 a <u>customs</u> officer ⓐ 관습 ⓑ 세관

02 ask for <u>still</u> more money ⓐ 조용한 ⓑ 훨씬

03 on <u>charges</u> of taking bribes ⓐ 혐의 ⓑ 충전

04 <u>regard</u> for your teacher ⓐ 관련 ⓑ 존경

05 open an <u>account</u> ⓐ 계좌 ⓑ 근거

B 다음 우리말에 맞도록 괄호 안에서 알맞은 단어를 고르시오.

01 공포에 대한 잘 발달한 본능 a well-developed **[extinct / instinct]** for fear

02 그 사업을 확장하다 **[expand / expend]** the business

03 선택적 쓰기 부문 an **[optimal / optional]** writing section

04 모호한 기억 **[vague / vogue]** memories

05 상당한 비용 a **[considerable / considerate]** expense

06 문학적인 고전을 집필하다 produce a **[literary / literate]** classic

07 팔에서 정맥을 찾다 look for a **[vain / vein]** in the arm

08 도시를 돌아다니다 **[wander / wonder]** around the city

A 01 ⓑ, 세관 직원 02 ⓑ, 훨씬 더 많은 돈을 요구하다 03 ⓐ, 뇌물을 받은 혐의로 04 ⓑ, 당신의 선생님에 대한 존경 05 ⓐ, 계좌를 개설하다

B 01 instinct 02 expand 03 optional 04 vague 05 considerable 06 literary 07 vein 08 wander

DAY 27

Previous Check

- □ bear
- □ sound
- □ bill
- □ count
- □ present
- □ grave
- □ subject
- □ draw
- □ contract
- □ hold
- □ balance
- □ character
- □ absorb
- □ absurd
- □ carve
- □ curve
- □ complement
- □ compliment
- □ respectable
- □ respective
- □ principal
- □ principle
- □ acquire
- □ inquire
- □ require
- □ lie[1]
- □ lie[2]
- □ lay
- □ imitate
- □ initiate
- □ defeat
- □ defect
- □ frame
- □ flame
- □ successive
- □ successful
- □ cooperation
- □ corporation
- □ call for
- □ call off

다의어

1041 □□

bear
[bɛər]
(bear-bore-born)

ⓝ 곰

The black bear lives in many regions of North America.
흑곰은 북아메리카의 여러 지역에 산다.

ⓥ 참다, 견디다

She **couldn't bear his rude attitude** any longer.
그녀는 **그의 무례한 태도를** 더 이상 **참을 수 없었다.**

ⓥ 낳다, (열매를) 맺다

His continuous effort **bore good fruit** at last. 교과서
그의 지속적인 노력이 마침내 **좋은 결실을 맺었다.**

1042 □□

sound
[saund]

ⓝ 소리 ⓥ 소리를 내다

The door **sounds strange** while it is being opened.
그 문은 열리는 동안 **이상한 소리가 난다.**

ⓥ ~인 것 같다, ~처럼 들리다

His explanation **sounds reasonable** to me.
그의 설명이 내게는 **합리적인 것 같다.**

ⓐ 건전한

He is a man of **sound judgment**.
그는 **건전한 판단력**을 갖춘 사람이다.

ⓐⓓ 깊게, 푹 (~ asleep)

The boy is already **sound asleep** in his bed. EBS
그 소년은 이미 자신의 침대에서 **깊게 잠들어** 있다.

1043 □□

bill
[bil]

ⓝ 청구서, 계산서

Let me **pay the bill** this time.
이번에는 제가 **계산할**게요.

ⓝ 지폐

He was walking on a busy sidewalk and saw **a ten-dollar bill** a few yards away. EBS
그는 혼잡한 인도를 걷고 있다가 몇 야드 떨어진 곳에서 **10달러짜리 지폐**를 보았다.

ⓝ 법안

The bill has not passed yet in the National Assembly.
그 법안은 아직 국회에서 **통과되지 않았다.**

ⓝ (새의) 부리

The bird has **a very big bill** and long wings.
그 새는 **아주 큰 부리**와 긴 날개가 있다.

1044 □□

count
[kaunt]

ⓥ 세다, 계산하다 ⓝ 셈, 계산, 총계

Don't **count your chickens** before they are hatched.
부화되기도 전에 **병아리 수를 세지** 마라. (김칫국부터 마시지 마라.)

ⓥ 중요하다

It's the teamwork that **counts in sports.** 교과서
운동 경기에서 중요한 것은 팀워크이다.

ⓥ 간주하다[여기다]

They don't **count you as an enemy.**
그들은 **너를 적으로 간주하지** 않는다.

1045 □□

present

ⓐ, ⓝ [préznt]
ⓥ [prizént]

ⓐ 현재의 ⓝ 현재

The present situation is unsatisfactory in many ways, and should not continue.

현재의 상황은 여러 면에서 만족스럽지 못하며, 계속되어서는 안 된다.

ⓐ 있는, 존재하는, 출석한

When the sea stars **were present**, the ecosystem where mussels lived remained properly balanced. 교과서

그 불가사리들이 **나타나자**, 홍합들이 살고 있던 생태계가 적절히 균형을 잡게 되었다.

ⓝ 선물

She felt as though the thunderstorm was **a present**. 학평

그녀는 그 뇌우가 **선물**인 것처럼 느껴졌다.

ⓥ 제시하다, (보여) 주다, 발표하다

Advocates for each side of the issue **present arguments** for their position. 학평

그 쟁점의 각 입장에 있는 옹호자들은 자신의 입장에 대한 **논거들을 제시한다**.

1046 □□

grave

[greiv]

ⓝ 무덤, 묘

We visit **the graves of our ancestors** once a year.

우리는 일 년에 한 번 **우리 조상들의 묘**를 방문한다.

ⓐ 심각한

Extreme weather puts children **in grave danger**. 교과서

극한적인 날씨는 어린이들을 **심각한 위험에** 처하게 한다.

ⓐ 중대한, 중요한

He **made a grave mistake** in the document.

그는 그 서류에서 **중대한 실수를 저질렀다**.

1047 □□

subject
[sʌ́bdʒikt]

ⓝ 주제

You would help us cover the news better, by sharing your knowledge on **various subjects.** EBS

다양한 주제에 관한 여러분의 지식을 나눔으로써 여러분은 우리가 뉴스를 더 잘 보도하도록 도와줄 것입니다.

ⓝ 과목, 학과

Mathematics is **my favorite subject**.

수학은 **내가 가장 좋아하는 과목**이다.

ⓝ 피실험자

We need **male subjects** aged 30~40 for the experiment.

우리는 그 실험을 위해 30~40세의 **남성 피실험자들**이 필요하다.

ⓐ ~을 받기 쉬운, ~될 수 있는 (to)

The elderly **are more subject to colds** than the young.

노인들은 젊은이들보다 **감기에 걸리기 더 쉽다**.

Voca+ **subject** 뒤에 나오는 **to**는 전치사이므로 동사원형이 아닌 명사나 동명사가 온다.

1048 □□

draw
[drɔː]
(draw-drew-drawn)

ⓥ (선으로) 그리다
Charles loved to **draw cartoons** in his school days. 교과서
Charles는 학창 시절에 **만화 그리는** 것을 매우 좋아했다.

ⓥ 끌어당기다
Four horses are **drawing the wagon**.
말 네 마리가 **그 짐마차를 끌고** 있다.

ⓥ (관심을) 끌다
Her beautiful voice is **drawing attention** from all over the world.
그녀의 아름다운 목소리는 전 세계에서 **관심을 끌고** 있다.

ⓥ (결론을) 내다[도출하다]
The detective **drew conclusions** based on those clues. 학평
그 탐정은 그 단서들을 바탕으로 **결론을 도출했다**.

1049 □□

contract
ⓝ [kántrækt]
ⓥ [kəntrǽkt]

ⓝ 계약서, 계약 ⓥ 계약하다
He forgot to **sign a contract of employment** a few months ago.
그는 몇 달 전 **고용 계약서에 서명하는** 것을 잊었다.

ⓥ 수축하다, 줄어들다
When the food cools, **the air in the jar contracts** and forms a vacuum. EBS
음식이 식을 때, **병 안의 공기가 수축하여** 진공이 형성된다.

ⓥ (병에) 걸리다
Many people in the village **contracted an unknown disease**.
그 마을의 많은 사람들이 **알려지지 않은 질병에 걸렸다**.

1050 □□

hold

[hould]
(hold-held-held)

ⓥ 잡고[쥐고] 있다, 들다

The student is **holding a book** in his left hand.
그 학생은 왼손에 **책 한 권을 쥐고** 있다.

ⓥ 개최하다, 열다

When my friend decided to **hold a party**, I didn't know whether I should join or not. 교과서
내 친구가 **파티를 열기**로 결정했을 때, 나는 내가 함께해야 할지 말아야 할지 몰랐다.

ⓥ 두다, 유지하다

I will **hold the door open** until you come back.
나는 네가 돌아올 때까지 **문을 계속 열어** 둘 것이다.

ⓥ 담다, 수용하다

This main stadium can **hold 100,000 people**.
이 주 경기장은 **10만 명을 수용할** 수 있다.

1051 □□

balance

[bǽləns]

ⓥ 균형을 잡다 ⓝ 균형

He tries to **balance the needs** of users, staff, and managers.
그는 사용자, 직원, 그리고 관리자들의 **요구의 균형을 잡으려고** 노력한다.

ⓝ 잔고, 잔액

You can **check your bank balance** online.
당신은 온라인으로 **당신의 은행 잔고를 확인할** 수 있다.

ⓝ 저울

We put all of these things **on a balance**.
우리는 이것들을 모두 **저울에** 달았다.

DAY 27

1052 □□

character
[kǽriktər]

ⓝ 성격

Music had a great influence on **his character**.

음악은 **그의 성격**에 대단히 영향을 미쳤다.

ⓝ 특징

Folk music was believed to be the clearest expression of **the national character**. EBS

민속 음악은 **민족적인 특징**의 가장 분명한 표현이라고 생각되었다.

⊞ characterize ⓥ 특징이 되다, 특징짓다

ⓝ 등장인물

A main character is described up front as heroic or brave.

주인공이 대놓고 영웅적이거나 용감하다고 묘사된다. 학평

ⓝ 글자

The Greek alphabet **has 24 characters**.

그리스 알파벳에는 **24개의 글자가** 있다.

• 혼동어 •

1053 □□

absorb
[əbsɔ́ːrb]

ⓥ 흡수하다

Apples contain natural chemicals that help you to **absorb vitamin C** from other sources. EBS

사과는 다른 공급원으로부터 **비타민 C를 흡수하는** 데 도움을 주는 천연 화학 물질을 함유하고 있다.

1054 □□

absurd
[əbsə́ːrd]

ⓐ 터무니없는, 불합리한

It is absurd to say that young people do not respect the elderly.

젊은 사람들이 노인들을 존경하지 않는다고 **말하는 것은 터무니없다.**

1055 □□

carve
[kɑːrv]

ⓥ 조각하다, 새기다

A lot of names **are carved on the rock**.
많은 이름이 **그 바위에 새겨져** 있다.

1056 □□

curve
[kəːrv]

ⓝ 곡선, 커브

The graph shows **a steady downward curve**. EBS
그 그래프는 **완만한 하강 곡선**을 보여 준다.

1057 □□

complement
ⓝ [kámpləmənt]
ⓥ [kámpləmènt]

ⓝ 보완, 보충 ⓥ 보완하다

His help will be **a strong complement** to our team.
그의 도움은 우리 팀에게 **강력한 보완책**이 될 것이다.

1058 □□

compliment
ⓝ [kámpləmənt]
ⓥ [kámpləmènt]

ⓝ 칭찬 ⓥ 칭찬하다

Her remark didn't **sound like a compliment**. 학평
그녀의 의견은 **칭찬처럼 들리지** 않았다.

1059 □□

respectable
[rispéktəbl]

ⓐ 존경할 만한

His son grew up to be **a very respectable figure**.
그의 아들은 자라서 **매우 존경할 만한 인물**이 되었다.

1060 □□

respective
[rispéktiv]

ⓐ 각각의

The lecture was about **the respective roles of men and women** in society.
그 강연은 사회에서 **남성과 여성 각자의 역할**에 대한 것이었다.

1061 □□

principal
[prínsəpəl]

ⓝ 교장, 우두머리 ⓐ 주요한, 중요한

Every day, students get **instructions from their parents, their teachers, and their principal.** 교과서

매일, 학생들은 **자신들의 부모, 선생님들, 그리고 교장 선생님으로부터 지시**를 받는다.

1062 □□

principle
[prínsəpl]

ⓝ 원칙, 원리, 신념

He and his crew followed **the principles of majority rule** on decisions about navigational direction. EBS

그와 그의 선원들은 항로에 관한 결정에 있어서 **다수결의 원칙**을 따랐다.

1063 □□

acquire
[əkwáiər]

ⓥ 얻다, 획득하다, 습득하다

Libraries cooperate with one another to **acquire books.** EBS

도서관들은 **책을 얻기** 위해 서로 협력하고 있다.

Voca+ ac(=to)+quire(=seek) → ~에게 구하다

1064 □□

inquire
[inkwáiər]

ⓥ 묻다

Many customers **inquired about the price** of the product.

많은 고객들이 그 상품의 **가격에 대해서 물었다.**

Voca+ in(=into)+quire(=seek) → 안으로 들어가 구하다

1065 □□

require
[rikwáiər]

ⓥ 필요로 하다, 요구하다

History is related to those occurrences that seem to **require human striving.** EBS

역사는 **인간의 노력을 필요로 하는** 것처럼 보이는 그런 사건들과 관련이 있다.

Voca+ re(=again)+quire(=seek) → 다시 구하다

1066 □□

lie¹
[lai]
(lie-lied-lied)

ⓥ 거짓말하다 ⓝ 거짓말

Parents tell their children **not to lie in any case.** EBS

부모는 자식들에게 **어떤 경우라도 거짓말하지 말라고** 말한다.

1067 □□

lie²
[lai]
(lie-lay-lain)

ⓥ 눕다, (~에) 있다

We **lay on our backs** looking at the stars in the sky.

우리는 **등을 대고 누워** 하늘의 별을 바라보았다.

1068 □□

lay
[lei]
(lay-laid-laid)

ⓥ 놓다, 두다, (알을) 낳다

They **laid flowers** in front of the grave.

그들은 무덤 앞에 **꽃을 놓았다.**

1069 □□

imitate
[ímitèit]

ⓥ 모방하다, 흉내 내다

His popular haircut has been imitated by boys around the world.

그의 인기 있는 머리 모양은 전 세계의 소년들에 의해 **모방되어 왔다.**

= **mimic** ⓥ 흉내 내다

+ **imitation** ⓝ 모방 **imitative** ⓐ 모방의, 흉내 낸

1070 □□

initiate
[iníʃièit]

ⓥ 시작[개시]하다

More than half of all stock orders placed by individuals in the United States **were initiated via the Internet.** EBS

미국에서 개인에 의해 발주된 모든 주식 주문의 절반 이상이 **인터넷을 통해 시작되었다.**

+ **initiation** ⓝ 개시, 착수

DAY 27

1071 □□

defeat
[difí:t]

ⓥ 패배시키다 ⓝ 패배

The computer defeated **the chess champion** in only nineteen moves. EBS

컴퓨터는 불과 열아홉 번의 (말의) 움직임으로 **체스 챔피언을 패배시켰다.**

1072 □□

defect
[difékt]

ⓝ 결함, 결점

This car has many **mechanical** defects.

이 자동차는 **기계적인 결함**이 많다.

Voca+ de(=away)+fect(=make) → 만들 때 빠진 것

1073 □□

frame
[freim]

ⓝ 뼈대, 틀, 액자

Will you help me to **put this picture into the** frame?

제가 **이 사진을 그 액자에 넣는** 것을 도와주시겠어요?

1074 □□

flame
[fleim]

ⓝ 불길, 불꽃

She covered the pot with the lid to **put out the** flames. 학평

그녀는 **불을 끄려**고 뚜껑으로 냄비를 덮었다.

1075 □□

successive
[səksésiv]

ⓐ 잇따른, 연속하는

Ancestral humans lost their hair **over** successive **generations.** 학평

인간 조상들은 **잇따른 세대에 걸쳐서** 털을 잃었다.

+ **succession** ⓝ 연속, 상속

1076 □□

successful
[səksésfəl]

ⓐ 성공적인

She invented **a** successful **hair care product** and sold it. 학평

그녀는 **성공적인 모발 관리 제품**을 발명해서 그것을 팔았다.

+ **success** ⓝ 성공, 성공한 것

1077 □□

cooperation
[kouàpəréiʃən]

ⓝ 협동, 협력, 협조

There are many evolutionary or cultural **reasons for cooperation.** 학평

협동에 대한 진화적이거나 문화적인 **이유**가 많이 있다.

1078 □□

corporation
[kɔ̀ːrpəréiʃən]

ⓝ 기업, 회사, 법인, 조합

The CEO of a corporation is often a member of its board of directors. EBS

기업의 최고 경영자는 흔히 그 이사회의 구성원이다.

1079 □□

call for

~을 요구[요청]하다, ~을 필요로 하다

My father **called for equality** for African Americans. 학평

나의 아버지는 아프리카계 미국인들을 위한 **평등을 요구하**였다.

1080 □□

call off

중지하다, 취소하다

The farmer gave up all hope of finding it and **called off the search.** 학평

그 농부는 그것을 찾을 거라는 모든 희망을 포기하고 **찾는 것을 중지**했다.

DAY 27

REVIEW TEST

A 다음 밑줄 친 단어의 문맥상 적절한 뜻을 고르시오.

01 draw a big circle — ⓐ 끌어당기다 ⓑ 그리다

02 hold a party — ⓐ 열다 ⓑ 유지하다

03 the subject of the lecture — ⓐ 주제 ⓑ 피실험자

04 bear the cold weather — ⓐ 견디다 ⓑ 낳다

05 in the present situation — ⓐ 존재하는 ⓑ 현재의

B 다음 우리말에 맞도록 괄호 안에서 알맞은 단어를 고르시오.

01 금속으로 만들어진 틀 — a **[flame / frame]** made of metal

02 5일 연속 비가 내리다 — rain for five **[successful / successive]** days

03 토론을 시작하는 방법 — how to **[imitate / initiate]** discussions

04 각 나라 — the **[respectable / respective]** countries

05 과학적 원리 — a scientific **[principal / principle]**

06 나무에 이름을 새기다 — **[carve / curve]** names on the wood

07 구조적인 결함 — a structural **[defeat / defect]**

08 많은 무기를 획득하다 — **[acquire / inquire]** a lot of weapons

A 01 ⓑ, 큰 원을 그리다 02 ⓐ, 파티를 열다 03 ⓐ, 그 강연의 주제 04 ⓐ, 추운 날씨를 견디다 05 ⓑ, 현재의 상황에서

B 01 frame 02 successive 03 initiate 04 respective 05 principle 06 carve 07 defect 08 acquire

DAY 28

Previous Check

- □ rate
- □ fine
- □ term
- □ press
- □ condition
- □ solution
- □ conduct
- □ fair
- □ book
- □ current
- □ feature
- □ critical
- □ expire
- □ inspire
- □ loyal
- □ royal
- □ emergency
- □ emergence
- □ terrible
- □ terrific
- □ personal
- □ personnel
- □ conscience
- □ conscious
- □ simulate
- □ stimulate
- □ raise
- □ rise
- □ confirm
- □ conform
- □ calculate
- □ circulate
- □ depend
- □ defend
- □ neural
- □ neutral
- □ evolution
- □ revolution
- □ be concerned about
- □ be concerned with

• 다의어 •

1081 □□

rate
[reit]

ⓝ 비율

The above graph shows **the unemployment rates** in five countries in 2008. 학평

위 도표는 2008년 5개국의 **실업률**을 보여 준다.

ⓝ 속도

Jane drove the car **at the rate of 80 miles an hour**.

Jane은 **시속 80마일로** 그 차를 운전했다.

ⓝ 요금

What's **the rate of a single room** for one night?

1인실 요금이 하룻밤에 얼마입니까?

ⓥ 평가하다

The boss **rated him highly** as a competent employee.

사장은 **그를** 유능한 직원으로 **높게 평가했다**.

1082 □□

fine
[fain]

ⓝ 벌금 ⓥ 벌금을 부과하다

The driver **was fined $500** for speeding. 교과서

그 운전자는 과속으로 500달러의 **벌금을 부과받았다**.

ⓐ 훌륭한, 좋은

The audience applauded **the fine play of the goalkeeper**.

관중은 **골키퍼의 멋진 플레이**에 박수갈채를 보냈다.

ⓐ 고운, 미세한

The coast is covered with **fine white sand**.

그 해안은 **고운 흰 모래**로 덮여 있다.

ⓐ (날씨가) 맑은[좋은]

The island is famous for its **fine weather** all through the year. EBS

그 섬은 1년 내내 **맑은 날씨**로 유명하다.

1083 □□

term

[təːrm]

ⓝ 기간

The minister did his best **during his term of office**. 교과서

그 장관은 **자신의 재임 기간 동안** 최선을 다했다.

ⓝ 학기

Students are required to hand in **a final term paper**.

학생들은 **학기말 리포트**를 제출해야 한다.

ⓝ 용어

The term can be interpreted in two different ways. EBS

그 용어는 두 가지 다른 방식으로 **해석될 수 있다**.

ⓝ 사이, 관계 (~s)

He **is on good terms with** his coworkers.

그는 자신의 동료들과 **사이가 좋다**.

ⓝ 조건 (~s)

Under the terms of the agreement, we provide the products and service.

합의 조건에 따라, 우리는 상품과 서비스를 제공한다.

1084 □□

press
[pres]

ⓥ 누르다

To stop brushing during your two-minute cycle, **press the power button.** 교과서

2분의 사이클 동안 이 닦는 것을 멈추려면, **전원 버튼을 누르세요.**

ⓥ 강요하다, 재촉하다

Sometimes he **presses his opinion upon us.** EBS

때때로 그는 **자신의 의견을 우리에게 강요한다.**

ⓝ 언론, 출판

In **the press conference**, the singer announced that he would release a new album soon.

기자 회견에서, 그 가수는 곧 새 앨범을 출시할 것이라고 발표했다.

Voca+ 활자에 잉크를 묻혀 종이를 눌러야 인쇄가 된다는 점에 착안하면, **press**의 기본적인 뜻인 '누르다'에서 파생한 의미임을 알 수 있다.

1085 □□

condition
[kəndíʃən]

ⓝ 상태

I wore the sweater only once, so it **is in perfect condition.**

나는 그 스웨터를 단 한 번만 입어서, 그것은 **완벽한 상태이다.** 교과서

ⓝ 환경, 상황

Their working conditions were often poor, and wages low.

그들의 근무 환경은 종종 열악했고, 임금은 낮았다. EBS

ⓝ 조건, 조항

What do you think is **a necessary condition** for economic growth?

경제 성장의 **필요조건**이 무엇이라고 생각합니까?

1086 □□

solution
[səlúːʃən]

ⓝ 해결, 해결책

Anger can cause people to face their difficulties and **seek solutions.** EBS

분노는 사람들로 하여금 자신들의 어려움에 맞서고 **해결책을 찾게** 해 줄 수 있다.

ⓝ 용액

The chemist used **an acid solution** in the laboratory.

그 화학자는 실험실에서 **산성 용액**을 사용했다.

1087 □□

conduct
ⓥ [kəndʌ́kt]
ⓝ [kɑ́ndʌkt]

ⓥ 수행하다

The scientist carefully observed these facts and **conducted experiments.** EBS

그 과학자는 주의 깊게 이러한 사실들을 관찰했고 **실험을 수행했다.**

ⓥ 지휘하다

The concert was conducted by a famous composer.

그 연주회는 유명한 작곡가에 의해 **지휘되었다.**

ⓥ 안내하다 ⓝ 안내

The guide conducted us around a lot of tourist attractions.

그 가이드는 많은 관광 명소 이곳저곳으로 **우리를 안내했다.**

ⓥ (열·전기를) 전도하다

Copper conducts electricity better than steel.

구리는 강철보다 **전기를** 더 잘 **전도한다.**

ⓝ 행동

His conduct at that time was so strange that everybody was shocked.

그 당시 그의 행동은 너무 이상해서 모든 사람이 충격을 받았다.

1088 □□

fair
[fɛər]

ⓐ 공평한, 공정한

Candidate interviews **should be fair and objective.** 학평

후보자 인터뷰는 **공정하고 객관적이어야 한다.**

ⓐ 상당한

A fair amount of waste has been dumped into the lake.

상당한 양의 쓰레기가 그 호수에 버려져 왔다.

ⓐ 아름다운, 매력적인

A fair lady was standing in front of the post office.

아름다운 여성이 우체국 앞에 서 있었다.

ⓐ (날씨가) 맑은

The weather is expected to be fair this Saturday. 교과서

이번 토요일에는 **날씨가 맑을 것으로 예상된다.**

ⓝ 박람회

Students will display their projects at **the science fair.** EBS

학생들은 **과학 박람회**에서 자신들의 프로젝트를 전시할 것이다.

1089 □□

book
[buk]

ⓝ 책, 서적

His book was translated into many languages. 학평

그의 책은 많은 언어로 **번역되었다.**

ⓥ 예약하다

Laura **booked three seats** for tonight's concert.

Laura는 오늘 밤 콘서트에 **세 개의 좌석을 예약했다.**

1090

current
[kɔ́:rənt]

ⓐ 현재의

Would you please send us your **current sales record** and price list? EBS

귀사의 **현재 판매 기록**과 가격 목록을 저희에게 보내 주시겠습니까?

ⓝ 흐름

The current of the river got stronger as time went on. 학평

시간이 지날수록 **강의 흐름**이 더욱 세졌다.

ⓝ 경향, 추세

The current of public opinion flows negatively.

여론의 추세가 부정적으로 흘러가고 있다.

ⓝ 전류

Electric currents result from inducing the movement of electrons within the solid.

전류는 고체 내에서 전자의 움직임을 유도하는 데서 생긴다.

1091

feature
[fí:tʃər]

ⓝ 특징 ⓥ ~을 특징으로 하다

Bright colors are **another feature of modern landscaping**. EBS

밝은 색상은 **현대 조경의 또 다른 특징**이다.

ⓝ 이목구비

He was healthy, with a fine appearance and **handsome features**.

그는 건강했고, 멋진 외모와 **잘생긴 이목구비**를 가지고 있었다.

ⓝ 특집 기사[방송]

This year's report includes **a special feature** on education abroad.

올해의 보고서에는 해외 교육에 관한 **특집 기사**가 포함되어 있다.

1092 □□

critical
[krítikəl]

ⓐ 비판적인

We need not only the ability to locate information, but also **the critical thinking skills** to evaluate it. EBS

우리는 정보의 정확한 위치를 찾아내는 능력뿐만 아니라 그것을 평가하는 **비판적 사고 능력**이 필요하다.

ⓐ 중요한, 중대한

Foods that sit out on tables **are even more critical.** 학평

식탁에 나와 있는 음식들은 **훨씬 더 중요하다.**

ⓐ 결정적인, 위기의

They would need their energy for **the critical moment.**

그들은 **결정적인 순간**을 위한 에너지가 필요할 것이다.

혼동어

1093 □□

expire
[ikspáiər]

ⓥ (기한이) 만료되다

Please renew your passport **before it expires.**

만료되기 전에 여권을 갱신하세요.

Voca+ ex(=out)+spire(=breathe) → 숨이(밖으로) 다하다

1094 □□

inspire
[inspáiər]

ⓥ 고무[격려]하다, 영감을 주다

Dutch explorer Abel Tasman set foot on Tasmania in 1642 and **inspired its modern name.** EBS

네덜란드 탐험가인 Abel Tasman이 1642년에 Tasmania에 발을 들여놓았고, **그것의 현재 이름에 영감을 주었다.**

Voca+ in(=into)+spire(=breathe) → 안으로 숨을 불어 넣다

1095 □□

loyal
[lɔ́iəl]

ⓐ 충성스러운, 충실한

Dogs are very loyal to humans.

개는 사람에게 **매우 충성스럽다**.

1096 □□

royal
[rɔ́iəl]

ⓐ 왕의, 왕국의

The king wanted to **strengthen the royal power** by rebuilding the palace. 교과서

그 왕은 궁전을 새로 지음으로써 **왕권을 강화하길** 원했다.

Voca+ 알파벳 **r**에서 왕 앞에서 고개를 숙인 사람의 옆모습을 연상해 본다.

1097 □□

emergency
[imə́ːrdʒənsi]

ⓝ 비상사태

Firefighters are on call 24 hours a day to **respond to any emergency**. EBS

소방관들은 **어떤 비상사태에도 대응하기** 위해 하루 24시간 대기한다.

1098 □□

emergence
[imə́ːrdʒəns]

ⓝ 출현, 발생

The emergence of the European Economic Community changed the world economy.

유럽 경제 공동체의 출현은 세계 경제를 바꾸었다.

1099 □□

terrible
[térəbl]

ⓐ 끔찍한, 심한, 지독한

Several years ago, David had **a terrible injury** to his right arm. 교과서

몇 년 전에 David는 오른팔에 **심한 부상**을 입었다.

Voca+ '문제'를 의미하는 **trouble**과 함께 외우면 철자를 혼동하지 않을 수 있다.

1100 □□

terrific
[tərífik]

ⓐ 아주 멋진, 훌륭한

Paula and her friends had **a terrific time** at the party.

Paula와 그녀의 친구들은 그 파티에서 **아주 멋진 시간**을 보냈다.

1101 □□

personal
[pə́rsənəl]

ⓐ 개인적인

James and Karen will share **their personal opinions** on this topic. 교과서

James와 Karen은 이 주제에 대해 **그들의 개인적인 의견**을 나눌 것이다.

1102 □□

personnel
[pə̀ːrsənél]

ⓝ 인원, 직원, 인사과

The man in a blue tie is in charge of **the personnel department**.

파란 넥타이를 매고 있는 남자가 **인사과**를 담당하고 있다.

1103 □□

conscience
[kánʃəns]

ⓝ 양심

My conscience told me not to steal it. 교과서

내 양심은 그것을 훔치지 말라고 **내게 말했다.**

1104 □□

conscious
[káːnʃəs]

ⓐ 의식하는, 의식이 있는, 의도적인

Most people think their **conscious minds** control everything they do. 학평

대부분의 사람들은 그들의 **의식적인 생각**이 자신들이 하는 모든 것을 통제한다고 생각한다.

↔ **unconscious** ⓐ 의식을 잃은, 무의식적인
\+ **consciousness** ⓝ 의식, 자각

1105 □□

simulate
[símjulèit]

ⓥ 모의 실험하다

The model will be used to **simulate the effects of an earthquake**.

그 모형은 **지진의 영향들을 모의 실험하는** 데 사용될 것이다.

1106 □□

stimulate
[stímjulèit]

ⓥ 자극[격려]하다, 관심을 불러일으키다

Choosing red or orange will **stimulate your appetite**. 교과서

빨간색이나 주황색을 고르는 것은 **여러분의 식욕을 돋울** 것이다.

\+ **stimulus** ⓝ 자극, 격려, 자극제 **stimulation** ⓝ 자극, 격려

1107 □□

raise
[reiz]

ⓥ 올리다, 들어올리다

At the end of the month, the boss **raised his wages.** EBS
그 달 말에 사장은 **그의 봉급을 올려 주었다.**

1108 □□

rise
[raiz]
(rise-rose-risen)

ⓥ 오르다, 올라가다

On top of the mountain, you can watch **clouds rise from beneath your feet.** 교과서
그 산 정상에서, 당신은 **구름이 발아래로부터 올라오는 것을** 볼 수 있다.

Voca+ **raise**는 타동사, **rise**는 자동사임에 유의한다.

1109 □□

confirm
[kənfə́ːrm]

ⓥ 확인하다, 승인하다, (사실임을) 입증하다

Have their results been confirmed by other workers in the field? EBS
그들의 (연구) 결과가 그 분야에 있는 다른 연구자들에 의해 **확인되었는가?**

Voca+ **con**(강조)+**firm**(=strong) → 더욱 견고하게 하다

1110 □□

conform
[kənfɔ́ːrm]

ⓥ 따르다, 순응하다

Explain to the child why his behavior must **conform to family norms.** EBS
아이의 행동이 **가족의 규범을 따라야** 하는 이유를 아이에게 설명하라.

1111 □□

calculate
[kǽlkjulèit]

ⓥ 계산하다

The program **calculates the number of days** between any two dates.
그 프로그램은 두 날짜 사이의 **일수를 계산한다.**

1112 □□

circulate
[sə́ːrkjulèit]

ⓥ 순환하다

This medicine will **help your blood circulate smoothly.**
이 약은 **당신의 혈액이 원활하게 순환하는 것을 도와줄** 것이다.

1113 □□

depend
[dipénd]

ⓥ 의존하다

These birds **depend on light** from the moon and the stars to find the right direction. 교과서

이 새들은 올바른 방향을 찾기 위해 달과 별의 **빛에 의존한다.**

➕ **dependent** ⓐ 의존하는 **dependence** ⓝ 의존

1114 □□

defend
[difénd]

ⓥ 방어[수비]하다, 변호하다

The little children even **defend their possessions** with screams. 학평

그 어린아이들은 심지어 **자신의 소유물을** 소리를 지르며 **지킨다.**

➕ **defense** ⓝ 방어, 수비

1115 □□

neural
[nјú(ː)ərəl]

ⓐ 신경 (계통)의

Gestures and speech used similar **neural circuits** as they developed in our evolutionary history. EBS

몸짓과 언어는 우리의 진화 역사에서 발달할 때 유사한 **신경 회로**를 사용했다.

1116 □□

neutral
[nјúːtrəl]

ⓐ 중립의, 중성의

The outsiders provide a more objective perspective and **a more neutral oversight.** EBS

외부인은 더 객관적인 시각과 **더 중립적인 감독**을 제공한다.

➕ **neutralize** ⓥ 중화시키다 **neutrally** ⓐⓓ 중립적으로

1117 □□

evolution
[èvəlúːʃən]

ⓝ 진화, 발전

The death of languages is merely a sign of **the gradual evolution.** EBS

언어의 사멸은 단지 **점진적인 진화**의 한 표시일 뿐이다.

⊕ **evolve** ⓥ 진화하다, 발달시키다 **evolutionary** ⓐ 진화의, 점진적인

1118 □□

revolution
[rèvəlúːʃən]

ⓝ 혁명, 회전

The discovery of the Americas **sparked a revolution** in pastry making. EBS

아메리카의 발견은 페이스트리를 만드는 데 있어서 **혁명을 일으켰다.**

⊕ **revolutionary** ⓐ 혁명의

1119 □□

be concerned about

~을 염려하다, ~을 걱정하다

I **am very concerned about being ready** for the conference.

나는 그 회의를 **준비하는 것에 대해 매우 걱정이 된다.** EBS

1120 □□

be concerned with

~와 관련이 있다, ~에 관심이 있다

It should **be concerned with your safety and security.**

그것은 **당신의 안전 및 보안과 관련이 있어야** 한다.

DAY 28

DAY 28

REVIEW TEST

A 다음 밑줄 친 단어의 문맥상 적절한 뜻을 고르시오.

01 play with fine sand ⓐ 고운 ⓑ 맑은

02 conduct an orchestra ⓐ 전도하다 ⓑ 지휘하다

03 terms of a contract ⓐ 조건 ⓑ 관계

04 the judge's fair decision ⓐ 공정한 ⓑ 상당한

05 the annual unemployment rate ⓐ 요금 ⓑ 비율

B 다음 우리말에 맞도록 괄호 안에서 알맞은 단어를 고르시오.

01 지역 관습을 따르다 [confirm / conform] to the local customs

02 충직한 동물들 [loyal / royal] animals

03 수요를 자극하다 [simulate / stimulate] demand

04 개인적인 견해 a [personal / personnel] view

05 자유로운 세계를 지키다 [defend / depend] the free world

06 양심의 문제 a matter of [conscience / conscious]

07 혁명으로 분출되다 erupt into [evolution / revolution]

08 소셜 미디어의 출현 the [emergence / emergency] of social media

A 01 ⓐ, 고운 모래를 가지고 놀다 02 ⓑ, 오케스트라를 지휘하다 03 ⓐ, 계약 조건 04 ⓐ, 판사의 공정한 판결 05 ⓑ, 연간 실업률

B 01 conform 02 loyal 03 stimulate 04 personal 05 defend 06 conscience 07 revolution 08 emergence

DAY 29

Previous Check

- □ company
- □ article
- □ correspond
- □ reflect
- □ post
- □ decline
- □ suit
- □ figure
- □ case
- □ dismiss
- □ reserve
- □ appreciate
- □ state
- □ statue
- □ status
- □ explode
- □ explore
- □ ethical
- □ ethnic
- □ waist
- □ waste
- □ hospitality
- □ hostility
- □ constant
- □ consistent
- □ brake
- □ break
- □ saw
- □ sew
- □ sow
- □ precede
- □ proceed
- □ desert
- □ dessert
- □ addition
- □ addiction
- □ substitute
- □ constitute
- □ be engaged in
- □ be engaged to

다의어

1121 □□

company
[kʌ́mpəni]

ⓝ 함께 있는 사람들, 친구

The old man told **the assembled company** what had happened.

노인은 **함께 모여 있는 사람들**에게 무슨 일이 있었는지 말했다.

ⓝ 동석, 동행

She would **be grateful for their company** on the drive back.

그녀는 운전해서 돌아오는 길에 **그들의 동행을 고마워할** 것이다.

ⓝ 회사

A friend of mine once told me about the CEO of **a large company.** 학평

내 친구 중 한 명이 나에게 **한 대기업** 최고 경영자에 대해 말해 준 적이 있다.

1122 □□

article
[ɑ́ːrtikl]

ⓝ 기사

According to the article I read, classical music helps have positive energy at work. 학평

내가 읽은 기사에 의하면, 클래식 음악이 근무 중에 긍정적인 에너지를 갖도록 도와준다.

ⓝ 물건, 물품

We need **toiletry articles** such as soap and shampoo.

우리는 비누와 샴푸 같은 **세면용품들**이 필요하다.

ⓝ 조항, 조건

You have to pay close attention to **every article of the contract.** 교과서

당신은 **그 계약서의 모든 조항**에 세심한 주의를 기울여야 한다.

1123 □□

correspond
[kɔ̀:rispάnd]

ⓥ 일치하다

The copy didn't **correspond with the original document.**
그 사본은 **원본 문서와 일치하지** 않았다. 학평

Voca+ cor(=together)+respond(응답하다) → 서로 응하다

ⓥ 해당[상응]하다

Jung's idea of the personal unconscious **corresponds to Freud's idea of the unconscious.** EBS
융의 개인 무의식에 대한 개념은 **프로이트의 무의식에 대한 개념에 해당한다.**

ⓥ 서신을 주고받다

Chris **corresponds regularly with many friends** in China.
Chris는 중국의 **많은 친구들과 정기적으로 서신을 주고받는다.**

ⓥ 조화를 이루다

His blue hat **corresponds with his white suit.**
그의 파란 모자는 **그의 흰 정장과 조화를 이룬다.**

1124 □□

reflect
[riflékt]

ⓥ 반사하다

The sunlight was reflected from the white snow.
햇빛이 흰 눈으로부터 **반사되었다.**

ⓥ 반영하다

Our roadsides and parks **reflect our desire** to keep things neat and weed-free. EBS
우리의 도로변과 공원은 어떤 것을 깔끔하고 잡초 없이 유지하려는 **우리의 열망을 반영한다.**

ⓥ 심사숙고하다, 회고하다 (on)

He **reflected on the past ten years of his life.**
그는 **지난 10년간의 자신의 삶을 회고했다.**

1125 □□

post
[poust]

ⓝ 기둥

A farmer began **nailing it to a post** on the edge of his yard.
한 농부가 자신의 마당 가장자리에 있는 **기둥에 그것을 못으로 박기** 시작했다. EBS

ⓝ 우편, 우편물

You'll receive your book **through the post**.
귀하는 **우편으로** 책을 받을 것입니다.

ⓥ 붙이다, 게시하다

He **posted a video** where he conducted along with piano music. 교과서
그는 피아노 음악에 맞춰 자신이 지휘하는 **영상을 게시했다.**

ⓥ (우편물을) 발송하다

I **posted a letter** to Stanley saying I was an old Army friend.
나는 Stanley에게 **편지를 발송해** 내가 옛 군대 친구라고 알렸다.

1126 □□

decline
[dikláin]

ⓥ 감소하다, 하락하다 ⓝ 감소, 하락

The decline in newspaper subscription is due to the fact that we are doing more of our newspaper reading online. EBS
신문 구독의 감소는 우리가 신문을 온라인으로 더 많이 읽는다는 사실 때문이다.

ⓥ 거절하다

The politician **declined to join the new party**.
그 정치인은 **새 정당에 가입하는 것을 거절했다.**

ⓥ 아래로 경사지다, 아래를 향하다

The road declines sharply to the beach.
그 도로는 해변까지 **급격하게 아래로 경사져 있다.**

1127 □□

suit
[sjuːt]

ⓝ 정장

The gentleman always **wears a grey suit**.
그 신사는 항상 **회색 정장을 입는다**.

ⓝ 소송

He **brought a suit** against his employer.
그는 자신의 고용주를 상대로 **소송을 냈다**.

ⓥ 맞다, 어울리다

You have to know that **school does not suit everyone**. EBS
당신은 **학교가 모든 사람에게 맞는 것은 아니라는** 것을 알아야 한다.

1128 □□

figure
[fígjər]

ⓝ 수치

Crime figures are increasing in spite of the strict laws. EBS
엄격한 법에도 불구하고 **범죄 수치가 증가하고** 있다.

ⓝ 모습, 몸매

The fashion model has **a slim figure**.
그 패션모델은 **날씬한 몸매**를 하고 있다.

ⓝ 인물, 사람

The director is **an important figure** in the film industry. 교과서
그 감독은 **영화 산업에서 중요한 인물**이다.

ⓝ 모양, 무늬

The wall is decorated with **figures of flowers**.
그 벽은 **꽃무늬**로 장식되어 있다.

ⓥ 이해하다, 생각해 내다 (out)

He didn't **figure out how to use the software**.
그는 **그 소프트웨어 사용 방법을 이해하지** 못했다.

1129 □□

case
[keis]

ⓝ 경우, 사례

In many cases, the sport spectators represent the most loyal of all fans. EBS

많은 경우에 있어서, 스포츠 관람객은 모든 팬들 중에서 가장 충실한 팬을 나타낸다.

ⓝ 사건, 문제

The policeman is investigating **the murder case**.

그 경찰관이 **그 살인 사건**을 조사 중이다.

ⓝ 소송

The lawyer did his best to **win the case**.

그 변호사는 **그 소송에서 이기기** 위해 최선을 다했다.

ⓝ 상자, 용기

We can search for **unique pencil cases** through several mouse clicks. 교과서

우리는 몇 번의 마우스 클릭을 통해 **독특한 필통**을 검색할 수 있다.

1130 □□

dismiss
[dismís]

ⓥ 해산시키다

The colonel **dismissed his troops** immediately.

대령은 즉시 **자신의 군대를 해산시켰다**.

ⓥ 해고하다

The workers were unfairly dismissed from their jobs. 교과서

그 노동자들은 직장에서 **부당하게 해고당했다**.

ⓥ (생각 등을) 떨쳐 버리다

They **dismiss any question** about tomorrow with a shrug of the shoulder. EBS

그들은 어깨를 으쓱하면서 내일에 대한 **어떠한 질문도 떨쳐 버린다**.

1131 □□

reserve
[rizə́ːrv]

ⓥ 예약하다

The guest houses are in such high demand that you have to reserve **them in advance**.

게스트 하우스는 수요가 매우 많아서 당신은 **그것을 미리 예약해야** 한다.

ⓥ 따로 남겨 두다

These seats are reserved for the elderly and people with disabilities.

이 좌석들은 노인과 장애인들을 위해 **따로 남겨 둔 것이다.**

ⓥ 보유하다

The union reserves **the right** to add, delete, or modify proposals at any time.

노조는 언제라도 제안을 추가하거나 삭제하거나 수정할 **권리를 보유한다.**

ⓝ 매장량, 비축

Russia has the world's largest reserves **of natural gas**.

러시아는 세계에서 가장 큰 **천연가스 매장량**을 가지고 있다.

ⓝ 보호 구역

The place was declared **a wildlife** reserve in 2005.

그 장소는 2005년에 **야생 동물 보호 구역**으로 선포되었다.

1132 □□

appreciate
[əprí:ʃièit]

ⓥ 진가를 알아보다, (제대로) 이해하다

Providing an occasional snack can help your employees **feel appreciated.** 학평

가끔 간식을 제공하는 것은 당신의 직원들이 **인정받고 있다고 느끼게** 할 수 있다.

ⓥ 감사하다, 고마워하다

We **appreciate your business** and hope to be of service to you again. EBS

귀하의 거래에 감사드리며 저희가 귀하께 다시 도움이 되기를 바랍니다.

ⓥ 감상하다

Please look closely at the photos to **appreciate all of the fine details.**

모든 세부 사항을 감상하기 위해 사진을 자세히 보십시오.

• 혼동어 •

1133 □□

state
[steit]

ⓝ 상태, 국가 ⓥ 말하다, 진술하다

I am writing to express my concern about **the terrible state of the road.** EBS

저는 **도로의 형편없는 상태**에 대한 우려를 표명하고자 글을 쓰고 있습니다.

1134 □□

statue
[stǽtʃu:]

ⓝ 조각상

The archaeologists found **small statues in the shapes of animals.** EBS

그 고고학자들은 **동물의 형상을 한 작은 조각상들**을 발견했다.

1135 □□

status
[stéitəs]

ⓝ 지위, 신분, 상황

The lecture is offered free so that its participants may attend regardless of **their financial status.** EBS

그 강의는 참가자들이 **자신들의 재정 상황**과 무관하게 참석할 수 있도록 무료로 제공된다.

1136 □□

explode
[iksplóud]

ⓥ 폭발하다, 터뜨리다

The bomb exploded, killing 168 people. EBS

그 폭탄은 폭발하여, 168명의 목숨을 앗아갔다.

1137 □□

explore
[iksplɔ́ːr]

ⓥ 탐험하다

India gave us a unique chance to **explore amazingly beautiful places.** 교과서

인도는 **놀랍도록 아름다운 장소를 탐험할** 독특한 기회를 우리에게 준다.

1138 □□

ethical
[éθikəl]

ⓐ 윤리적인

They **lack the ethical considerations** that trained journalists have. EBS

그들은 훈련받은 언론인들이 가지고 있는 **윤리적인 생각이 부족하다.**

Voca+ ethic(윤리)+al(형용사형 접미사) → 윤리적인

1139 □□

ethnic
[éθnik]

ⓐ 민족의, 종족의

More than 100 ethnic groups are living in the country.

100개가 넘는 종족 집단이 그 나라에 살고 있다.

1140 □□

waist
[weist]

ⓝ 허리

She **was paralyzed from the waist down** due to the accident.

그녀는 그 사고로 인해 **허리 아래가 마비되었다.**

1141 □□

waste
[weist]

ⓝ 낭비, 폐기물 ⓥ 낭비하다

Harmful waste from factories caused environmental changes.

공장에서 나온 해로운 폐기물이 환경 변화를 야기했다. 교과서

DAY 29

1142 □□

hospitality
[hɑ̀spitǽləti]

ⓝ 환대, 접대

Tipping is common in **the hospitality industry** in America.
팁을 주는 것은 미국의 **환대 산업(서비스업)**에서 보편적이다. EBS

Voca+ 철자 속의 **hospital**에서 환자들을 정성껏 돌보는 병원과 연관하여 뜻을 외워 보자.

1143 □□

hostility
[hɑstíləti]

ⓝ 적대감

He had hostility to all the people who spoke ill of him.
그는 자신을 험담했던 모든 사람에게 **적대감을 품었다.**

1144 □□

constant
[kɑ́nstənt]

ⓐ 불변의, 끊임없는

In 1985, **her constant effort** helped her win the grand prize.
1985년, **그녀의 부단한 노력**은 그녀가 최우수상을 받도록 도왔다. 교과서

➕ **constantly** ⓐⓓ 변함없이, 항상

1145 □□

consistent
[kənsístənt]

ⓐ 일관된, (의견·언행 등이) 일치하는, 모순 없는

Human companions can display **consistent emotional support.** 학평
사람 친구는 **일관된 정서적 지지**를 보일 수 있다.

1146 □□

brake
[breik]

ⓝ 브레이크, 제동 장치

Ken **put on the brake** as soon as he saw the deer.
Ken은 그 사슴을 보자마자 **브레이크를 밟았다.**

1147 □□

break
[breik]

ⓝ 휴식 ⓥ 부서지다, 고장 나다, 쉬다, 어기다

The manager told me that **the machine had been broken** for several weeks. EBS
지배인은 내게 **그 기계가** 몇 주 동안 **고장이 나 있었다고** 말했다.

1148 □□

saw
[sɔː]

ⓝ 톱 ⓥ 톱질하다

The carpenter is **holding a saw** in his right hand.
그 목수가 오른손에 **톱을 들고** 있다.

1149 □□

sew
[sou]

ⓥ 바느질하다, 꿰매다

My grandmother taught me how to **sew a button on a blouse**.
나의 할머니가 나에게 **단추를 블라우스에 꿰매는** 법을 가르쳐 주셨다.

1150 □□

sow
[sou]

ⓥ (씨를) 뿌리다, 심다

If you **sow this seed** in the spring, it will bloom in the fall.
봄에 **이 씨를 뿌리**면, 가을에 꽃이 필 것이다.

1151 □□

precede
[prisíːd]

ⓥ ~에 앞서다[선행하다]

Lightning precedes the thunder because light travels faster than sound.
빛이 소리보다 더 빠르게 이동하기 때문에 **번개는 천둥에 앞선다**.

Voca+ 알파벳 **d**의 위치가 **proceed**보다 '앞서 있다'는 점에서 뜻을 연상해 본다.

1152 □□

proceed
[prəsíːd]

ⓥ 나아가다, (계속) 진행하다

The protesters **proceeded slowly along the street**.
시위자들은 **거리를 따라 천천히 나아갔다**.

1153 □□

desert
[dézərt]

ⓝ 사막

Many animals are active at night due to **the heat of the desert.**
사막의 열기 때문에 많은 동물들이 밤에 활동적이다. 학평

Voca⁺ 알파벳 **s**에서 강줄기를 연상하여 **s**가 하나인 것에서 물이 부족한 사막을 떠올려 본다.

1154 □□

dessert
[dizə́ːrt]

ⓝ 후식, 디저트

Susan ordered **chocolate cake for dessert.** 교과서
Susan은 **후식으로 초콜릿 케이크**를 주문했다.

1155 □□

addition
[ədíʃən]

ⓝ 추가, 첨가, 덧셈

The properties of a material could be altered by **the addition of other substances.** EBS
물질의 특성은 **다른 물질의 첨가**에 의해 바뀔 수 있다.

+ **additional** ⓐ 추가의, 첨가의

1156 □□

addiction
[ədíkʃən]

ⓝ 중독, 열중

There have been stories all over the media about **online game addiction.**
온라인 게임 중독에 대한 이야기들이 미디어 곳곳에 있어 왔다.

+ **addictive** ⓐ 중독성의, 중독성이 있는

1157 □□

substitute
[sʌ́bstitjùːt]

ⓥ 대신하다, 교체하다 ⓝ 대리자, 대용품

The department will try to find someone to **substitute for you**.
그 부서는 **당신을 대신할** 사람을 찾으려고 할 것이다.

⊞ **substitution** ⓝ 대체, 대리

1158 □□

constitute
[kánstitjùːt]

ⓥ 구성하다, ~이 되다

For Bacon, **imagination and fantasy constitute dangers** for science. EBS
Bacon에게 **상상력과 공상은** 과학에 대한 **위험 요소가 된다.**

⊞ **constitution** ⓝ 구성, 조성

1159 □□

be engaged in

~에 종사하고 있다, ~에 열중하다

Many different communities around the world **are** currently **engaged in language revitalization efforts.** EBS
현재 세계의 아주 많은 서로 다른 공동체들이 **언어 재활성화 노력에 열중하고 있다.**

1160 □□

be engaged to

~와 약혼한 사이다

It's amazing to **be engaged to a man** that loves me and my culture.
나와 내 문화를 사랑하는 **남자와 약혼한 사이가 되는** 것은 놀랍다.

DAY 29

REVIEW TEST

A 다음 밑줄 친 단어의 문맥상 적절한 뜻을 고르시오.

01 dismiss the fear of failure ⓐ 떨쳐버리다 ⓑ 해고하다

02 in case of fire ⓐ 소송 ⓑ 경우

03 a ball hit a post ⓐ 우편 ⓑ 기둥

04 the magazine article ⓐ 기사 ⓑ 물품

05 reflect public opinion ⓐ 반사하다 ⓑ 반영하다

B 다음 우리말에 맞도록 괄호 안에서 알맞은 단어를 고르시오.

01 높은 사회적 지위 a high social **[statue / status]**

02 모든 개혁에 선행하다 **[proceed / precede]** all reforms

03 창문을 깨다 **[brake / break]** the window

04 그의 아이스크림 중독 his ice cream **[addition / addiction]**

05 정글을 탐험하다 **[explode / explore]** the jungle

06 소수 민족 an **[ethical / ethnic]** minority

07 백포도주의 적절한 대용품 a suitable **[constitute / substitute]** for white wine

08 환대에 감사하다 appreciate the **[hospitality / hostility]**

A 01 ⓐ, 실패의 두려움을 떨쳐버리다 02 ⓑ, 불이 났을 경우에 03 ⓑ, 기둥을 친 공 04 ⓐ, 잡지 기사 05 ⓑ, 여론을 반영하다

B 01 status 02 precede 03 break 04 addiction 05 explore 06 ethnic 07 substitute 08 hospitality

DAY

30

Previous Check

- □ address
- □ spring
- □ board
- □ block
- □ reason
- □ cover
- □ flat
- □ margin
- □ issue
- □ even
- □ release
- □ content
- □ adapt
- □ adopt
- □ altitude
- □ aptitude
- □ attitude
- □ access
- □ excess
- □ council
- □ counsel
- □ flight
- □ fright
- □ phase
- □ phrase
- □ interpret
- □ interrupt
- □ moral
- □ morale
- □ mortal
- □ affect
- □ effect
- □ mediate
- □ meditate
- □ simultaneously
- □ spontaneously
- □ comparative
- □ competitive
- □ make up
- □ make up for

• 다의어 •

1161 □□

address
ⓝ [ǽdres]
ⓥ [ədrés]

ⓝ 주소

Cybercriminals look for information such as **phone numbers, addresses, and passwords.** EBS

사이버 범죄자들은 **전화번호, 주소, 그리고 비밀번호**와 같은 정보를 찾는다.

ⓥ 연설하다

The Congressman addressed the crowd in front of City Hall.

그 국회의원은 시청 앞에서 **군중들에게 연설했다.**

ⓥ 말하다

The customer addressed all complaints to the manager of the restaurant. 교과서

그 고객은 그 식당의 지배인에게 **모든 불만을 말했다.**

1162 □□

spring
[spriŋ]
(spring-sprang-sprung)

ⓝ 봄

There's **a feeling of spring** in the air these days.

요즘에는 대기 중에 **봄기운**이 감돈다.

ⓝ 샘

There was **a spring of clean water** near his house. 교과서

그의 집 근처에 **깨끗한 물이 솟는 샘 하나**가 있었다.

ⓝ 용수철 ⓥ (갑자기) 튀다[뛰다]

Some springs in the bed seem to be broken.

그 침대의 일부 용수철이 망가진 것 같다.

Voca+ **spring**은 어원적으로 '튀어 오르는 것'을 의미하여, 만물이 소생하는(튀어 오르는) '봄', 분출하는 '샘', '용수철' 등을 뜻한다.

1163 □□

board
[bɔːrd]

ⓝ 판, 칠판

I **put up a board in my room** with sayings and pictures that inspired me. 교과서

나는 내게 영감을 주는 격언과 사진이 있는 **판을 내 방에 걸었다.**

ⓝ 이사회, 위원회

All the members of the board agreed to change the policy of the company.

이사회의 모든 회원들은 회사의 방침을 바꾸는 것에 동의했다.

ⓥ 탑승하다

A lot of passengers are waiting to **board the cruise ship.** 학평

많은 승객들이 **유람선에 탑승하기** 위해 기다리고 있다.

ⓥ 하숙하다, 기숙사에 살다

He decided to **board in a farmhouse** this summer. 교과서

그는 이번 여름에 **농가에서 하숙하기**로 결심했다.

1164 □□

block
[blɑk]

ⓝ 사각형 덩어리

He put **blocks of ice** into the bucket.

그는 양동이에 **네모난 얼음 덩어리들**을 넣었다.

ⓝ 구역, 블록

The student lives with her family **two blocks from school.**

그 학생은 **학교에서 두 블록 떨어진 곳에서** 자신의 가족과 함께 산다. EBS

ⓥ 막다, 방해하다

Due to heavy snow, **the road to the mountain was blocked.**

폭설 때문에, **그 산으로 가는 도로가 차단되었다.**

1165 □□

reason
[rí:zən]

ⓝ 이유, 변명

The naturalist believed there was **a good reason** why birds reproduce by laying eggs. 학평

그 동식물 연구가는 새가 알을 낳아 번식하는 **타당한 이유**가 있다고 믿었다.

ⓝ 이성

Diplomacy should **put calm reason ahead** of emotional outbursts.

외교에서는 감정의 분출보다 **차분한 이성이 우선**해야 한다.

ⓥ 추론하다, 생각하다

He reasoned that successful capitalists have an obligation to improve the world.

그는 성공한 자본가들은 세상을 발전시킬 의무가 있다고 **생각했다.**

1166 □□

cover
[kʌ́vər]

ⓥ 덮다, 가리다

The lake is believed to **have been covered with ice** for more than a million years. EBS

그 호수는 백만 년 넘게 **얼음으로 덮여 있었던** 것으로 여겨진다.

ⓥ 담당하다, 다루다

The salesperson **covers the entire region** of Europe. 교과서

그 영업 사원은 유럽의 **전 지역을 담당하고** 있다.

ⓥ 보도하다, 취재하다

His scandal **was covered on the first page** of the newspaper.

그의 추문이 신문 **1면에 보도되었다.**

ⓝ 표지

She was chosen as **a cover model of the winter issue** of the magazine.

그녀는 그 잡지 **겨울 호의 표지 모델**로 선정되었다.

1167 □□

flat
[flæt]

ⓐ 평평한

It is a clear fact that **the earth is not flat** but round.

지구가 평평하지 않고 둥글다는 것은 분명한 사실이다.

ⓐ 납작한

Naan is **a round, flat type of bread** made of wheat flour. 교과서

Naan은 밀가루로 만들어진 **둥글고 납작한 종류의 빵**이다.

ⓐ 바람이 빠진, 펑크 난

He **had a flat tire** on his way here.

그는 여기로 오는 길에 **타이어가 펑크 났다.**

ⓝ 〈英〉 아파트

Steve **lives in a flat** downtown.

Steve는 도심의 **아파트에 산다.**

㊐ 〈美〉 **apartment**

1168 □□

margin
[mɑ́ːrdʒin]

ⓝ 차이

The candidate won **by a wide margin.**

그 후보자는 **많은 차이로** 이겼다.

ⓝ 수익

The margin of the company is decreasing because of poor sales. EBS

그 회사의 수익은 판매 부진 때문에 감소하고 있다.

ⓝ 가장자리

We put up a tent **on the margin of the river.**

우리는 **강가에** 텐트를 설치했다.

1169 □□

issue
[íʃuː]

ⓝ 문제, 쟁점

Suppose that you are making a date to meet with a colleague to **discuss an issue** at work. EBS

여러분이 직장의 **문제를 의논하기** 위해 동료와 만날 약속을 하고 있다고 가정해 보자.

ⓝ 발행, 호 ⓥ (책 등을) 출판하다, 발행하다

I'd like to buy **the August issue of the magazine**.

나는 **그 잡지의 8월 호**를 사고 싶다.

ⓥ 발급하다

Your new passport will be issued three weeks later.

당신의 새 여권은 3주 후에 **발급될** 것입니다.

ⓥ 나오다

Smoke that issues from factory chimneys is the main pollutant. 교과서

공장 굴뚝에서 나오는 연기가 주된 오염원이다.

1170 □□

even
[iːvən]

ⓐ 평평한, 수평의

The rock has **an even surface** on the top.

그 바위는 위쪽에 **평평한 표면**을 가지고 있다.

ⓐ 짝수의

The book has pictures **on its even pages**.

그 책은 **그것의 짝수 쪽에** 그림이 실려 있다.

ⓐ 공정한, 공평한

I don't think that this is **an even deal**. 교과서

나는 이것이 **공정한 거래**라고 생각하지 않는다.

ad 심지어, ~조차

Even a simple problem can become very difficult to deal with if we let our personal desires influence it. 학평

심지어 단순한 문제라도 우리의 개인적인 욕구가 그것에 영향을 미치게 한다면 다루기가 매우 어려워질 수 있다.

ad 〈비교급 강조〉 훨씬

James is even taller than his elder brother.

James는 그의 형보다 **훨씬 더 키가 크다.**

Voca+ 비교급을 강조하는 부사로 **much, still, far, a lot** 등이 있다.

1171 □□

release

[rilíːs]

v 석방하다, 놓아주다 n 석방, 해방

It reminds us that **the release of prisoners** is nothing new.

그것은 우리에게 **죄수들의 석방**이 새로운 것이 아님을 상기시킨다.

v 방출하다 n 방출

Cattle **release methane**, which is one of the causes of global warming. 교과서

소는 **메탄을 방출하는**데, 그것은 지구 온난화의 원인 중 하나이다.

v 발표하다, 공개하다 n 발표, 공개

I was sure that they would at least **release a statement** to the press.

나는 그들이 적어도 언론에 **성명을 발표할** 것이라고 확신했다.

v 개봉하다, 출시하다 n 개봉, 출시

He **released a new version of the novel** last year.

그는 작년에 **그 소설의 새 버전을 발간했다.**

1172 □□

content

ⓝ [kántent]
ⓐ, ⓥ [kəntént]

ⓝ 내용(물)

We need advertisements that **match the content** which the user is viewing. 교과서

우리는 사용자가 보고 있는 **내용과 일치하는** 광고가 필요하다.

ⓝ 목차

Labels on food are like **the table of contents** found in books. 학평

식품 라벨은 책에서 볼 수 있는 **목차**와 같다.

ⓐ 만족하는 ⓥ 만족시키다

He had to **be content with finishing second** to his friend.

그는 자신의 친구 다음으로 **2등을 한 것에 만족해야** 했다.

ⓝ 함(유)량

For example, there has been on average about a 30% decline in **the magnesium content of wheat**.

예를 들어, **밀의 마그네슘 함량**에서 평균적으로 약 30%의 감소가 있었다.

• 혼동어 •

1173 □□

adapt

[ədǽpt]

ⓥ 적응하다, 조정하다

They had to **adapt quickly to the new environment.** 교과서

그들은 **새로운 환경에 재빨리 적응해야** 했다.

1174 □□

adopt

[ədápt]

ⓥ 채택하다, 입양하다

The couple couldn't have children, so they made up their mind to **adopt a baby**. EBS

그 부부는 아이를 가질 수 없어서, **아기를 입양하기**로 결정했다.

1175 □□

altitude
[ǽltitjùːd]

ⓝ 고도, 높이

The plane is **flying at an altitude of 10,000 meters.** EBS

그 비행기는 **1만 미터의 고도로 날고** 있다.

Voca+ alt(=high)+itude(명사형 접미사) → 높이

1176 □□

aptitude
[ǽptitjùːd]

ⓝ 적성, 소질, 경향

My daughter has **an aptitude for music.**

내 딸은 **음악에 소질**이 있다.

Voca+ apt(=fit)+itude(명사형 접미사) → 적성

1177 □□

attitude
[ǽtitjùːd]

ⓝ 태도

I noticed **a little change in her attitude.**

나는 **그녀의 태도에서 약간의 변화**를 알아챘다.

1178 □□

access
[ǽksès]

ⓝ 접근, 입장 ⓥ 접근하다, 이용하다, 접속하다

Construction vehicles may also use this street to **gain access to the main construction site.** 학평

공사 차량도 **주요 공사 현장에 접근하기** 위해 이 도로를 이용할 수 있다.

+ **accessible** ⓐ 접근[입장·이용] 가능한

1179 □□

excess
ⓝ [iksés]
ⓐ [ékses]

ⓝ 초과, 과도 ⓐ 초과한, 여분의

When you don't sleep and have **an excess of stress** in your life, it shows in your skin.

당신이 잠을 자지 않고 삶에서 **과도한 스트레스**를 받을 때, 그것은 당신의 피부에 나타난다.

Voca+ ex(=beyond)+cess(=going) → 넘어서 가기

+ **excessive** ⓐ 과도한, 지나친

1180 □□

council
[káunsəl]

ⓝ 의회, 회의

The city council should take steps to have the road repaired as soon as possible. EBS

시 의회는 가능한 한 빨리 도로가 보수되도록 조치를 취해야 한다.

1181 □□

counsel
[káunsəl]

ⓝ 조언, 상담 ⓥ 조언하다, 상담하다

If you have any problem, don't hesitate to **ask for legal counsel**.

문제가 있다면, 주저하지 말고 **법률 상담을 요청하세요**.

1182 □□

flight
[flait]

ⓝ 비행, 항공편

During **the final stages of flight**, all passengers must remain seated. 학평

비행의 마지막 단계 동안에는, 모든 승객이 좌석에 앉아 있어야 한다.

1183 □□

fright
[frait]

ⓝ 놀람, 두려움

The soldiers were **shaking with fright**.

그 군인들은 **두려움에 떨고** 있었다.

1184 □□

phase
[feiz]

ⓝ 단계, 국면

Deprivation of **the dream phase of sleep** causes many problems connected with emotions. EBS

수면의 꿈 단계의 박탈은 감정과 관련된 많은 문제를 일으킨다.

1185 □□

phrase
[freiz]

ⓝ 어구, 구

There are **several phrases you need to memorize**.

당신이 암기할 필요가 있는 몇몇 어구가 있다.

1186 □□

interpret
[intə́:rprit]

ⓥ 해석하다, 이해하다

Culture and gender may affect the way **people perceive, interpret, and respond to conflict.** 학평

문화와 성별은 **사람들이 인식하고, 해석하고, 갈등에 반응하는** 방식에 영향을 미칠 수도 있다.

+ interpretation ⓝ 해석, 설명

1187 □□

interrupt
[ìntərʌ́pt]

ⓥ 방해하다, 중단하다

The noise interrupted anything and everything happening in the office. 학평

그 소음은 사무실 안에서 발생하는 **어떤 것이라도, 그리고 모든 것을 방해했다.**

+ interruption ⓝ 방해, 차단

1188 □□

moral
[mɔ́:rəl]

ⓐ 도덕의, 도덕적인

Moral imagination is about picturing various outcomes in our interactions with others. 학평

도덕적 상상은 다른 사람과 우리의 상호 작용에서의 다양한 결과들을 그려 보는 것에 관한 것이다.

1189 □□

morale
[mərǽl]

ⓝ 사기, 의욕

The visit of the singer boosted **the morale of the army**.

그 가수의 방문은 **군대의 사기**를 높였다.

1190 □□

mortal
[mɔ́:rtl]

ⓐ 죽을 운명인, 치명적인

We have to admit that **all creatures are mortal**.

우리는 **모든 생물은 죽을 운명이라는** 것을 인정해야 한다.

1191 □□

affect
[əfékt]

ⓥ 영향을 미치다

Not getting enough sleep **affects your academic abilities** by reducing your concentration. 교과서

잠을 충분히 자지 않는 것은 집중력을 감소시킴으로써 **학업 능력에 영향을 미친다.**

1192 □□

effect
[ifékt]

ⓝ 효과, 영향, 결과

Feeling angry at times can **have useful effects.** EBS

분노를 느끼는 것은 때때로 **유용한 효과들을 가져올** 수 있다.

1193 □□

mediate
[mí:dièit]

ⓥ 중재하다

The government has to **mediate the dispute** between employers and employees.

정부는 고용주와 종업원 사이의 **분쟁을 중재해야** 한다.

Voca+ **medi**(=middle)+**ate**(동사형 접미사) → 중간에 서게 하다

1194 □□

meditate
[médətèit]

ⓥ 명상하다, 묵상하다

Susie makes it a rule to **meditate for an hour** every morning.

Susie는 매일 아침 **한 시간 동안 명상하는** 것을 규칙으로 한다.

1195 □□

simultaneously
[sàiməltéiniəsli]

ⓐⓓ 동시에

There were three conferences **going on simultaneously.**

동시에 진행되고 있는 세 개의 학회가 있었다.

1196 □□

spontaneously
[spɑntéiniəsli]

ⓐⓓ 자발적으로, 자연스럽게

John spontaneously helped them clean the street.

John은 그들이 거리를 청소하는 것을 **자발적으로 도왔다.**

1197 □□

comparative
[kəmpǽrətiv]

ⓐ 비교를 통한, 비교의, 상대적인

We aim to **conduct a comparative study** of the educational systems of two countries.

우리는 두 나라의 교육 시스템에 대한 **비교 연구를 수행하는** 것을 목표로 한다.

⊕ **comparatively** ⓐⓓ 비교적(으로), 꽤

1198 □□

competitive
[kəmpétətiv]

ⓐ 경쟁적인, 경쟁력 있는

At the same time, **competitive exclusion** can also generate cooperation. 학평

동시에, **경쟁적 배제**는 또한 협력을 만들어 낼 수 있다.

1199 □□

make up

~을 구성[형성]하다, ~을 지어내다, 화장하다

The AI robot may try to push the obstacle out of the way, or **make up a new route**, or change goals. 학평

AI 로봇은 경로에서 장애물을 밀어내거나, **새로운 경로를 만**들거나, 목적지를 바꾸려고 할 수도 있다.

⊜ **constitute** ⓥ 구성하다

1200 □□

make up for

~을 보충하다, ~을 보상하다

It suggests that caffeine does not fully **make up for inadequate sleep**. 학평

그것은 카페인이 **불충분한 수면을** 충분히 **보충하지** 못한다는 것을 보여 준다.

DAY 30

REVIEW TEST

A 다음 밑줄 친 단어의 문맥상 적절한 뜻을 고르시오.

01 even more difficult	ⓐ 짝수의	ⓑ 훨씬
02 the biggest reason for quitting	ⓐ 이성	ⓑ 이유
03 cover the table with cloth	ⓐ 덮다	ⓑ 담당하다
04 a board hung on the wall	ⓐ 이사회	ⓑ 판
05 by a margin of ten seconds	ⓐ 차이	ⓑ 수익

B 다음 우리말에 맞도록 괄호 안에서 알맞은 단어를 고르시오.

01 휠체어 사용자의 접근이 쉬운	easy **[access / excess]** for wheelchair users
02 적성 검사	an **[altitude / aptitude]** test
03 학생회	the student **[council / counsel]**
04 새 정책을 채택하다	**[adapt / adopt]** a new policy
05 중요한 도덕적 문제	an important **[moral / mortal]** issue
06 그 프로젝트의 마지막 단계	the last **[phase / phrase]** of the project
07 수어 몸짓을 해석하다	**[interpret / interrupt]** sign language gestures
08 자발적으로 토론에 참여하다	join the discussion **[simultaneously / spontaneously]**

A 01 ⓑ, 훨씬 더 어려운 02 ⓑ, 그만두는 가장 큰 이유 03 ⓐ, 천으로 탁자를 덮다 04 ⓑ, 벽에 걸려 있는 판 05 ⓐ, 10초 차이로

B 01 access 02 aptitude 03 council 04 adopt 05 moral 06 phase 07 interpret 08 spontaneously

Word BASIC
∞ master

Word
∞ master

완벽한 암기를 위한

FINAL STEP

DAY 01

REVIEW TEST

Step Up

A 다음 단어에 해당하는 영어 단어 또는 우리말을 쓰시오.

01 생산, 생산량 __________

02 출현, 발생 __________

03 성공하다, 계승하다 __________

04 개선, 향상 __________

05 emotional __________

06 recovery __________

07 rejection __________

08 certainty __________

B 다음 우리말과 의미가 같도록 빈칸에 들어갈 단어를 [보기]에서 골라 쓰시오.

보기

share consider increase
provide express

01 Fishing __________(e)s hours of enjoyment for the old couple.
낚시는 그 노부부에게 몇 시간의 즐거움을 제공한다.

02 Jonathan __________(e)d the cookies with his friend.
Jonathan은 자신의 친구와 쿠키를 나누었다.

03 I was frustrated at not having the words to __________ my feeling of loss. 나는 내 상실감을 표현할 말이 없어서 좌절했다.

04 Many people __________ oak trees the monarchs of the forest.
많은 사람이 참나무를 숲의 제왕이라고 생각한다.

05 Maybe you want to __________ the time you spend on a favorite hobby. 아마도 여러분은 가장 좋아하는 취미에 소비하는 시간을 늘리고 싶을지도 모른다.

A 01 production 02 emergence 03 succeed 04 improvement 05 감정의, 정서의 06 회복 07 거절, 거부 08 확실성

B 01 provide 02 share 03 express 04 consider 05 increase

DAY 02 # REVIEW TEST

Step Up

A 다음 단어에 대응하는 영어 단어 또는 우리말을 쓰시오.

01 범죄의, 범죄자	__________	05 expertise	__________
02 설립, 확립	__________	06 organize	__________
03 인식, 인정	__________	07 exposure	__________
04 오도하는	__________	08 foundation	__________

B 다음 우리말과 의미가 같도록 빈칸에 들어갈 단어를 [보기]에서 골라 쓰시오.

보기

achieve overcome perceive
connect dedicate

01 The hallway __________s the two rooms.
복도는 그 두 개의 방을 연결한다.

02 Jim's goal, getting elected, was __________(e)d through hard work.
선거에 당선된다는 Jim의 목표는 열심히 해서 성취되었다.

03 We can easily __________ the condition of being bored.
우리는 지루해지는 상태를 쉽게 극복할 수 있다.

04 The girls __________(e)d that remark as damaging to their pride.
소녀들은 그 말을 자신들의 자존심에 상처를 주는 것으로 인지했다.

05 Matthew will __________ his next song to his mother.
Matthew는 자신의 다음 노래를 그의 어머니에게 바칠 것이다.

A 01 criminal 02 establishment 03 recognition 04 misleading 05 전문 지식 06 조직하다, 구성하다 07 노출, 폭로 08 설립, 토대

B 01 connect 02 achieve 03 overcome 04 perceive 05 dedicate

DAY 03 # REVIEW TEST

Step Up

A 다음 단어에 해당하는 영어 단어 또는 우리말을 쓰시오.

01 추구, 추적 __________

02 다르다, 바꾸다 __________

03 집중 __________

04 방향, 감독, 지시 __________

05 investigation __________

06 beneficial __________

07 alteration __________

08 revision __________

B 다음 우리말과 의미가 같도록 빈칸에 들어갈 단어를 [보기]에서 골라 쓰시오.

보기

damage income search
opportunity performance

01 The young pianist trembled as he began his __________.
젊은 피아니스트는 자신의 연주를 시작했을 때 떨었다.

02 I thought it was a(n) __________ of a lifetime.
나는 그것이 일생의 기회라고 생각했다.

03 Lisa's __________ helped pay the medical bills for her father.
Lisa의 수입이 그녀의 아버지의 치료비를 지불하는 데 도움이 되었다.

04 Hoping to find my ring, I continued the __________ in the room.
내 반지를 찾기를 바라면서, 나는 그 방에서 수색을 계속했다.

05 The storm blew down a tree, but there was no other __________.
폭풍이 나무 한 그루를 쓰러뜨렸지만, 다른 피해는 없었다.

A 01 pursuit 02 vary 03 concentration 04 direction 05 조사, 연구 06 유익한, 이로운 07 고침, 변화, 변경 (행위) 08 개정, 수정

B 01 performance 02 opportunity 03 income 04 search 05 damage

DAY 04 # REVIEW TEST

Step Up

A 다음 단어에 대응하는 영어 단어 또는 우리말을 쓰시오.

01 필요한 __________

02 유지, 관리 __________

03 허락, 승인 __________

04 예측, 예언, 예보 __________

05 progressive __________

06 emit __________

07 respectful __________

08 prevention __________

B 다음 우리말과 의미가 같도록 빈칸에 들어갈 단어를 [보기]에서 골라 쓰시오.

보기

conservative concern immediate
function measure

01 This antique car did __________ well in its day.
이 골동품 차는 당시에 정말 기능을 잘했다.

02 The carpenters will __________ and cut the wood for our new barn.
목수들은 우리의 새 헛간을 위한 목재의 치수를 재고 자를 것이다.

03 Though he was in no __________ danger, we were still concerned.
비록 그가 즉각적인 위험에 처해 있지는 않았지만, 우리는 그래도 염려했다.

04 We have tried to address your main __________s.
우리는 당신의 주요 관심사들을 다루려고 노력해 왔습니다.

05 Mike's political view is __________rather than liberal.
Mike의 정치적 견해는 진보적이기보다는 오히려 보수적이다.

A 01 necessary 02 maintenance 03 permission 04 prediction 05 진보적인, 점진적인 06 배출하다 07 존경하는, 예의 바른 08 방지, 예방

B 01 function 02 measure 03 immediate 04 concern 05 conservative

DAY 05 # REVIEW TEST

Step Up

A 다음 단어에 해당하는 영어 단어 또는 우리말을 쓰시오.

01 추천(서), 권고 ____________ 05 accidental ____________

02 대표, 대표하는 ____________ 06 management ____________

03 비교, 비유 ____________ 07 apology ____________

04 동기 부여, 자극 ____________ 08 adjustment ____________

B 다음 우리말과 의미가 같도록 빈칸에 들어갈 단어를 [보기]에서 골라 쓰시오.

보기		
observe	claim	gather
arrange	describe	

01 I will __________ the bedroom furniture so that it looks best.
나는 가장 멋지게 보이도록 그 침실 가구를 배열할 것이다.

02 The police have asked the workers not to __________ on the corner.
경찰은 노동자들에게 모퉁이에 모여 있지 말라고 요구했다.

03 Her novels nicely __________(e)s the lifestyle in Britain in the 18th century. 그녀의 소설들은 18세기의 영국 생활 양식을 잘 묘사한다.

04 The witness __________(e)d that she had seen a suspicious man.
목격자는 수상한 남자를 봤다고 주장했다.

05 The aim of the program is to __________ the effects that humans have on this planet. 그 프로그램의 목적은 인간이 이 행성에 미친 영향을 관찰하는 것이다.

A 01 recommendation 02 representative 03 comparison 04 motivation 05 우연한 06 관리, 경영 07 사과 08 조정, 조절

B 01 arrange 02 gather 03 describe 04 claim 05 observe

DAY 06 REVIEW TEST

Step Up

A 다음 단어에 대응하는 영어 단어 또는 우리말을 쓰시오.

01 불평, 고소 ____________

02 판사, 판단하다 ____________

03 효율, 능률 ____________

04 발명하다 ____________

05 essence ____________

06 normal ____________

07 responsive ____________

08 discussion ____________

B 다음 우리말과 의미가 같도록 빈칸에 들어갈 단어를 [보기]에서 골라 쓰시오.

보기		
respond	eliminate	debate
indicate	conclude	

01 This disease has __________(e)d a lot of fun from my life.
이 병은 내 삶에서 많은 재미를 앗아갔다.

02 Next season we will __________ the issue with other teams at our conference. 다음 회기에 우리는 협의회에서 다른 팀들과 그 쟁점에 대해 토론할 것이다.

03 We don't have to __________ that all our efforts have come to nothing. 우리의 모든 노력이 허사였다고 결론을 내릴 필요는 없다.

04 The directions did not __________ where one should go in case of fire. 지시 사항은 화재 시 사람들이 어디로 가야 하는지를 명시하지 않았다.

05 He said that she didn't __________ to his question.
그는 그녀가 자신의 질문에 응답하지 않았다고 말했다.

A 01 complaint 02 judge 03 efficiency 04 invent 05 본질, 정수, 핵심 06 표준적인, 정상의 07 즉각 반응하는 08 토론, 논의

B 01 eliminate 02 debate 03 conclude 04 indicate 05 respond

DAY 07

REVIEW TEST

Step Up

A 다음 단어에 해당하는 영어 단어 또는 우리말을 쓰시오.

01 출판(물), 발표 __________

02 약속, 지명 __________

03 정의, 규정 __________

04 때때로의 __________

05 donor __________

06 employee __________

07 financial __________

08 alternate __________

B 다음 우리말과 의미가 같도록 빈칸에 들어갈 단어를 [보기]에서 골라 쓰시오.

보기

abandon	invest	reasonable
hire	ordinary	

01 She __________(e)d lots of money before opening the building as a restaurant. 그녀는 그 건물을 식당으로 개업하기 전에 많은 돈을 투자했다.

02 They have certain knowledge that is unavailable to __________ people. 그들은 일반 사람들이 이용할 수 없는 특정한 지식을 가지고 있다.

03 It is __________ to assume that we must suppress the truth.
우리가 그 사실을 숨겨야 한다고 생각하는 것은 합리적이다.

04 In the early afternoon, the captain gave the order to __________ ship.
이른 오후, 선장은 배를 포기하라는 명령을 내렸다.

05 Jim shared his experience with his friend on how he __________(e)d someone who was unqualified for a job.
Jim은 그가 어떻게 직업에 적합하지 않은 사람을 고용했는지에 대해 그의 친구와 자신의 경험을 공유했다.

A 01 publication 02 appointment 03 definition 04 occasional 05 기부자, 기증자 06 고용된 사람, 종업원 07 재정의, 금융상의 08 번갈아 나오는, 대안의, 번갈아 나오다

B 01 invest 02 ordinary 03 reasonable 04 abandon 05 hire

DAY 08 # REVIEW TEST

Step Up

A 다음 단어에 대응하는 영어 단어 또는 우리말을 쓰시오.

01 경쟁, 시합 ____________

02 기념행사, 축하 ____________

03 감염시키다 ____________

04 혁신 ____________

05 submission ____________

06 operate ____________

07 trendy ____________

08 accuracy ____________

B 다음 우리말과 의미가 같도록 빈칸에 들어갈 단어를 [보기]에서 골라 쓰시오.

보기

blame　assign　estimate

avoid　transfer

01 She always tries to __________ others for her own shortcomings.
그녀는 항상 자신의 결점을 타인의 탓으로 돌린다.

02 No one in the village could have __________(e)d that avalanche.
그 마을의 누구도 그 눈사태를 피할 수 없었다.

03 I will __________ money to your bank account.
내가 너의 은행 계좌로 돈을 이체할게.

04 What do you roughly __________ the expenses at?
당신은 그 비용을 대략 얼마로 추산합니까?

05 Mr. Franklin __________(e)d the class a term-long project.
Franklin 선생님은 학급에 한 학기 프로젝트를 할당했다.

A 01 competition 02 celebration 03 infect 04 innovation 05 복종, 굴복, 제출 06 수술하다, 운영하다 07 최신 유행의 08 정확성

B 01 blame 02 avoid 03 transfer 04 estimate 05 assign

DAY 09 # REVIEW TEST

Step Up

A 다음 단어에 해당하는 영어 단어 또는 우리말을 쓰시오.

01 제조업자 __________

02 행동하다 __________

03 약속, 헌신 __________

04 기업, 법인 __________

05 registration __________

06 analysis __________

07 sustain __________

08 editor __________

B 다음 우리말과 의미가 같도록 빈칸에 들어갈 단어를 [보기]에서 골라 쓰시오.

보기

deny equip construct
mature settle

01 Thousands of laborers sweated blood to __________ this tunnel.
수천 명의 노동자들이 이 터널을 건설하기 위해 피땀을 흘렸다.

02 No one can __________ the fact that smoking leads to cancer.
아무도 흡연이 암을 유발할 수 있다는 사실을 부인할 수 없다.

03 Her parents don't think she is __________ enough to live on her own.
그녀의 부모님은 그녀가 혼자 살기에는 충분히 성숙하지 않다고 생각하신다.

04 It's difficult to __________ the matter to the satisfaction of all.
모두가 만족할 정도로 그 문제를 해결하기는 어렵다.

05 The program is designed to __________ you with essential management skills.
그 프로그램은 여러분에게 필수적인 경영 기술을 갖추게 하려고 만들어진 것이다.

A 01 manufacturer 02 behave 03 commitment 04 corporation 05 등록, 등기 06 분석 07 유지하다, 계속하다 08 편집자

B 01 construct 02 deny 03 mature 04 settle 05 equip

DAY 10 REVIEW TEST

Step Up

A 다음 단어에 대응하는 영어 단어 또는 우리말을 쓰시오.

01 제한, 한정 ____________

02 확장, 확대 ____________

03 고안, 장치, 방책 ____________

04 저항, 반대 ____________

05 intialize ____________

06 horizon ____________

07 persistent ____________

08 permanently ____________

B 다음 우리말과 의미가 같도록 빈칸에 들어갈 단어를 [보기]에서 골라 쓰시오.

보기

rescue	tremble	embrace
possess	drag	

01 The native peoples have traditionally __________(e)d the belief that everything is interdependent.
원주민들은 전통적으로 모든 것이 상호의존적이라는 믿음을 받아들였다.

02 When she saw the officer's hand __________, she knew that he was guilty. 그녀가 장교의 손이 떨리는 것을 보았을 때, 그녀는 그가 유죄라는 것을 알았다.

03 The countries that __________ nuclear weapons are increasing in number. 핵무기를 보유하는 나라들의 수가 증가하고 있다.

04 That is something that is making the war __________ on.
그것이 그 전쟁을 질질 끌게 만들고 있는 것이다.

05 They worked without rest to __________ those who had been buried by the landslide. 그들은 산사태로 매몰된 사람들을 구조하기 위해 쉬지 않고 일했다.

A 01 restriction 02 extension 03 device 04 resistance 05 초기화하다 06 수평선, 지평선, 시야 07 끈질긴 08 영구적으로, 영원히

B 01 embrace 02 tremble 03 possess 04 drag 05 rescue

DAY 11 REVIEW TEST

Step Up

A 다음 단어에 해당하는 영어 단어 또는 우리말을 쓰시오.

01 발견, 발견물 ____________
02 누르다, 압박하다 ____________
03 결과로서 일어나는 ____________
04 복구, 회복 ____________
05 cognition ____________
06 refer ____________
07 disclosure ____________
08 negotiation ____________

B 다음 우리말과 의미가 같도록 빈칸에 들어갈 단어를 [보기]에서 골라 쓰시오.

보기
accuse asset conflict
exotic split

01 You can't ____________ him of stealing unless you have proof.
당신은 증거가 없으면 그를 절도죄로 고발할 수 없다.

02 We offer vacations to beautiful and ____________ locations all over the world. 우리는 전 세계의 아름답고 이국적인 장소로의 휴가를 제공한다.

03 A school counselor found herself in ____________ with her principal.
학교 상담사는 그녀의 교장 선생님과 갈등을 겪고 있는 자신을 발견했다.

04 A good reputation for yourself and your company is an invaluable ____________. 여러분 자신과 여러분 회사에 대한 좋은 평판은 귀중한 자산이다.

05 In my mind, the world is ____________ neatly into two groups.
내 마음에서, 세상은 두 집단으로 깔끔하게 나뉘었다.

A 01 discovery 02 press 03 consequent 04 restoration 05 인식, 인지 06 조회하다, 문의하다, 참조시키다 07 폭로, 밝혀진 사실 08 협상

B 01 accuse 02 exotic 03 conflict 04 asset 05 split

DAY 12 REVIEW TEST

Step Up

A 다음 단어에 대응하는 영어 단어 또는 우리말을 쓰시오.

01 관련(성), 적합성 ____________
02 승인, 찬성, 시인 ____________
03 빈번한 ____________
04 근면한, 열심인 ____________
05 destruction ____________
06 expert ____________
07 reproduction ____________
08 identify ____________

B 다음 우리말과 의미가 같도록 빈칸에 들어갈 단어를 [보기]에서 골라 쓰시오.

보기		
classify	explicit	dominant
drawback	implement	

01 My mom was very ____________ about the importance of education.
나의 어머니는 교육의 중요성에 대해 매우 분명했다.

02 AI could help biologists ____________ the world's tiny creatures.
인공지능은 생물학자들이 세계의 아주 작은 생물들을 분류하는 것을 도울 수 있다.

03 Why do teachers find it difficult to ____________ the curriculum?
왜 교사들은 그 교육과정을 이행하기가 어렵다고 생각하는가?

04 This fee is seen as a major ____________ of the new system.
이 수수료는 새로운 시스템의 주요 단점으로 여겨진다.

05 Therefore ____________ males have to find and consume more calories. 그러므로 지배적인 수컷들은 더 많은 열량을 찾아 소비해야 한다.

A 01 relevance 02 approval 03 frequent 04 industrious 05 파괴 06 전문가 07 재생, 복제, 번식 08 동일시하다, 확인하다

B 01 explicit 02 classify 03 implement 04 drawback 05 dominant

DAY 13 REVIEW TEST

Step Up

A 다음 단어에 해당하는 영어 단어 또는 우리말을 쓰시오.

01 인내 ____________

02 거만, 불손 ____________

03 주저, 망설임 ____________

04 박수갈채하다 ____________

05 anticipation ____________

06 impulsive ____________

07 faith ____________

08 jealousy ____________

B 다음 우리말과 의미가 같도록 빈칸에 들어갈 단어를 [보기]에서 골라 쓰시오.

보기

irritate tolerate frustrated
fascinated humiliate

01 Sam was __________ by his repeated failure to accurately use the tool. Sam은 자신이 그 도구를 정확히 사용하는 것을 반복적으로 실패한 것에 좌절했다.

02 I don't want to be __________(e)d in his presence.
나는 그의 앞에서 창피를 당하고 싶지 않다.

03 Nothing __________(e)s me more than doing nothing.
아무것도 안 하는 것보다 나를 더 짜증나게 만드는 것은 없다.

04 As children we were __________ by magic.
어렸을 때 우리는 마술에 매료되었다.

05 I couldn't __________ his discrimination any longer.
나는 더 이상 그의 차별을 참을 수가 없었다.

A 01 endurance 02 arrogance 03 hesitation 04 applaud 05 기대, 예상 06 충동적인 07 신념, 믿음 08 질투

B 01 frustrated 02 humiliate 03 irritate 04 fascinated 05 tolerate

DAY 14

REVIEW TEST

Step Up

A 다음 단어에 대응하는 영어 단어 또는 우리말을 쓰시오.

01 전략적인 ____________

02 협력, 공동 작업 ____________

03 계속하다, 나아가다 ____________

04 반응, 반작용 ____________

05 occupy ____________

06 miraculous ____________

07 residence ____________

08 attend ____________

B 다음 우리말과 의미가 같도록 빈칸에 들어갈 단어를 [보기]에서 골라 쓰시오.

보기

deposit	withdraw	exchange
deprive	specialize	

01 They __________(e)d me of all the money I had.
그들은 내가 가진 모든 돈을 내게서 빼앗았다.

02 It's our policy not to __________ things without a receipt.
영수증 없이는 물건을 교환해 드리지 않는 것이 우리의 방침입니다.

03 __________ $1,000 from the bank today.
오늘 은행에서 1,000달러를 인출해라.

04 We __________ in hotel bookings for leisure travelers in Miami.
우리는 마이애미에서 휴양 차 여행하는 사람들을 위한 호텔 예약 업무를 전문으로 하고 있다.

05 You need to __________ $100 to open your account.
계좌를 개설하기 위해서는 100달러를 입금해야 한다.

A 01 strategic 02 collaboration 03 proceed 04 reaction 05 차지하다, 전념하다 06 기적적인 07 거주지 08 참석하다, 시중들다

B 01 deprive 02 exchange 03 Withdraw 04 specialize 05 deposit

DAY 15 # REVIEW TEST

Step Up

A 다음 단어에 해당하는 영어 단어 또는 우리말을 쓰시오.

01 지역의, 지방의 ______

02 외교의 ______

03 민주주의의, 민주적인 ______

04 (입국) 이주민 ______

05 suspicious ______

06 prior ______

07 industry ______

08 refundable ______

B 다음 우리말과 의미가 같도록 빈칸에 들어갈 단어를 [보기]에서 골라 쓰시오.

보기		
promote	violate	distribute
justify	compromise	

01 Monica was ______(e)d to her current position in 2017.
Monica는 2017년에 현재 직급으로 승진했다.

02 Dave tried to ______ the dispute with him.
Dave는 그와 그 분쟁을 타협하려고 노력했다.

03 I've never ______(e)d the rules.
나는 규칙을 어긴 적이 없었다.

04 We need someone to ______ clothes to the flood victims.
우리는 수재민들에게 옷을 나눠줄 사람이 필요하다.

05 Nothing can ______ your actions today.
어느 것도 오늘 너의 행동을 정당화할 수 없다.

A 01 regional 02 diplomatic 03 democratic 04 immigrant 05 의심스러운 06 앞의, (~보다) 앞선 07 산업 08 환불 가능한

B 01 promote 02 compromise 03 violate 04 distribute 05 justify

DAY 16

REVIEW TEST

Step Up

A 다음 단어에 대응하는 영어 단어 또는 우리말을 쓰시오.

01 긴장되는, 불안한 __________
02 분자의 __________
03 관측소, 천문대 __________
04 빙하의 __________
05 evaporate __________
06 astronaut __________
07 branchy __________
08 habitation __________

B 다음 우리말과 의미가 같도록 빈칸에 들어갈 단어를 [보기]에서 골라 쓰시오.

보기

vibrate	migrate	survive
component	extract	

01 All you have to do is __________ it.
당신은 그것을 추출해 내기만 하면 된다.

02 It __________(e)s the branches and causes the fruit to fall onto the nets. 그것은 나뭇가지를 진동시켜 과일이 그물에 떨어지게 한다.

03 Many birds __________ south in the winter.
많은 새들이 겨울에 남쪽으로 이동한다.

04 What is the main __________ used in each generation of a computer?
각 세대의 컴퓨터에 사용되는 주요 구성 요소는 무엇인가?

05 It was pretty hard to __________ those tough ten years.
그러한 힘든 십 년에서 살아남는 것은 매우 힘들었다.

A 01 nervous 02 molecular 03 observatory 04 glacial 05 증발하다, 증발시키다 06 우주 비행사 07 가지가 많은 08 거주, 거주지

B 01 extract 02 vibrate 03 migrate 04 component 05 survive

DAY 17 # REVIEW TEST

Step Up

A 다음 단어에 해당하는 영어 단어 또는 우리말을 쓰시오.

01 번역가 __________

02 편견이 있는 __________

03 철학의 __________

04 허구의, 소설적인 __________

05 modification __________

06 tragedy __________

07 convention __________

08 simplicity __________

B 다음 우리말과 의미가 같도록 빈칸에 들어갈 단어를 [보기]에서 골라 쓰시오.

보기

empower	colonial	shallow
ultimate	artificial	

01 Speech is as __________ as time.
말은 시간만큼이나 피상적이다.

02 A goal is to __________ everyone in a particular area of responsibility.
목표는 특정 책임 영역에 있는 모든 사람에게 권한을 부여하는 것이다.

03 Korea was liberated from Japanese __________ rule in 1945.
한국은 1945년에 일본의 식민 통치에서 해방되었다.

04 There are many kinds of smiles, such as __________, sarcastic or diplomatic smiles.
인위적이거나, 빈정거리거나, 외교적인 미소와 같은 여러 종류의 웃음이 있다.

05 You've got to be willing to pay the __________ price.
너는 기꺼이 최고가를 지불해야 한다.

A 01 translator 02 prejudiced 03 philosophical 04 fictional 05 수정, 변경 06 비극 07 관습, 대회 08 간단함, 단순함

B 01 shallow 02 empower 03 colonial 04 artificial 05 ultimate

DAY 18 # REVIEW TEST

Step Up

A 다음 단어에 대응하는 영어 단어 또는 우리말을 쓰시오.

01 창의성 __________

02 건축 __________

03 뚜렷한, 별개의 __________

04 외부에, 외적으로 __________

05 coordination __________

06 composer __________

07 harmony __________

08 socialization __________

B 다음 우리말과 의미가 같도록 빈칸에 들어갈 단어를 [보기]에서 골라 쓰시오.

보기

internal concrete elaborate
impressive precious

01 The plan turned out to be very __________.
그 계획은 아주 정교한 것으로 드러났다.

02 I couldn't answer it in a very __________ way.
나는 그것에 대해 매우 구체적으로 대답할 수 없었다.

03 Everything he said about the matter was really __________ to me.
그 문제에 관해서 그가 말한 모든 것이 내게는 정말로 인상적이었다.

04 They conducted a(n) __________ investigation.
그들은 내부 조사를 실시했다.

05 It is probably the most __________ gift you can have.
그것은 아마도 당신이 가질 수 있는 가장 소중한 선물일 것이다.

A 01 creativity 02 architecture 03 distinct 04 externally 05 일치, 조화 06 작곡가 07 조화, 화음 08 사회화

B 01 elaborate 02 concrete 03 impressive 04 internal 05 precious

DAY 19 REVIEW TEST

Step Up

A 다음 단어에 해당하는 영어 단어 또는 우리말을 쓰시오.

01 최소, 최소한의 ____________

02 사실상, 거의 ____________

03 손으로 ____________

04 조립, 의회 ____________

05 mechanic ____________

06 navigation ____________

07 rechargeable ____________

08 circular ____________

B 다음 우리말과 의미가 같도록 빈칸에 들어갈 단어를 [보기]에서 골라 쓰시오.

보기

inspect accelerate commute
maximize transport

01 How long does it take to __________ by train?
기차로 통근하는 데 시간이 얼마나 걸리나요?

02 Find ways to __________ efficiencies while reducing costs.
비용을 줄이면서 효율성을 최대화할 방법을 찾아라.

03 __________ every part of it to make sure that it's ready to operate.
가동할 준비가 되어 있는지 확실하게 해 두기 위해 그것의 모든 부분을 점검하라.

04 I don't know how fast this car __________(e)s.
나는 이 차가 얼마나 빨리 속도를 내는지 모른다.

05 Who is going to __________ these products to the station?
누가 역까지 이 제품들을 수송할 건가요?

A 01 minimum 02 virtually 03 manually 04 assembly 05 정비공 06 항해 07 재충전할 수 있는 08 원의, 순환의

B 01 commute 02 maximize 03 Inspect 04 accelerate 05 transport

DAY 20 REVIEW TEST

Step Up

A 다음 단어에 대응하는 영어 단어 또는 우리말을 쓰시오.

01 면역(성) ______________

02 소화하다 ______________

03 극단적으로 ______________

04 임신 ______________

05 therapist ______________

06 flexibility ______________

07 nutritious ______________

08 starvation ______________

B 다음 우리말과 의미가 같도록 빈칸에 들어갈 단어를 [보기]에서 골라 쓰시오.

보기

diagnose　bleed　faint
prescribe　cure

01 Now 38, their friend John is completely __________(e)d of the cancer.
38세인 지금 그들의 친구인 John은 암을 완전히 치료했다.

02 The Ebola virus causes people to __________ to death.
에볼라 바이러스는 사람들이 출혈로 사망하게 한다.

03 She almost __________(e)d at the news.
그녀는 그 소식에 거의 기절할 뻔했다.

04 Some doctors don't __________ antibiotics.
일부 의사들은 항생제를 처방하지 않는다.

05 How long did it take for you to be __________(e)d?
진단이 나오는 데 시간이 얼마나 걸렸나요?

A 01 immunity 02 digest 03 extremely 04 pregnancy 05 치료사, 치료 전문가 06 유연성 07 영양분이 많은 08 기아

B 01 cure 02 bleed 03 faint 04 prescribe 05 diagnose

DAY 21 # REVIEW TEST

Step Up

A 다음 단어에 해당하는 영어 단어 또는 우리말을 쓰시오.

01 상호 작용 ______________

02 고립된, 외딴 ______________

03 붙잡다, 포착 ______________

04 평가, 판단 ______________

05 enrollment ______________

06 assistant ______________

07 academy ______________

08 invasion ______________

B 다음 우리말과 의미가 같도록 빈칸에 들어갈 단어를 [보기]에서 골라 쓰시오.

보기

guidance discipline aid
command presentation

01 How long did you prepare for the __________?
당신은 발표를 얼마 동안 준비했나요?

02 We all need some __________ at some point in our lives.
우리 모두는 인생의 어느 시점에서 약간의 지도가 필요하다.

03 It is important to distinguish between punishment and __________.
처벌과 훈육을 구별하는 것은 중요하다.

04 He __________(e)d his men to sail his ship back home.
그는 자신의 부하들에게 배를 타고 집으로 돌아가라고 명령했다.

05 South Korea didn't stop food __________ to the North.
남한은 북한에 대한 식량 지원을 중단하지 않았다.

A 01 interaction 02 isolated 03 capture 04 assessment 05 등록 06 조수 07 학원, 학회 08 침략, 침입

B 01 presentation 02 guidance 03 discipline 04 command 05 aid

DAY 22

REVIEW TEST

Step Up

A 다음 단어에 대응하는 영어 단어 또는 우리말을 쓰시오.

01 의도적인, 고의의 ____________

02 불안한, 걱정스러운 ____________

03 심리학의 ____________

04 간섭, 개입 ____________

05 overwhelming ____________

06 exclusive ____________

07 ignorance ____________

08 curious ____________

B 다음 우리말과 의미가 같도록 빈칸에 들어갈 단어를 [보기]에서 골라 쓰시오.

보기

attribute	associate	identify
persuade	undergo	

01 I've made every effort to __________ her only to fail.
나는 그녀를 설득하려고 온갖 노력을 기울였으나 실패했다.

02 These pictures could be useful to __________ people involved in other crimes. 이 사진들은 다른 범죄에 연루된 사람들을 식별하는 데 유용할 수 있다.

03 His behavior was __________(e)d with his childhood experiences.
그의 행동은 자신의 어린 시절 경험과 연관되어 있었다.

04 They had to __________ intensive training every day.
그들은 매일 강도 높은 훈련을 받아야만 했다.

05 Don't __________ your failure to the environment surrounding you.
너의 실패를 너를 둘러싸고 있는 환경 탓으로 돌리지 마라.

A 01 intentional 02 anxious 03 psychological 04 intervention 05 압도적인, 저항할 수 없는 06 배타적인, 독점적인 07 무지, 무시 08 호기심이 많은, 궁금한

B 01 persuade 02 identify 03 associate 04 undergo 05 attribute

DAY 23

REVIEW TEST

Step Up

A 다음 단어에 해당하는 영어 단어 또는 우리말을 쓰시오.

01 증거	________	05 commerce	________
02 불분명	________	06 mobility	________
03 잠시, 간단히	________	07 illustration	________
04 누출	________	08 delivery	________

B 다음 우리말과 의미가 같도록 빈칸에 들어갈 단어를 [보기]에서 골라 쓰시오.

보기
enhance transmit diminish
convey announce

01 Don't use any drug to ________ your performance.
당신의 경기력을 향상시키기 위해 어떠한 약물도 사용하지 마라.

02 In recent years, his political influence has ________(e)d in the region.
최근 몇 년간, 그의 정치적 영향력이 그 지역에서 줄었다.

03 The signals are ________(e)d either by satellite or by undersea cable. 그 신호들은 위성이나 해저 케이블을 통해 전송된다.

04 There are some ways you can ________ your message more clearly.
당신의 메시지를 좀 더 명확하게 전달할 수 있는 몇 가지 방법이 있다.

05 The Ministry of Health & Welfare will ________ its plans to fight obesity soon. 보건 복지부는 곧 비만을 퇴치할 계획을 발표할 것이다.

A 01 evidence 02 obscurity 03 briefly 04 leakage 05 상업 06 기동성, 가동성 07 삽화, 예 08 배달, 강연, 분만

B 01 enhance 02 diminish 03 transmitt(ed) 04 convey 05 announce

DAY 24

REVIEW TEST

Step Up

A 다음 단어에 대응하는 영어 단어 또는 우리말을 쓰시오.

01 오염 물질 __________

02 협박하는 __________

03 정화 장치 __________

04 위험에 빠뜨리다 __________

05 recycling __________

06 accumulation __________

07 reduction __________

08 conversion __________

B 다음 우리말과 의미가 같도록 빈칸에 들어갈 단어를 [보기]에서 골라 쓰시오.

보기

remain	discard	purify
conserve	generate	

01 I hope that she and I can __________ good friends.
나는 그녀와 내가 좋은 친구로 남을 수 있기를 바란다.

02 However, it will __________ natural resources.
하지만 그것은 천연자원을 보존할 것이다.

03 It is not so easy to __________ something from nothing.
아무것도 없는 것에서 뭔가를 만들어 내는 것은 그다지 쉽지 않다.

04 Seaweed can __________ blood and help maintain a healthy metabolism.
해조류는 혈액을 맑게 하고 건강한 신진대사를 유지하도록 도울 수 있다.

05 We must __________ old ideas to open the way for new ones.
우리는 새로운 아이디어에 길을 열어 주기 위해 진부한 생각을 버려야 한다.

A 01 pollutant 02 threatening 03 purifier 04 endanger 05 재활용 06 축적, 누적 07 감소, 삭감 08 전환, 개조

B 01 remain 02 conserve 03 generate 04 purify 05 discard

DAY 25 REVIEW TEST

Step Up

A 다음 단어에 해당하는 영어 단어 또는 우리말을 쓰시오.

01 농업의 ____________

02 해마다, 1년에 한 번 ____________

03 분출하다, 폭발하다 ____________

04 몹시 추운, 영하의 ____________

05 enriched ____________

06 humidity ____________

07 sufficiently ____________

08 cultivation ____________

B 다음 우리말과 의미가 같도록 빈칸에 들어갈 단어를 [보기]에서 골라 쓰시오.

보기		
barren	durable	resistant
intense	fertile	

01 Some insects are becoming __________ to pesticide.
일부 곤충은 살충제에 내성이 생기게 되었다.

02 She wore __________ yet comfortable black nylon pants.
그녀는 내구성이 좋으면서도 편안한 검정 나일론 바지를 입고 있었다.

03 To survive __________ competition in the industry, you have to improve the quality of your products.
업계의 치열한 경쟁에서 살아남기 위해서는 제품의 질을 향상시켜야 한다.

04 For more __________ soil, you need to increase mineral availability.
좀 더 비옥한 토양을 위해서는 무기물 가용률을 늘릴 필요가 있다.

05 The land became __________ after the radiation accident.
그 땅은 방사능 사고 이후 불모의 땅이 되었다.

A 01 agricultural 02 annually 03 erupt 04 freezing 05 풍부한 06 습도, 습기 07 충분히 08 경작, 양성

B 01 resistant 02 durable 03 intense 04 fertile 05 barren

DAY 26 # REVIEW TEST

Step Up

A 다음 괄호 안에서 문맥상 알맞은 단어를 고르시오.

01 He is the man who is always **[considerable / considerate]** of others.

02 The bones include remains of **[extinct / instinct]** animals.

03 A famous author **[cited / sited]** this book frequently.

04 The child is **[sacred / scared]** of high places.

B 다음 문장의 빈칸에 공통으로 들어갈 적절한 단어를 쓰시오.

01 • The clerk is in __________ of displaying goods.
• The library is available free of __________ to all students.

02 • Rachel will __________ for the situation.
• Do you have a(n) __________ at the bank?

03 • The __________ of his nose is always red.
• The customer gave a(n) __________ to the waiter.

04 • Paul opened the window to let in some fresh __________.
• There is a kite floating in the __________.

A
01 considerate, 그는 항상 다른 사람을 배려하는 사람이다.
02 extinct, 그 뼈들에는 멸종한 동물들의 잔해가 포함되어 있다.
03 cited, 한 유명한 작가가 이 책을 자주 인용했다.
04 scared, 그 아이는 높은 곳을 무서워한다.

B
01 charge, 그 점원은 상품 진열을 담당하고 있다. / 그 도서관은 모든 학생에게 무료로 이용 가능하다.
02 account, Rachel이 그 상황을 설명할 것이다. / 당신은 그 은행에 계좌가 있습니까?
03 tip, 그의 코끝은 항상 붉은색이다. / 그 손님은 그 종업원에게 팁을 주었다.
04 air, Paul은 신선한 공기가 좀 들어오게 하려고 창문을 열었다. / 공중에 떠 있는 연이 하나 있다.

DAY 27 REVIEW TEST

Step Up

A 다음 괄호 안에서 문맥상 알맞은 단어를 고르시오.

01 The red **[carve / curve]** in the graph indicates population.

02 I've never watched a hen **[lie / lay]** an egg.

03 How can you say such an **[absorb / absurd]** thing?

04 How often do you **[complement / compliment]** others?

B 다음 문장의 빈칸에 공통으로 들어갈 적절한 단어를 쓰시오.

01 • A magnet has the power to __________ metal to it.
• The girl likes to __________ trees.

02 • I looked around me at the piles of my birthday __________(e)s and cards.
• Jasmin stopped and __________(e)d her passport.

03 • The politician is against the __________.
• I'd like to exchange this ten-dollar __________ into one-dollar ones.

04 • I showed the __________ to the lawyer.
• Most substances __________ when the temperature goes down.

A
01 curve, 그 그래프의 붉은 곡선은 인구를 나타낸다.
02 lay, 나는 암탉이 알을 낳는 것을 본 적이 없다.
03 absurd, 당신은 어떻게 그런 터무니없는 말을 할 수 있나요?
04 compliment, 당신은 얼마나 자주 다른 사람들을 칭찬합니까?

B
01 draw, 자석은 금속을 그것으로 끌어당기는 힘을 가지고 있다. / 그 소녀는 나무 그리는 것을 좋아한다.
02 present, 나는 내 생일 선물과 카드 더미를 둘러보았다. / Jasmin은 멈춰서서 그녀의 여권을 제시했다.
03 bill, 그 정치가는 그 법안에 반대한다. / 저는 이 10달러짜리 지폐를 1달러짜리로 교환하고 싶습니다.
04 contract, 나는 그 계약서를 변호사에게 보여 주었다. / 온도가 내려가면 대부분의 물질은 수축한다.

DAY 28 # REVIEW TEST

Step Up

A 다음 괄호 안에서 문맥상 알맞은 단어를 고르시오.

01 How can the computer **[calculate / circulate]** the exact location?

02 **[Neural / Neutral]** networks handle many kinds of information in the brain.

03 I would like to **[expire / inspire]** dream and hope into kids.

04 No one can deny that the sun **[raises / rises]** in the east.

B 다음 문장의 빈칸에 공통으로 들어갈 적절한 단어를 쓰시오.

01 • They are on good __________(e)s with one another.
• We need a person who knows a lot of technical __________(e)s.

02 • His recent __________ was disappointing.
• A game company plans to __________ an interesting experiment.

03 • The teacher is always __________ with her students.
• A wedding __________ will be held at the hotel next month.

04 • He can run at an average __________ of 15 kilometers an hour.
• We offer a special reduced __________ for senior citizens.

A
01 calculate, 어떻게 컴퓨터가 정확한 위치를 계산할 수 있을까?
02 Neural, 신경망들은 뇌에서 많은 종류의 정보를 처리한다.
03 inspire, 나는 아이들에게 꿈과 희망을 불어넣어 주고 싶다.
04 rises, 아무도 해가 동쪽에서 뜬다는 것은 부인할 수 없다.

B
01 term, 그들은 서로 사이가 좋다. / 우리는 전문 용어를 많이 알고 있는 사람이 필요하다.
02 conduct, 그의 최근 행동은 실망스러웠다. / 한 게임 회사가 흥미로운 실험을 수행할 계획이다.
03 fair, 그 교사는 자신의 학생들에게 항상 공평하다. / 결혼 박람회가 다음 달 그 호텔에서 열릴 것이다.
04 rate, 그는 시간당 15킬로미터의 평균 속도로 달릴 수 있다. / 저희는 어르신들에게 특별 할인 요금을 제공합니다.

DAY 29 # REVIEW TEST

Step Up

A 다음 괄호 안에서 문맥상 알맞은 단어를 고르시오.

01 Exercise **[addition / addiction]** is different from going to the gym every day.

02 Do you believe in reaping what you **[sew / sow]**?

03 Warming up must **[precede / proceed]** the main exercise.

04 The chemical can **[explode / explore]** suddenly if it meets a flame.

B 다음 문장의 빈칸에 공통으로 들어갈 적절한 단어를 쓰시오.

01 • The mountain was __________(e)d on the lake.
• Public opinion was __________(e)d in the election results.

02 • We are going to purchase necessary __________(e)s.
• These newspaper __________(e)s are about English education.

03 • My dog is my only __________ these days.
• She will be responsible for the __________'s financial services business.

04 • He likes to wear a blue __________.
• The black pants don't __________ her red blouse.

A 01 addiction, 운동 중독은 매일 체육관에 가는 것과는 다르다.
02 sow, 당신은 뿌린 대로 거둔다는 것을 믿는가?
03 precede, 준비 운동은 본 운동에 앞서야 한다.
04 explode, 그 화학 물질은 불꽃을 만나면 갑자기 폭발할 수 있다.

B 01 reflect, 그 산이 호수에 반사되었다. / 여론이 선거 결과에 반영되었다.
02 article, 우리는 필요한 물품들을 구매할 것이다. / 이 신문 기사들은 영어 교육에 관한 것이다.
03 company, 요즘 나의 개가 내 유일한 친구이다. / 그녀는 회사의 금융 서비스 사업을 책임질 것이다.
04 suit, 그는 파란 정장을 입는 것을 좋아한다. / 그 검은 바지는 그녀의 빨간 블라우스와 어울리지 않는다.

DAY 30 REVIEW TEST Step Up

A 다음 괄호 안에서 문맥상 알맞은 단어를 고르시오.

01 I like his polite **[altitude / attitude]**.

02 They hope to **[adapt / adopt]** another child.

03 Robert often **[mediates / meditates]** for mental training.

04 The **[morale / mortal]** of the employees is very high.

B 다음 문장의 빈칸에 공통으로 들어갈 적절한 단어를 쓰시오.

01 • The actress tried to __________ her pimples with cosmetics.
• The newspaper didn't __________ the accident on the first page.

02 • The office is three __________(e)s away from the fire station.
• The castle is made of about two million __________(e)s of stone.

03 • The country is very hot __________ in winter.
• Two, four, and six are __________ numbers.

04 • The exam results are posted on the bulletin __________.
• The passengers are ready to __________ the plane.

A
01 attitude, 나는 그의 공손한 태도가 마음에 든다.
02 adopt, 그들은 또 다른 아이를 입양하기를 바란다.
03 meditates, Robert는 정신 수양을 위해 자주 명상을 한다.
04 morale, 직원들의 사기가 매우 높다.

B
01 cover, 그 여배우는 자신의 여드름을 화장품으로 감추려고 노력했다. / 그 신문은 그 사고를 1면에 보도하지 않았다.
02 block, 사무실은 소방서에서 세 구역 떨어져 있다. / 그 성은 약 2백만 개의 네모난 돌덩어리로 만들어졌다.
03 even, 그 나라는 심지어 겨울에도 매우 덥다. / 2, 4, 6은 짝수이다.
04 board, 시험 결과가 게시판에 게시되어 있다. / 승객들이 비행기에 탑승할 준비가 되어 있다.

누적 테스트

DAY 01-02

01 process ....
02 mislead ....
03 recognize ....
04 vital ....
05 common ....
06 include ....
07 deal with ....
08 accomplish ....
09 reliable ....
10 accept ....
11 inferior ....
12 failure ....
13 refuse ....
14 seek ....
15 quantity ....

DAY 01-03

01 belief ....
02 resolution ....
03 conceal ....
04 probable ....
05 expose ....
06 expert ....
07 amount ....
08 trait ....
09 superior ....
10 unite ....
11 ignore ....
12 consider ....
13 grief ....
14 opportunity ....
15 recover ....

DAY 01-04

01 charity ....
02 military ....
03 ancient ....
04 connect ....
05 investigate ....
06 provide ....
07 detail ....
08 separate ....
09 situation ....
10 immediate ....
11 impact ....
12 diverse ....
13 carry out ....
14 contain ....
15 research ....

DAY 01-05

01 practical ....
02 search ....
03 predict ....
04 official ....
05 benefit ....
06 achieve ....
07 disappoint ....
08 observe ....
09 claim ....
10 concern ....
11 regular ....
12 success ....
13 approach ....
14 historical ....
15 forecast ....

누적 테스트

DAY 01-06

01 proper ....
02 establish ....
03 function ....
04 struggle ....
05 revise ....
06 experience ....
07 motivate ....
08 tendency ....
09 found ....
10 negative ....
11 describe ....
12 unique ....
13 mark ....
14 moment ....
15 reward ....

DAY 01-07

01 devote ....
02 locate ....
03 specific ....
04 indifferent ....
05 attract ....
06 crucial ....
07 brilliant ....
08 invention ....
09 reject ....
10 maintain ....
11 compare ....
12 crime ....
13 incredible ....
14 eliminate ....
15 finance ....

DAY 01-08

01 emphasize ....
02 reasonable ....
03 deserve ....
04 alternative ....
05 indicate ....
06 advanced ....
07 local ....
08 emerge ....
09 chemical ....
10 communicate ....
11 assign ....
12 disturb ....
13 preference ....
14 transfer ....
15 arrange ....

DAY 01-09

01 aggressive ....
02 escape ....
03 celebrate ....
04 handle ....
05 appoint ....
06 disappear ....
07 previous ....
08 adequate ....
09 appropriate ....
10 donate ....
11 demonstrate ....
12 determine ....
13 appearance ....
14 genius ....
15 similar ....

누적 테스트

DAY 01-10

01 satisfaction ....
02 deadly ....
03 broaden ....
04 analyze ....
05 supplement ....
06 reveal ....
07 significant ....
08 chase ....
09 blend ....
10 firm ....
11 comfort ....
12 departure ....
13 commit ....
14 manage ....
15 barrier ....

DAY 01-11

01 various ....
02 publish ....
03 aspect ....
04 advertise ....
05 adversity ....
06 behavior ....
07 occasion ....
08 progress ....
09 awareness ....
10 intelligent ....
11 fade ....
12 initial ....
13 blame ....
14 mature ....
15 operation ....

DAY 01-12

01 devise ....
02 restore ....
03 perceive ....
04 purpose ....
05 sacrifice ....
06 widespread ....
07 opinion ....
08 cognitive ....
09 preserve ....
10 opposite ....
11 emission ....
12 implement ....
13 efficient ....
14 concentrate ....
15 resemble ....

DAY 01-13

01 asset ....
02 education ....
03 realistic ....
04 influence ....
05 conclude ....
06 enormous ....
07 inherit ....
08 illegal ....
09 adjust ....
10 alter ....
11 friction ....
12 dominant ....
13 primitive ....
14 applause ....
15 length ....

누적 테스트

DAY 01-14

01 sustainable ....
02 deprive ....
03 precise ....
04 organic ....
05 embrace ....
06 tremble ....
07 impatient ....
08 collaborate ....
09 accuse ....
10 estimate ....
11 register ....
12 confront ....
13 poverty ....
14 protest ....
15 pressure ....

DAY 01-15

01 conflict ....
02 private ....
03 awkward ....
04 guarantee ....
05 fundamental ....
06 humble ....
07 detect ....
08 dominate ....
09 exceed ....
10 qualified ....
11 scatter ....
12 govern ....
13 reform ....
14 enthusiastic ....
15 procedure ....

DAY 01-16

01 element ....
02 tissue ....
03 necessity ....
04 certain ....
05 supervise ....
06 inhabit ....
07 specialize ....
08 privilege ....
09 hesitate ....
10 victim ....
11 crawl ....
12 branch ....
13 dispute ....
14 adolescence ....
15 athlete ....

DAY 01-17

01 anticipate ....
02 negotiation ....
03 incentive ....
04 combine ....
05 priority ....
06 delicate ....
07 vibrate ....
08 simplify ....
09 disaster ....
10 tragic ....
11 genuine ....
12 regulate ....
13 permit ....
14 economic ....
15 distribute ....

누적 테스트

DAY 01-18

01 disclose ....
02 exotic ....
03 volcanic ....
04 withdraw ....
05 professional ....
06 shelter ....
07 credit ....
08 heritage ....
09 distance ....
10 creative ....
11 declare ....
12 abstract ....
13 ironically ....
14 conquer ....
15 reputation ....

DAY 01-19

01 activate ....
02 conventional ....
03 split ....
04 manufacture ....
05 exhibit ....
06 artificial ....
07 negotiate ....
08 authentic ....
09 universal ....
10 glacier ....
11 virtual ....
12 acknowledge ....
13 equivalent ....
14 patent ....
15 astronomy ....

DAY 01-20

01 refuge ....
02 infant ....
03 immune ....
04 precious ....
05 capacity ....
06 equation ....
07 standard ....
08 maximize ....
09 proportion ....
10 reluctant ....
11 symptom ....
12 hypothesis ....
13 authority ....
14 gravity ....
15 ingredient ....

DAY 01-21

01 represent ....
02 justify ....
03 migrate ....
04 predator ....
05 circuit ....
06 imprison ....
07 conservative ....
08 therapy ....
09 faint ....
10 arouse ....
11 restrict ....
12 minimize ....
13 intellectual ....
14 deposit ....
15 range ....

누적 테스트

DAY 01-22

01 perspective ....
02 overwhelm ....
03 stable ....
04 component ....
05 molecule ....
06 memorize ....
07 recharge ....
08 numerous ....
09 flexible ....
10 despair ....
11 profound ....
12 humanity ....
13 extreme ....
14 evaluate ....
15 retire ....

DAY 01-23

01 socialize ....
02 chronic ....
03 compassion ....
04 civilization ....
05 favorable ....
06 sincere ....
07 automatic ....
08 organ ....
09 discourage ....
10 multiple ....
11 fluid ....
12 popularity ....
13 limitation ....
14 intermediate ....
15 formal ....

DAY 01-24

01 construct ....
02 conserve ....
03 tolerate ....
04 commission ....
05 curiosity ....
06 evident ....
07 obesity ....
08 resent ....
09 empathy ....
10 utilize ....
11 disorder ....
12 imaginative ....
13 drawback ....
14 random ....
15 attempt ....

DAY 01-25

01 edible ....
02 severe ....
03 eruption ....
04 strain ....
05 isolate ....
06 ignorant ....
07 executive ....
08 cultivate ....
09 genetic ....
10 decade ....
11 manual ....
12 rural ....
13 astronaut ....
14 debate ....
15 disguise ....

누적 테스트

DAY 01-26

01 interact ....
02 nerve ....
03 announce ....
04 navigate ....
05 abandon ....
06 accelerate ....
07 expand ....
08 dedicate ....
09 agriculture ....
10 posture ....
11 metaphor ....
12 mess ....
13 valuable ....
14 extract ....
15 destination ....

DAY 01-27

01 context ....
02 compliment ....
03 corporate ....
04 organize ....
05 distinguish ....
06 gratitude ....
07 liquid ....
08 organism ....
09 portion ....
10 respectable ....
11 property ....
12 drought ....
13 recipe ....
14 vertical ....
15 majority ....

DAY 01-28

01 originate ....
02 attribute ....
03 skeptical ....
04 accumulate ....
05 conscience ....
06 invade ....
07 species ....
08 inherent ....
09 shallow ....
10 strengthen ....
11 consequence ....
12 imply ....
13 entire ....
14 fabric ....
15 personnel ....

DAY 01-29

01 substance ....
02 prejudice ....
03 manipulate ....
04 permanent ....
05 frequency ....
06 constant ....
07 material ....
08 fragile ....
09 amuse ....
10 attach ....
11 remote ....
12 commercial ....
13 hostility ....
14 generate ....
15 convert ....

누적 테스트

DAY 01-30 Ⅰ

01 ethical ....
02 mutual ....
03 illusion ....
04 medium ....
05 aptitude ....
06 nurture ....
07 commodity ....
08 promote ....
09 coordinate ....
10 architect ....
11 potential ....
12 diminish ....
13 attitude ....
14 explore ....
15 illustrate ....

DAY 01-30 Ⅱ

01 literary ....
02 considerable ....
03 altitude ....
04 initiate ....
05 extinct ....
06 resistant ....
07 atmosphere ....
08 voluntary ....
09 colonial ....
10 incentive ....
11 statistics ....
12 instruct ....
13 concrete ....
14 occupation ....
15 resent ....

DAY 01-30 Ⅲ

01 fertile ....
02 meditate ....
03 precede ....
04 simulate ....
05 durable ....
06 obscure ....
07 optimistic ....
08 attempt ....
09 ascend ....
10 strategy ....
11 opponent ....
12 collective ....
13 memorial ....
14 negotiation ....
15 adolescence ....

DAY 01-30 Ⅳ

01 vein ....
02 barren ....
03 competitive ....
04 neutral ....
05 transplant ....
06 transaction ....
07 evident ....
08 associate ....
09 captive ....
10 mixture ....
11 imaginative ....
12 dietary ....
13 external ....
14 empathy ....
15 explicit ....

Word ∞ master

누적테스트

ANSWERS

누적 테스트

DAY 01-02

01	process	과정, 처리하다
02	mislead	잘못 인도하다
03	recognize	인식[인지]하다
04	vital	아주 중요한, 필수적인
05	common	흔한, 공통의
06	include	포함하다
07	deal with	~을 처리하다
08	accomplish	이루다, 성취하다
09	reliable	믿을 수 있는
10	accept	받아들이다
11	inferior	열등한, 하위의
12	failure	실패, 고장
13	refuse	거절하다, 거부하다
14	seek	찾다, 추구하다
15	quantity	양, 수량

DAY 01-03

01	belief	믿음, 신념
02	resolution	해결, 결심
03	conceal	숨기다
04	probable	있을 법한
05	expose	노출시키다
06	expert	전문가, 숙련된
07	amount	양, 총계가 ~이 되다
08	trait	특성, 특색
09	superior	우월한, 상급의
10	unite	결합[연합]하다
11	ignore	무시하다
12	consider	고려[숙고]하다
13	grief	(깊은) 슬픔, 비탄
14	opportunity	기회, 가망
15	recover	회복하다, 복구되다

DAY 01-04

01	charity	자선 단체, 자비심
02	military	군대, 군대의
03	ancient	고대의, 옛날의
04	connect	연결하다, 관련시키다
05	investigate	조사하다, 연구하다
06	provide	공급하다, 제공하다
07	detail	세부 사항, 상세
08	separate	분리하다, 별개의
09	situation	상황, 위치
10	immediate	즉각적인, 직접의
11	impact	영향, 영향[충격]을 주다
12	diverse	다양한, 다른
13	carry out	~을 실행[수행]하다
14	contain	포함하다, 억누르다
15	research	연구[조사]하다, 연구

DAY 01-05

01	practical	실용적인, 실제적인
02	search	찾다, 검색하다, 수색
03	predict	예측하다, 예언하다
04	official	공식적인, 공무의
05	benefit	이익, 혜택, 이익을 얻다
06	achieve	이루다, 성취하다
07	disappoint	실망시키다, 낙담시키다
08	observe	관찰하다, 목격하다, 준수하다
09	claim	주장하다, 요구하다
10	concern	염려, 관심사, 관련되다
11	regular	규칙적인, 보통의
12	success	성공, 성공작
13	approach	접근하다, 접근
14	historical	역사적인, 역사(상)의
15	forecast	예측하다, 예보하다

누적 테스트

DAY 01-06

01	proper	적절한, 올바른
02	establish	설립하다, 확립하다
03	function	기능, 행사, 작용하다
04	struggle	분투하다, 애쓰다, 싸움
05	revise	개정하다, 정정하다
06	experience	경험하다, 경험
07	motivate	동기를 부여하다, 자극하다
08	tendency	경향, 추세, 성향
09	found	설립하다, 기초를 세우다
10	negative	부정적인, 음성의
11	describe	묘사하다, 설명하다
12	unique	유일한, 독특한
13	mark	표시하다, 채점하다, 흔적
14	moment	순간, 중요성
15	reward	보상, 사례금, 보상하다

DAY 01-07

01	devote	바치다, 전념하다
02	locate	두다, ~의 위치를 알아내다
03	specific	구체적인, 특정한, 특유의
04	indifferent	무관심한
05	attract	(주의·관심 등을) 끌다, 매혹하다
06	crucial	결정적인, 중대한
07	brilliant	훌륭한, 뛰어난, 눈부신
08	invention	발명, 발명품, 날조
09	reject	거절하다, 거부하다
10	maintain	유지하다, 지지하다
11	compare	비교하다, 비유하다
12	crime	범죄, 범행, 죄악
13	incredible	믿을 수 없는, 놀라운
14	eliminate	없애다, 제거[배제]하다
15	finance	재정, 재무, 자금

DAY 01-08

01	emphasize	강조[역설]하다
02	reasonable	합리적인, 분별 있는
03	deserve	~을 받을 만하다
04	alternative	대안, 양자택일, 대체의
05	indicate	나타내다, 암시하다
06	advanced	진보한, 상급의
07	local	지역의, 현지의, 현지인
08	emerge	나타나다, 모습을 드러내다
09	chemical	화학의, 화학 작용의
10	communicate	의사소통을 하다
11	assign	할당하다, 임명하다
12	disturb	방해하다, 어지럽히다
13	preference	선호(도), 선호하는 것
14	transfer	옮기다, 갈아타다, 환승
15	arrange	정리[배열]하다, 준비하다

DAY 01-09

01	aggressive	공격적인, 매우 적극적인
02	escape	달아나다, 탈출, 도망
03	celebrate	기념하다, 축하하다
04	handle	다루다, 처리하다, 손잡이
05	appoint	임명[지명]하다
06	disappear	사라지다, 없어지다
07	previous	이전의, 먼저의
08	adequate	적당한, 충분한, 적임인
09	appropriate	적절한, 적합한
10	donate	기부[기증]하다
11	demonstrate	시범을 보이다, 증명하다
12	determine	결정하다, 밝혀내다
13	appearance	겉모습, 외모, 출현
14	genius	천재성, 천재
15	similar	비슷한, 유사한

누적 테스트

DAY 01-10

01	satisfaction	만족(감)
02	deadly	치명적인, 극도의, 죽은 듯이
03	broaden	넓어지다, 넓히다
04	analyze	분석하다
05	supplement	보충하다, 보충(물)
06	reveal	드러내다, 폭로하다
07	significant	중요한, 상당한
08	chase	쫓다, 추적하다, 추적
09	blend	섞다[섞이다], 혼합(물)
10	firm	단단한, 확고한, 회사
11	comfort	편안함, 위로, 편하게 하다
12	departure	출발, 출항
13	commit	(죄·과실 등을) 저지르다, 전념하다
14	manage	관리하다, 용케 해내다
15	barrier	장벽, 장애물, 한계

DAY 01-11

01	various	다양한, 여러 가지의
02	publish	출판[발행]하다, 발표하다
03	aspect	측면, 양상, 관점
04	advertise	광고하다, 알리다
05	adversity	역경, 불운
06	behavior	행동, 태도
07	occasion	때, 경우, 행사
08	progress	진전, 진보, 진보[발전]하다
09	awareness	의식, 인식
10	intelligent	지적인, 지성을 갖춘
11	fade	희미해지다, 사라지다
12	initial	처음의, 초기의, 머리글자
13	blame	비난하다, 책임
14	mature	성숙한, 성숙하다
15	operation	수술, 운영, 작업

DAY 01-12

01	devise	고안하다, 발명하다
02	restore	회복시키다, 복원하다
03	perceive	인지[감지]하다
04	purpose	목적, 의도, 결심
05	sacrifice	희생, 제물, 희생하다
06	widespread	널리 퍼진, 광범위한
07	opinion	의견, 견해
08	cognitive	인식의, 인지의
09	preserve	보존하다, 저장하다
10	opposite	정반대의, 맞은편의
11	emission	배출, 방출, 배출물
12	implement	이행하다, 실행하다, 도구
13	efficient	효율적인, 유능한
14	concentrate	집중하다, 전력을 기울이다
15	resemble	닮다, 유사하다

DAY 01-13

01	asset	자산, 재산
02	education	교육, 훈련
03	realistic	현실적인, 사실주의의
04	influence	영향(력), 영향을 주다
05	conclude	결론을 내리다, 끝내다
06	enormous	거대한, 막대한
07	inherit	물려받다, 상속받다
08	illegal	불법적인, 위법인
09	adjust	조정하다, 조절하다
10	alter	바꾸다, 변경하다
11	friction	마찰, 갈등
12	dominant	우세한, 지배적인
13	primitive	원시의, 원시적인
14	applause	박수갈채
15	length	길이, 시간

누적 테스트

DAY 01-14

01	sustainable	지속 가능한, 견딜 수 있는
02	deprive	박탈하다, 빼앗다
03	precise	정확한, 정밀한, 꼼꼼한
04	organic	유기적인, 유기농의
05	embrace	받아들이다, 포옹하다
06	tremble	떨다, 걱정하다, 떨림
07	impatient	참을 수 없는, 성급한
08	collaborate	협력하다
09	accuse	고발하다, 비난하다
10	estimate	추정하다, 평가하다, 견적
11	register	등록하다, 기록하다, 등록
12	confront	맞서다, 직면하게 만들다
13	poverty	가난, 빈곤
14	protest	항의하다, 주장하다, 시위
15	pressure	압력, 압박(감)

DAY 01-15

01	conflict	갈등, 충돌, 충돌[대립]하다
02	private	사적인, 사유의, 비밀의
03	awkward	서투른, 어색한
04	guarantee	보증하다, 보증, 담보
05	fundamental	근본적인, 필수적인
06	humble	겸손한, 비천한
07	detect	발견하다, 탐지하다, 감지하다
08	dominate	지배하다, 우세하다
09	exceed	넘어서다, 초과하다
10	qualified	자격 있는, 적임의
11	scatter	(흩)뿌리다, 흩어지다
12	govern	통치하다, 지배[좌우]하다
13	reform	개혁하다, 개선하다, 개혁
14	enthusiastic	열정적인, 열렬한, 열심인
15	procedure	절차, 수순

DAY 01-16

01	element	요소, 성분, 원소, 원리
02	tissue	조직, 화장지
03	necessity	필요(성), 필수품
04	certain	확실한, 확신하는, 어떤
05	supervise	감독하다, 관리하다
06	inhabit	거주하다, 살다
07	specialize	전문적으로 하다, 전공하다
08	privilege	특권, 특혜, 특권을 주다
09	hesitate	주저하다, 망설이다
10	victim	희생, 희생자
11	crawl	기어가다, 서행하다, 서행
12	branch	나뭇가지, 지점, 분과
13	dispute	분쟁, 논쟁하다, 반박하다
14	adolescence	청소년기
15	athlete	운동선수

DAY 01-17

01	anticipate	기대하다, 예상하다
02	negotiation	협상
03	incentive	동기, 유인, 장려(책)
04	combine	결합시키다, 겸비하다
05	priority	우선 사항, 우선권
06	delicate	섬세한, 연약한, 정교한
07	vibrate	떨다, 진동하다, 울리다
08	simplify	단순화하다, 간소화하다
09	disaster	재난, 재앙
10	tragic	비극의, 비참한
11	genuine	진짜의, 진실한
12	regulate	통제하다, 조절하다
13	permit	허락[허용]하다
14	economic	경제의, 경제학의
15	distribute	배포하다, 분배하다

누적 테스트

DAY 01-18

01	disclose	밝히다, 폭로하다
02	exotic	외국의, 이국적인
03	volcanic	화산의, 화산 작용에 의한
04	withdraw	인출하다, 철회하다
05	professional	직업의, 전문적인, 전문가
06	shelter	피난처, 보호하다, 피하다
07	credit	신용, 입금, 학점, 신용하다
08	heritage	유산
09	distance	거리, 간격
10	creative	창의적인
11	declare	선언하다, (과세품을) 신고하다
12	abstract	추상적인, 추출하다, 요약하다
13	ironically	반어적으로, 역설적으로
14	conquer	정복하다, 극복하다
15	reputation	평판, 명성

DAY 01-19

01	activate	작동시키다, 활성화시키다
02	conventional	전통적인, 관습적인
03	split	나누다, 분열되다
04	manufacture	제조하다, 생산하다, 제조
05	exhibit	전시하다, 보이다, 전시품
06	artificial	인공의, 인위적인, 인조의
07	negotiate	협상[교섭]하다, 타결하다
08	authentic	진짜의, 진본[진품]인
09	universal	보편적인, 전 세계의, 우주의
10	glacier	빙하
11	virtual	가상의, 사실상의
12	acknowledge	인정하다
13	equivalent	동등한, 상당하는, 동등한 것
14	patent	특허, 특허권, 특허를 받다
15	astronomy	천문학

DAY 01-20

01	refuge	피난, 은신처, 위안
02	infant	유아, 젖먹이, 아기
03	immune	면역성의
04	precious	귀중한, 소중한
05	capacity	용량, 수용력, 능력
06	equation	방정식
07	standard	표준, 일반적인, 표준의
08	maximize	최대화하다
09	proportion	비율, 부분, 균형
10	reluctant	(마음이) 내키지 않는
11	symptom	증상, 징후
12	hypothesis	가설, 가정
13	authority	권위, 당국
14	gravity	중력, 중대성
15	ingredient	(요리의) 재료, 성분

DAY 01-21

01	represent	대표하다, 나타내다
02	justify	정당화하다
03	migrate	이주하다, (새·동물이) 이동하다
04	predator	포식자, 약탈자
05	circuit	회로, 순환
06	imprison	투옥하다, 감금하다
07	conservative	보수적인, 보수주의의
08	therapy	치료, 요법
09	faint	기절하다, 희미한
10	arouse	불러일으키다, 유발하다, 깨우다
11	restrict	제한하다, 한정하다
12	minimize	최소화하다
13	intellectual	지적인, 지성의, 지식인
14	deposit	예금하다, 보증금
15	range	범위, (~에) 이르다

누적 테스트

DAY 01-22

01	perspective	관점, 시각, 원근법
02	overwhelm	압도하다, 사로잡다
03	stable	안정된, 견고한
04	component	성분, 부품, 구성하는
05	molecule	분자, 미량
06	memorize	암기하다, 기억하다
07	recharge	충전하다, 재충전하다
08	numerous	다수의, 수많은
09	flexible	유연한, 융통성 있는
10	despair	절망, 절망하다
11	profound	심오한, 깊은
12	humanity	인류, 인간성, 인간애
13	extreme	극심한, 극단의, 극도
14	evaluate	평가하다
15	retire	퇴직하다, 철수하다

DAY 01-23

01	socialize	사회화하다, 교제하다
02	chronic	만성적인, 장기간의
03	compassion	동정, 연민
04	civilization	문명
05	favorable	호의적인, 우호적인
06	sincere	진실된, 진심의
07	automatic	자동의, 무의식적인
08	organ	장기, 기관
09	discourage	낙담시키다, 방해하다
10	multiple	다수의, 많은, 복합적인
11	fluid	유체, 유동체, 유동체의
12	popularity	인기
13	limitation	제한, 한계
14	intermediate	중간의, 중급의
15	formal	공식적인, 형식적인, 정규적인

DAY 01-24

01	construct	건설하다, 구성하다
02	conserve	보존[보호]하다, 아끼다
03	tolerate	참다, 견디다, 용인하다
04	commission	수수료, 위원회
05	curiosity	호기심
06	evident	분명한, 눈에 띄는
07	obesity	비만
08	resent	화를 내다, 분개하다
09	empathy	감정 이입, 공감
10	utilize	활용하다, 이용하다
11	disorder	무질서, 혼란, 장애
12	imaginative	상상력이 풍부한, 상상의
13	drawback	단점, 결점, 장애
14	random	무작위의, 임의의
15	attempt	시도하다, 시도

DAY 01-25

01	edible	먹을 수 있는, 식용의
02	severe	심각한, 엄격한
03	eruption	폭발, 분화
04	strain	긴장, 부담, 긴장시키다
05	isolate	고립시키다, 격리하다
06	ignorant	무지한, 무식한
07	executive	중역, 경영진, 중역의
08	cultivate	경작하다, (작물을) 재배하다
09	genetic	유전적인, 유전학의
10	decade	10년, 10년간
11	manual	수동의, 육체노동의, 설명서
12	rural	시골의
13	astronaut	우주 비행사
14	debate	토론[논의]하다, 논쟁
15	disguise	위장하다, 위장

누적 테스트

DAY 01-26

01	interact	상호 작용하다, 교류하다
02	nerve	신경
03	announce	발표하다, 알리다
04	navigate	항해하다, 조종하다, 길을 찾다
05	abandon	버리다, 포기하다
06	accelerate	가속하다, 촉진하다
07	expand	확대하다, 확장하다
08	dedicate	바치다, 헌신하다
09	agriculture	농업
10	posture	자세, 자세를 취하다
11	metaphor	비유, 은유
12	mess	엉망, 더럽히다
13	valuable	소중한, 값비싼
14	extract	추출하다, 뽑아내다, 추출물
15	destination	목적지, 도착지, 목표

DAY 01-27

01	context	(글의) 맥락, (사건의) 정황
02	compliment	칭찬, 칭찬하다
03	corporate	기업[회사]의, 법인의
04	organize	조직하다, 준비하다
05	distinguish	구별하다, 식별하다
06	gratitude	감사
07	liquid	액체, 액체의, 유동체의
08	organism	유기체, 생물
09	portion	일부, 1인분, 분배하다
10	respectable	존경할 만한
11	property	재산, 특성
12	drought	가뭄
13	recipe	조리법, 비법, 비결
14	vertical	수직의, 세로의
15	majority	(대)다수, 대부분

DAY 01-28

01	originate	유래하다, 고안하다
02	attribute	~의 탓[덕분]으로 돌리다, 속성
03	skeptical	회의적인, 의심 많은
04	accumulate	축적하다, 축적되다
05	conscience	양심
06	invade	침략하다, 침입하다
07	species	종(種), 종류
08	inherent	내재하는, 고유의, 타고난
09	shallow	얕은, 피상적인, 천박한
10	strengthen	강화하다, 견고히 하다
11	consequence	결과, 영향(력), 중요함
12	imply	함축하다, 암시하다
13	entire	전체의, 완전한
14	fabric	직물, (사회·건물 등의) 구조
15	personnel	인원, 직원, 인사과

DAY 01-29

01	substance	물질, 실체, 본질
02	prejudice	편견, 편견을 갖게 하다
03	manipulate	조종하다, (능숙하게) 다루다
04	permanent	영구적인, 영원한
05	frequency	빈도, 진동(수), 주파수
06	constant	불변의, 끊임없는
07	material	재료, 자료, 물질의, 육체적인
08	fragile	부서지기 쉬운, 취약한
09	amuse	즐겁게 하다
10	attach	붙이다, 첨부하다
11	remote	먼, 외진, 원격의
12	commercial	광고, 상업의
13	hostility	적대감
14	generate	발생시키다, 만들어 내다
15	convert	전환하다, 바꾸다

누적 테스트

DAY 01-30 Ⅰ

01	ethical	윤리적인
02	mutual	상호 간의, 공동[공통]의
03	illusion	환영, 환상, 착각
04	medium	매체, 수단, 방법, 중간의
05	aptitude	적성, 소질, 경향
06	nurture	양육하다, 육성하다, 교육
07	commodity	상품, 물품, 일용품
08	promote	촉진하다, 홍보하다, 승진시키다
09	coordinate	조정하다, 동등한
10	architect	건축가
11	potential	잠재적인, 가능성
12	diminish	감소하다, 약화시키다
13	attitude	태도
14	explore	탐험하다
15	illustrate	설명하다, 삽화를 넣다

DAY 01-30 Ⅱ

01	literary	문학의, 문학적인
02	considerable	상당한, 꽤 많은
03	altitude	고도, 높이
04	initiate	시작[개시]하다
05	extinct	멸종한, 사라진
06	resistant	저항하는, 잘 견디는
07	atmosphere	대기(권), 분위기
08	voluntary	자발적인, 자원봉사의
09	colonial	식민지의
10	incentive	동기, 유인, 장려(책)
11	statistics	통계, 통계자료, 통계학
12	instruct	가르치다, 지시하다
13	concrete	구체적인, 콘크리트
14	occupation	직업, 점유
15	resent	화를 내다, 분개하다

DAY 01-30 Ⅲ

01	fertile	비옥한, 번식력이 있는
02	meditate	명상하다, 묵상하다
03	precede	~에 앞서다[선행하다]
04	simulate	모의 실험하다
05	durable	내구성이 있는
06	obscure	분명치 않은, 모호하게 하다
07	optimistic	낙관적인, 낙관하는
08	attempt	시도하다, 시도
09	ascend	오르다, 올라가다
10	strategy	전략
11	opponent	반대자, 경기 상대
12	collective	집단의, 공동의, 집단
13	memorial	기념물, 기념의, 추도의
14	negotiation	협상
15	adolescence	청소년기

DAY 01-30 Ⅳ

01	vein	정맥, 맥락
02	barren	척박한, 결실이 없는
03	competitive	경쟁적인, 경쟁력 있는
04	neutral	중립의, 중성의
05	transplant	옮겨 심다, 이식하다, 이식
06	transaction	거래, 매매, 처리 (과정)
07	evident	분명한, 눈에 띄는
08	associate	연상하다, 연관 짓다, 동료
09	captive	사로잡힌, 감금된, 포로
10	mixture	혼합, 혼합물
11	imaginative	상상력이 풍부한, 상상의
12	dietary	음식물의, 식이요법의
13	external	외부의
14	empathy	감정 이입, 공감
15	explicit	분명한, 명백한, 솔직한

Word
∞ master

INDEX

A

E

F

G

H

I

J

K

L

M

N

O

P

Q

R

S

T

U

V

W

Y

MEMO

MEMO

MEMO

MEMO

MEMO

MEMO

이 책을 검토해 주신 선생님

강원
권미현 원주 리드영어
김나은 나은영어학원
김보라 전문과외
김세진 세진쌤영어
김영남 전문과외
김현경 플러스일등해법학원
남상근 브릿지영어전문학원
백희영 이상학원
안서아 숲영어전문학원
안예린 웅진씽크빅퇴계학원
오진아 라온영어
윤아영 라온영어
이금석 케이유이에스비
이승주 이상학원
이정혜 이든영어학원
임지은 더써밋학원
전수지 에리카영어학원
최가영 전문과외
최세빈 초석대입전문학원
최현주 최샘영어
하지현 하이디영어과외방

경기
갈현주 GTC영어
강경표 정상어학원
강동수 평촌 열정과 신념
강수미 뿌리깊은영수학원
강수현 전문과외
강수현 중동엠마영어
강승희 전문과외
강신혜 에이블중고등영어학원
강예진 YJ영어의정원
강희주 유타스
고승환 독한공부입시학원
고윤지 전문과외
고혜경 전문과외
고혜리 최강영수학원
곽억훈 최강영어학원
권경화 양일고등학교
권수현 프라미스자이영어학원
권응경 애니랑영어
권정현 수잔잉글리쉬학원
권종혁 고등바른공부학원
권지영 전문과외
권향숙 에이블 플러스 영어
기매무 전문과외
길대현 E&C학원
김고은 전문과외
김광수 더배움잉글리쉬
김규리 전문과외
김규은 분당소피아영어학원
김미원 한진연 입시전략연구소 수원센터
김미희 J&W 학원
김민기 빨리강해지는학원(은계)
김민선 HC영수전문학원
김민영 레이크에듀영어
김민정 분당영덕여자고등학교
김민정 이화영어교습소
김병희 전문과외
김보희 스푼잉글리쉬
김부경 더에듀
김상겸 물푸레스쿨
김세종 데이비드영어교습소
김승민 룩스영어 영어교습소
김승훈 진접최강학원
김연종 S4국영수학원 고덕국제점
김완혁 단칼영어학원
김우성 남양 아토즈영어학원
김원동 미래인학원
김유경 더웨이퍼스 어학원
김유림 리드해법영어
김윤경 상승영어
김의식 에스엔티입시학원
김정은 조이럭영어학원
김종문 유타스학원
김지원 더이룸영어교습소
김진용 플랜즈영어학원
김진희 하이노크영어학원
김창훈 영품학원
김하늘 훈선생영어학원
김현섭 전문과외
김현영 영스타영어
김현정 배곧 탑클래스 영수학원
김형원 마운트피스가
김혜연 하나영어교습소
김후중 동탄더플랜영어학원
김희용 동탄에이블영어학원
나병찬 베스트교육 호매실
나영은 강남청솔기숙학원
남현정 단단영어
남현제 강남글로벌학원
노연웅 알찬교육학원
노영임 하이영어
노영현 정상어학원
마현정 인스쿨어학원
문슬기 문쌤영어 전문과외
문은영 삼성영어쎈수학은계학원
문지희 용인 필탑학원
문징균 스카이학원
박경태 아이엠 영어학원
박계리 글로리영어교습소
박민주 전문과외
박민희 아이린영어
박상유 콕수학오드리영어보습학원
박서은 영어종결센터 풍무지점
박서은 용인 필탑학원
박선영 잉글리쉬머핀
박선이 썬영어
박성식 경화여자English Business고등학교
박소희 김포정상어학원 사우점
박수인 용인필탑학원
박수정 가온학원
박승민 광주비상에듀기숙학원
박신혜 아너스잉글리쉬클럽
박영심 전문과외
박영철 이즈원 영어수학 전문학원
박영훈 권선대성종합학원
박은경 서영영어
박정현 JH 스파르타 영어학원
박정호 AJET초등융합학원
박정훈 안양외국어고등학교
박지연 시작공부방
박천형 한빛에듀
박치옥 Park's Room English
박해리 전문과외
박현선 안양외국어고등학교
박형 지에듀 중동캠퍼스
박혜원 잇올스파르타-분당이매
박혜준 에이미잉글리쉬영어교습소
박희원 더에듀영어학원
반인애 리딩유영어
방선아 가온영어
백승민 윈영어학원
백은진 리한에듀영어학원
백재원 서윤희 입시영어학원
백지연 다산미래학원
서기동 멘토 1440 영어 학원
서다혜 Cloe English
서동기 모티프온학원
서미현 S4국영수학원
서정원 이챕터스영어학원
서준선 리드인 천지인학원
서현주 집현전보습학원
성미경 위너영수학원
손민지 씨앤씨학원
손영은 팁탑잉글리쉬
손영화 공터영어 옥정센트럴파크 푸르지오센터
손유리 하비투스학원
송동섭 송동섭영어
송상종 에듀플러스
송재용 전문과외
송정은 송스커뮤니티센터
송택준 전문과외
송희승 ivi영어
신다영 우리학원
신준호 와와코칭학습센터 이매점
신혜원 해밀영어
안지민 이엔영어학원
안지원 프렌잉글리시 은여울캠퍼스
양상현 리케이온랭귀지포럼(동수원)
양영혜 전문과외
양창현 조셉입시학원
엄한수 양명고등학교
염지민 전문과외
오동산 이랩스영어학원
오민희 미니오영어
오수혜 훈에듀라하잉글리시
오주향 대치힐영어학원
왕형규 이룸영어학원
유경민 Judy English
유수민 해를품은입시학원
유승주 더에듀영어
유연이 큐이엠
유예지 한내학원
유옥경 만점영어
유지아 CINDY'S ENGLISH
유효선 앨리스 영어학원
윤겸서 운양에듀플렉스
윤석호 야탑고등학교
윤숙현 광덕고등학교
윤연정 오스카빌 영어
윤정원 윤선생lgse플랜어학원
윤정희 수어람학원
윤지후 락수학 앤 윤영어
윤현정 위너영수학원
이경수 대감학원
이광열 열강영어교습소
이권우 수원 레볼리쉬 어학원
이규섭 학생愛학원
이기쁨 전문과외
이다은 유앤유영어전문학원
이민재 제리킹영어학원
이보라 디오영어
이보라 김쌤보습 이쌤영어학원
이상윤 김영화 영어학원
이서윤 계몽학원
이선구 인코(EnCORE)어학원
이선미 정현영어학원
이수정 이그잼포유
이수진 백암고등학교
이승봉 이지어학원
이시내 생각나무
이에녹 목동 엘리엔학원
이연경 명품M수학x비욘드 잉글리쉬학원
이영건 감탄영어&다온해법영어교습소
이영민 상승공감학원
이유정 평택 클래스가다른학원
이유진 에셀영어 교습소
이재협 사차원학원
이주현 웅진정자학원
이준 맨투맨학원
이지원 S4국영수학원
이지혜 리케이온
이진성 필탑학원
이충기 영어나무
이혁준 퍼스트영수학원
이혜랑 Perfect Point+
임경야 니니 영어
임광영 러셀메가스터디기숙학원
임수경 전문과외
임수정 이화영어
임은희 Eunice English
임창민 김포우리학원
장목 학플학원
장미래 안성종로엠스쿨
장민석 일킴훈련소입시학원
장은주 휘 잉글리쉬
장현정 도프(DOPE) 영어학원
장혜민 아발론 어학원 김포한강 캠퍼스
장혜진 필탑학원
장효선 영어의품격
전미경 아일리영어
전선우 IS입시전문학원
전성훈 훈선생영어학원
전수진 어센틱 영어학원
전영인 전문과외

전주원 필업단과전문학원
정다운 전문과외
정다움 카인드학원
정미영 미쉘영어과외
정보경 블룸영어학원
정성봉 한강미래인재
정성은 JK영어수학전문학원
정성태 에이든영어학원
정아름 필탑학원(용인)
정연우 최강학원
정연욱 인크쌤영어학원
정영선 시퀀트 영수 학원
정영훈 채움학원
정인하 뮤엠영어 별가람점
정지연 공부의정석학원
정혜윤 공력발전소학원
세정미 세이영어
조승규 제이앤와이(jandy)어학원
조용원 이티엘영어교습소
조원웅 클라비스 영어전문학원
조은쌤 조은쌤&장쌤 영어전문학원
조정휘 유하이에듀 학원
조준모 베스트교육 영어
조춘화 뮤엠영어발곡학원
조한나 S4고덕국제점
조현정 깨단수학
조혜원 탑티어
주명숙 비버영어전문학원
주지은 JIEUN ENGLISH CLASS 지은영어
채희수 전문과외
최광현 포인트학원
최명지 수만휘기숙학원
최민석 안성 탑클래스 기숙학원
최봉제 솔빛나루관 성공학원
최상이 엄마영어아빠수학학원
최세열 탑스존영수전문단과학원
최아란 알맹영어학원
최유나 최유나 안산영어과외
최윤옥 이룸영어
최은진 한라영어
최은진 고래영어
최인선 캐써린쌤의슈가영어교습소
최정아 보라리드인영수학원
최주현 일품 영어
최준혁 S4국영수학원 소사벌점
최진 nk 인피니트 영수전문학원
최현우 판다교육학원(위례)
최회정 SJ클쌤영어
추정한 추정한영어
표호진 전문과외
하사랑 덕계한샘학원
하이디 하이디드림팀
한송이 키아트학원
한예진 용인필탑학원
한지선 G1230문산캠퍼스
현윤아 부천중동그린타운해법영어
홍승완 전문과외
홍은화 라라영어수학
홍희섭 조이 영어공부방
황은진 더에듀영어
황인아 고래영어학원
황인옥 하이탑 학원

경남

고성관 T.O.P EDU학원
김루 상승영수전문학원
김문명 생각쑥쑥공부방
김선우 이해성 김해 의대관 학원
김성은 네오시스템영어전문학원
김소민 창원다올영어수학학원
김재훈 창원 더케이영어학원
김주은 더큰샘학원
김준 가우스 SME전문학원
김태리 전문과외
김현우 창녕대성고등학교
김현주 삼성영어셀레나 프리미엄신명점
나현호 펜덕스 이학원 율하센터
박영하 네오시스템어학원
박재형 인투잉글리쉬어학원
박정주 창원 타임영어전문학원
배송이 영어교습소
배승빈 에스영어전문학원
배현령 배선생영어
백민경 Michelle
손선영 이화멘토영어학원
신형섭 크림슨어학원
심정은 제시카영어교습소
안혜경 티오피에듀학원
양경화 봄영어
양기영 다니엘어학원
우지아 종로엠스쿨
윤지연 에이프릴어학원
이근호 레이첼 잉글리쉬
이수길 명성학원
이아현 다름학원
이연홍 Rhee's English Class
이원평 코치클래스 영어학원
이인아 인잉글리쉬
이지훈 엠베스트SE학원 신진주 캠퍼스
임나영 삼성영어셀레나 남양영어교습소
임진희 진해어썸영어학원
장은정 케이트어학원
장재훈 ASK 배움학원
장지영 잉글리시아이 명동사랑채점
정상락 비상잉글리시아이 대운점 영어교습소
정수정 지탑영어
최승관 창선고등학교
최지영 시퀀스영수학원
최환준 Jun English
최효정 인에이블영수학원
하동권 네오시스템영어학원
한지용 성민국영수학원
허민정 허달영어
황다영 헤럴드어학원
황은영 에이블어학원

경북

Kailey Pak 케일리 영어
강민표 현일고등학교
강유진 지니쌤영어
강은석 미래인재학원
강혜성 EiE 고려대 어학원
계지숙 Happy Helen English
김광현 그린빌
김도량 다이너마이트잉글리쉬
김도영 김도영영어학원
김상호 전문과외
김주훈 아너스영어
김지훈 알앤비
김혜지 스카이 프라임 에듀
문상헌 안동 에이원영어
박경애 포항 대성초이스학원
박계민 영광중학교
박규정 베네치아 영어 교습소
박지은 능률주니어랩꿈터학원
배세왕 BK영수전문학원
변민준 한솔플러스영어수학학원 약목점
손누리 이든샘영수학원
유진욱 공부의힘 영어수학전문학원
윤재호 이상렬 일등단과학원
이강정 이룸단과학원
이상원 필즈학원
이지연 전문과외
장가은 앨리스영어학원
장미 잉글리시아이 원리학원
전영아 N&K영어학원
정보경 울진고등학교
정선린 포항항도중학교
최동희 전문과외
최미선 영천영어전문과외

광주

김도엽 스카이영어전문학원
김동익 이룸교육원
김병남 위즈덤 영어
김상연 공감영어어학원
김서현 디엔영어
김수인 광주 모조잉글리쉬
김신 와이아카데미 (Y) 아카데미
김영연 전문과외
김원경 전문과외
김유경 프라임아카데미
김유희 김유희 영어학원
김윤희 수프림 영어공부방
김인화 김인화영어학원
나혜영 윤선생우리집앞영어교실
문장엽 엠제이영어수학전문학원
박주형 봉선동 한수위 영어학원
봉병주 철수와영수
신지수 온에어영어학원
양신애 윤학당오름국어영어학원
오승리 이지스터디
오평안 상무 지산한길어학원
우진일 블루페스 영어학원
유현주 유즈영어교습소
윤상혁 하이엔드 영어 학원
이남주 장원학원
이민정 롱맨어학원
이현창 진월유앤아이어학원
임지상 외대어학원
전솔 서강고등학교
정지선 이지스터디
채성문 마하나임 영수학원
한기석 이(E)영어교습소
한방엽 베스트영수학원

대구

강정임 CanTalk English
고은진 헬렌영어
곽민경 조성애세움영어수학학원
구정모 대구여자상업고등학교
권보현 씨즈더데이어학원
권오길 공부를 디자인하다
권익재 제이슨영어교습소
권하련 아너스이엠에스학원
김근아 블루힐영어학원
김기목 목샘영어교습소
김나래 더베스트영어학원
김다영 헬렌영어학원
김미나 전문과외
김민재 열공열강 영수학원
김병훈 LU영어
김상완 YEP영어학원
김연정 유니티영어
김예지 헬렌 영어
김유환 잉글과한글
김정혜 제니퍼영어
김종석 에이블영수학원
김준석 크누KNU입시학원
김지영 김지영 영어
김진호 강성영어
김철우 메라키 영어 교습소
김하나 하나로운영어
김희정 이선생영어학원
노태경 전문과외
문창숙 지앤비(GnB)스페셜입시학원
민승규 민승규영어학원
박고은 스테듀입시학원
박라율 열공열강영어수학학원
박소현 공터영어 테크노폴리스센터
박연희 좀다른영어
박예빈 영재키움영어수학전문학원
박지환 전문과외
방성모 방성모영어학원
배정연 이앤하이공부방
백재민 에소테리카 영어학원
서정인 서울입시학원
신혜경 전문과외
심경아 Shim's English
심유진 대구유신학원
엄재경 하이엔드영어학원
오다인 헬렌영어 프리미어 1관,2관
원현지 원샘영어교습소
위은령 브릿지영어
유지연 에스피영어학원
윤이강 윤이강 영어
이근성 헬렌영어학원
이동현 쌤마스터입시학원
이미경 전문과외
이수희 EAON 영어학원

이승민 KEREC
이승현 학문당입시학원
이지민 아이플러스 수학
이지현 대구 지니영어교습소
이진영 전문과외
이헌욱 이헌욱 영어학원
임지민 헬렌영어학원
임형주 사범대단과학원
장지연 이지영어
장현진 고려대EIE어학원(현풍)
전윤애 올링글리쉬
전윤영 뮤엠영어 경동초점
전지민 헬렌영어학원
정대운 유신학원
정소영 씨즈더데이월암어학원
정연주 대한민국 입시학원
정용희 에스피영어
정은경 전문과외
조혜연 연쌤영어수학학원
진보라 메이킹어학원
최정임 컬럼비아 영어학원
최현희 다온수학학원
최효진 너를 위한 영어
한정아 능인고등학교
황윤슬 사적인영어

대전
Tony Park 전문과외
강은혜 노마드국어영어학원
고우리 영어의 꿈
권현이 디디샘영어
길민주 전문과외
김경이 영어서당학원
김근범 딱쌤학원
김기형 상승학원
김영철 빅뱅잉글리시캠퍼스
김유진 굿티쳐강남학원
김주리 위드제이영어
김하나 위드유학원
나규성 비전21학원
남영종 엠베스트SE 대전 전민점
노현서 앨리잉글리쉬아카데미
민지원 민쌤영어교습소
박난정 제일학원
박성희 청담프라임학원
박효진 박효진 영어
박효춘 수잔스튜터링
심효령 삼부가람학원
안수정 궁극의 사고
오봉주 새미래영수학원
유수민 제일학원
윤영숙 전문과외
이고은 고은영어
이길형 빌드업영어
이대희 청명대입학원
이보배 비비영어
이성구 청명대입학원
이수미 이수미어학원
이영란 일인주의 학원
이원성 파스칼베스티안학원

이재근 이재근영어수학학원
이홍원 홍T영어
임혜지 마이더스 손 영어학원
장유리 테스영어
정동현 대성외국어
정라라 영어문화원 정라라 영어교습소
정예슬 유레카원학원
정윤희 Alex's English
정혜수 쌜리영어
조재형 에듀플렉스
조현 퍼스트학원
채송은 위캔영어학원
최성호 에이스영어교습소
최현우 파스칼베스티안학원
한왕호 김태헌영어학원
한형식 서대전여자고등학교
황지현 공부자존감영어입시학원

부산
강민주 전문과외
강하늘 뉴스터디종합학원
고경원 JS 영수학원
김도담 도담한영어교실
김도윤 코어영어 교습소
김동혁 코어영어수학전문학원
김동휘 장정호 영어전문학원
김미혜 더멘토영어
김병택 탑으로가는 영어 교습소
김서영 대치명인학원(해운대)
김성미 다올영어
김소림 엘라영어학원
김소연 전문과외
김수정 리더스어학원
김연주 링구아어학원
김은숙 강동초등학교
김재경 부산진구 탑클래스 영어학원
김지애 김지애영어연구소
김진규 의문을열다
김효은 김효은 영어전문학원
남재호 제니스학원
류미향 류미향입시영어
박미진 MJ영어학원
박수진 제이엔씨 영어학원
박영주 전문과외
박지우 영어를 ON하다
박지은 박지은영어전문과외방
박창현 오늘도,영어그리고수학
배찬원 에이플러스 영어교습소
변혜련 전문과외
성장우 전문과외
손소희 호이겐스학원
손지안 정관 아슬란학원
송석준 비상아이비츠 해랑학원
송초롱 괴정최상위영어
심혜정 명품수학
안영실 개금국제어학원
안정희 GnB어학원양성캠퍼스
양희주 링구아어학원 해운대
오세창 범천반석단과학원
오정안 쏘트

오지은 이루다영어
윤경은 쌤드루
윤지영 잉글리쉬무무영어교습소
윤진희 전문과외
이기연 미네르바국제아카데미
이미정 탑에듀영어교습소
이상석 상석영어
이순실 참한학원
이윤호 메트로 영어
이재우 무한꿈터
이지은 Izzy English
이지현 Serena영어
이혜정 로엠어학원
임정연 침팬지영어학원 마린시티점
장민지 탑클래스영어학원
정승덕 성균관 영어
정영훈 J&C영어전문학원(제이엔씨)
조정훈 입시영어전문 THOUGHT
채지영 리드앤톡영어도서관학원
최승빈 다온학원
최우성 초이English&Pass
최이내 전문과외
최효선 해피트리어학원
탁아진 에이블영어.국어학원
한영희 미래탐구 해운대

서울
kimhyerim 아르테에비뉴
가혜림 벨쌤.com
강민정 네오 과학학원
강보경 크라센어학원
강성호 대원고등학교
강정훈 더(the)상승학원
강준수 전문과외
강현숙 토피아어학원 중계캠퍼스
공리아 리더스 잠실
구나현 플러스잉글리쉬영어교습소
구대만 잇올 스파르타 독재학원
구민모 키움학원
구지은 DYB최선Mate 본사
권혜령 전문과외
김경수 탑킴입시앤영어
김나결 레이쌤영어교습소
김남철 마이티마우스학원
김명열 대치명인학원
김미은 오늘도맑음 영어교습소
김미정 전문과외
김병준 iLO ENGLISH
김보경 클라우드캐슬영어교습소
김빛나 뮤엠영어피닉스영어교습소
김상희 스카이플러스학원
김선경 대치마크영어
김성근 배움자리학원
김성연 대치열린학원
김소정 브로든 영어
김승환 Arnold English Class
김연아 올리비아 영어교습소
김영삼 YS영어공부방
김은영 루시아 잉글리시
김은정 전문과외

김은진 에이스영어교습소
김정민 더블유 영어학원
김정수 토즈 스터디센터
김종현 김종현영어
김지헌 다원교육 목동
김태흥 이투스247학원 송파점
김하은 전문과외
김현영 대치웰영어학원
김현정 진심영어
김현지 전문과외
김혜림 대치 청담 어학원
김혜영 스터디원
김희정 스터디 코치
나선아 전문과외
노은경 이은재어학원
노종주 전문과외
노진숙 최선어학원
노현희 전문과외
노혜정 최강학원
도선혜 중계동 영어 공부방
류하영 전문과외
맹혜선 휘경여자고등학교
명가은 명가은영어학원
문명기 문명기 영어학원
문민아 탄탄대로 입시컨설팅
문지현 반포헨리학원
박광운 영어교습소
박기철 한진연 입시전략연구소
박남규 알짜영어교습소
박미애 명문지혜학원
박미정 위드멘토학원
박병석 주영학원
박선경 씨투엠학원
박소영 JOY English
박소하 전문과외
박솔이 SONG ENGLISH
박수정 YBM잉글루 박수정 영어학원
박숭규 이지수능교육
박은경 오늘영어교습소
박은경 제이스영어
박정미 드림영어하이수학학원
박정효 성북메가스터디
박준용 은평 G1230 학원
박지연 영어공부연구소
박진경 JAYz ENGLISH
박찬경 펜타곤영어학원
박현정 1등급학원
반향진 세레나영어수학
배수현 남다른이해
배현경 전문과외
변지예 북두칠성학원
서예은 스터디브릭스학원 내신관
서은조 방배중학교
성언형 키랩 영어연구소
손종민 미즈원어학원
신경훈 탑앤탑 수학영어 학원
신연우 목동 씨앤씨학원
신정애 당산점 와와학습코칭학원
신지혜 비욘드 어드밴스트
신호현 아로새김학원

신희경 신쌤 영어
심나현 성북메가스터디
안미영 스카이플러스학원
안웅희 이엔엠국영수전문학원
양세희 양세희수능영어 학원
양하나 목동 씨앤씨 바이올렛T
어홍주 이-베스트 영어학원
엄태열 대치차오름학원
엘렌신 엘렌씬영어
오남숙 헬리오 오쌤 영어
오원지 동아세상에듀코
오은경 전문과외
용혜영 SWEET ENGLISH 영어전문 공부방
우승희 우승희영어학원
유경미 무무&차(천광학원)
윤성 대치동 새움학원
윤은미 CnT 영어학원
윤지인 반포잉글리쉬튜터링
이계훈 이지영어학원
이광희 가온에듀 2관
이국재 공감학원
이남규 신정송현학원
이명순 Top Class English
이미나 위드미영어교습소
이미영 티엠하버드영어학원
이상수 넥서스학원
이석원 숭실중학교
이석호 한샘영재학원
이성택 엠아이씨영어학원
이수정 영샘영어
이승미 금천정상어학원
이아진 AJ INSTITUTE
이연주 Real_YJ English
이윤형 아만다영어학원
이은선 드림영어하이수학학원
이은영 DNA영어학원
이은정 전문과외
이은주 대치써미트영어학원
이자임 자몽영어교습소
이정인 프레임 학원
이정혜 수시이룸교육
이주희 윌링어학원
이지민 대치명인학원 은평캠퍼스
이지연 석률학원
이철웅 비상하는 또또학원
이한곤 바로e영수단과학원
이혜숙 사당대성보습학원
이혜정 이루리학원
이희영 이샘영어 아카데미 교습소
이희진 목동씨앤씨
임서은 형설학원
임소례 윤선생영어교실 신내키움
임은희 전문과외
임태현 대치명인학원
장서희 전문과외
장소당 최선어학원
전계령 신촌 메가스터디학원
전수진 절대영어학원
전지영 탑클래스영수학원
정가람 촘촘영어
정경록 미즈원어학원
정민혜 정민혜밀착영어학원
정성준 팁탑영어
정유하 YNS 열정과신념 영어학원
정윤하 전문과외
정재욱 씨알학원
정지희 대치하이영어전문학원
정해림 서울숭의초등학교 영어전담
조미영 튼튼영어 마스터클럽 구로학원
조민석 더원영수학원
조민재 정성학원
조봉현 조셉영어국어학원
조연아 연쌤 영어
조용수 EMC이승환영어전문학원
조용현 바른스터디학원
조은성 종로학원
조인희 가디언 어학원(본원)
진영민 브로든영어학원
채상우 클레영어
채에스더 문래중학교
천수진 메리트영어
천예은 폴티스 영어학원
최가은 지엔영어
최민주 전문과외
최수린 목동 CNC 국제관
최안나 영어의완성 영어교습소
최유송 목동 씨앤씨학원(CNC)
최유정 강북청솔학원
최정문 한성학원 최정문
최형미 전문과외
최희재 SA어학원
편선경 IGSE Academy
하다님 연세마스터스 학원
하제원 더블랙에듀
한인혜 레나잉글리쉬
한혜주 박홍학원
함규민 클레어영어교실
허미영 삼성영어 창일교실 학원
현승준 강남종로학원 교대점
홍대균 홍대균 영어
홍영민 성북상상학원
홍희진 이티영어학원
황상희 어나더레벨 영어전문학원
황선애 앤스영어학원
황혜진 이루다 영어

세종

김보경 더시에나
방종영 세움학원
백승희 백승희영어
손대령 강한영어학원
송지원 베이 교육컨설팅
안성주 더타임학원
안초롱 21세기학원
이지현 OEC 올리비아 영어 교습소
이현지 전문과외
허욱 전문과외

울산

강상배 전문과외
김경수 핀포인트영어학원
김경현 에린영어
김광규 EIE 온양어학원
김주희 대일학원
김한중 스마트영어전문학원
서예원 해법멘토영어수학학원
송회철 꿈꾸는고래
양혜정 양혜정영어
엄여은 준쌤영어교습소
윤주이 인생영어학원
이서경 이서경영어
이수현 제이엘영어교습소
이윤미 제이앤에스 영어수학
임재희 임재희영어전문학원
정은선 한국esl어학원
조충일 YBM잉글루 울산언양 제1캠퍼스
최나비 더오름high-end학원
한건수 한스영어
허부배 비즈단과학원
황희정 장검 앵커어학원

인천

강재민 스터디위드제이쌤
고미경 쎄리영어학원
김갑현 카일쌤영어학원
김미경 전문과외
김선나 태풍영어학원
김영태 에듀터학원
김영호 조주석수학&영어클리닉학원
김옥경 잉글리쉬 베이
김지연 송도탑영어학원
김지이 Jenna's English
김현미 송도탑영어학원
김현민 에이플러스원영어수학학원
나일지 두드림하이학원
남미경 뮤엠구월서초영어교습소
문지현 고대어학원
박민아 하이영어
박소연 링컨 영어
박정우 영수원칙학원
박주현 Ashley's English Corner
박진영 인천외국어고등학교
배이슬 비상영수학원
서유화 K&C American School
성하용 타이탄 영어
송현민 Kathy's Class
신나리 이루다교육학원
신은주 명문학원
신현경 전문과외
심현정 전문과외
오희정 엠베스트SE논현캐슬
원정연 공탑학원
윤선 밀턴 영어학원
윤효주 프렌잉글리시청라레이크블루
윤희영 세실영어
이가희 S&U영어
이동규 인천상아초등학교
이미선 고품격EM EDU
이수진 전문과외
이윤주 Triple One
이은정 인천 논현 고등학교
이주연 레이첼영어
이진희 이진희 영어
이한아 선한영수
장승혁 지엘학원
전혜원 제일고등학교
정도영 대신학원
정춘기 정상어학원 남동분원
조슈아 와이즈에듀학원
조윤정 원당중학교
최민지 빅뱅영어
최수련 업앤업영어교습소
최지유 J(제이)영수전문학원
최창영 학산에듀
한은경 호크마학원
황성현 인천외국어고등학교

전남

강용문 JK영수
강유미 정상어학원 목포남악분원
고경희 에이블 잉글리쉬
곽혜진 H&J ENGLISH
김미선 여수개인교습
김아름 전문과외
김은정 BestnBest
류성준 타임영어학원
박동규 정상학원
박민지 벨라영어
박현아 정상어학원 목포남악분원
서창현 목포백련초등학교
손빛나 프렌잉글리시 여수웅천학원
손성호 아름다운 11월학원
양명승 엠에스어학원
오은주 순천금당고등학교
이상호 스카이입시학원
이영주 재키리 영어학원
임동묵 문향고등학교
조소을 수잉글리쉬
차형진 상아탑학원
황상윤 K&H 중고등 영어 전문학원

전북

길지만 비상잉글리시아이영어학원
김대환 엠베스트SE 전주점
김설아 전주 에듀캠프학원
김수정 베이스탑영어
김예진 카일리영어학원
김주원 애플영어학원
박도희 전문과외
서명원 전북 군산 한림학원
안지은 안지은영어학원
유영목 유영목영어전문학원
은장원 의치약한수 학원
이경훈 리더스영수전문학원
이미정 토마토영어학원
이수정 씨에이엔 영어학원
이지원 탄탄영어수학학원
이진주 전문과외
이한결 DNA영어학원
이현준 준영어교습소

이효상 에임하이영수학원
임마지 조아잉글리쉬어학원
조예진 이란그마국영수김통한국사학원
조형진 대니아빠앤디영어교습소
최석원 전주에듀캠프학원
한주훈 알파스터디영어수학전문학원
한찬미 찬미쌤영수교실
이재욱 대학가는 길 학원
이재은 파머스영어와이즈톡학원
이혜인 위즈영어학원
임원용 KGI 의대학원
조현국 업클래스학원
최철우 최쌤영어
하선빈 어썸영어수학학원
홍병찬 서울학원

제주
고보경 제주여자고등학교
고승용 제주알앤케이학원
김민정 제주낭만고등어학원
김평호 서이현 아카데미
김현정 유비고 영어학원
박시연 에임하이학원
배동환 뿌리와샘
이재철 함성소리학원
이호민 대정탑클래스학원
임정열 엑셀영어
정승현 J's English
조민수 함성소리연동학원

충남
강유안 전문과외
고유미 고유미영어
권선교 합덕토킹스타학원
김인영 더오름영어
김일환 김일환어학원
김창현 타임영어학원
김현우 프렌잉글리시로엘입시전문학원
남궁선 공부의 맵 학원
박서현 EiE고려대어학원 논산캠퍼스
박재영 로제타스톤 영어교실
박태혁 인디고학원
박희진 박쌤영어 과외
백일선 명사특강
설재윤 마스터입시교육원
우승직 제니스 영어 공부방
윤현미 비비안의 잉글리쉬 클래스
이규현 글로벌학원
이수진 이수진쌤영어
이종화 오름에듀
이호영 이플러스 학원
장성은 상승기류
장완기 장완기학원
장진아 종로엠스쿨 부여점
정래 (주)탑씨크리트교육
조남진 표선생영어학원
최용원 서일고등학교
허지수 전문과외

충북
마종수 새옴다옴학원
박광수 폴인어학원
박수열 팍스잉글리쉬학원
신유정 비타민영어클리닉
연수지 탑클랜영어수학학원
우선규 우선규영어교습소
윤홍석 대학가는길 학원
이경수 더에스에이티 영수단과 학원